Pasos hallados en
El reino de este mundo

Emma Susana Speratti-Piñero

Pasos hallados en
El reino de este mundo

EL COLEGIO DE MEXICO

Primera Edición (3 000 ejemplares) 1981
Derechos reservados conforme a la ley

© 1981, El Colegio de México
        Camino al Ajusco 20
        Pedregal de Sta. Teresa, 10740 México, D. F.

Impreso y hecho en México — *Printed and made in Mexico*

ISBN 968-12-0145-0

ÍNDICE

Dedicatoria IX

PREFACIO 1

I. LA GRAN HISTORIA 3
   1. Circunstancias y acontecimientos 5
   2. Los personajes en general 9
   3. Los personajes históricos 20
   4. Los personajes ficticios 47

II. EL MOSAICO INCREÍBLE 63
   1. Fuentes declaradas 63
   2. Fuentes involuntariamente declaradas 77
   3. Fuentes calladas, pero incontrovertibles 81
   4. Fuentes ínfimas, pero útiles 91
   5. Fuentes posibles 99
   6. Carpentier en Carpentier 101
   7. Procedimientos. 106

III. VUDÚ Y 111
   1. Alusiones aisladas, pero significativas 112
   2. Los núcleos de atención 120
   3. Ogún-Shangó y Christophe 123
   4. Damballah y los franceses 130
   5. Legba, Solimán y Paulina 136
   6. Ti Noel y el Rey de Angola 141

EPÍLOGO 149

Apéndice I. La posteridad inmediata 151
Apéndice II. Mapa de Haití 159
Apéndice III. Cronología. 161
Apéndice IV. Ilustraciones 169
Apéndice V. Nuevas piezas para el mosaico 197

Abreviaturas y bibliografía 201

A la memoria de Rufina García,
mi niñera de color quebrado.

PREFACIO

El reino de este mundo, a pesar de su fluidez, es un libro complejísimo y sobremanera compuesto. Mi estudio intenta desenmarañar e iluminar esos dos aspectos. Para ello lo he dividido en tres sectores: lo que el autor nos pone directamente ante los ojos ("La Gran Historia"); con qué y cómo se ha construido la serie de situaciones y de imágenes presentadas ("El mosaico increíble"); lo que, como un texto escondido y profundo, funciona activamente a lo largo de la obra determinando y explicando lo que se cuenta ("Vudú y..."). Los apéndices que agrego ayudan a completar mi propósito. A pesar de estas agrupaciones, a veces he tenido que desplazar materiales adonde su presencia fuera más conveniente o significativa; en tales casos, he tratado de atenuar las dificultades recurriendo a referencias cruzadas. Mi información se basa casi exclusivamente en publicaciones anteriores a la aparición de *El reino de este mundo;* no he descartado, sin embargo, otras posteriores si de algún modo despejan puntos dudosos.

Mientras consultaba la bibliografía y preparaba mi trabajo llegué a algunas conclusiones que prefiero puntualizar ahora. *El reino de este mundo,* aunque imaginativo, es eminentemente libresco.[1] Ha resultado del estímulo de ciertas obras, muy en

[1] Dada esta peculiaridad, incluso posibles observaciones personales nos despiertan dudas, si encontramos referencias impresas. Es lo que ocurre, por ejemplo, con la siguiente descripción del aspecto de la ciudadela: "Una prodigiosa generación de hongos encarnados... trepaba ya a los flancos de la torre mayor —después de haber vestido los espolones y estribos—, ensanchando perfiles de pólipos sobre las murallas de color de almagre" (*R*, 132). Comparada con lo que vio Osterhout (479) —"its west side is now covered by a grow of bright red lichen that gives it the appearance of having been painted"— parece su reelaborada ampliación.

especial de las semihistóricas, editadas en los Estados Unidos a raíz de y durante la ocupación norteamericana de Haití (1915-1934); tales obras despertaron la emulación de Carpentier o su deseo de superarlas y, si no exactamente a dramatizar,[2] lo llevaron a novelar los periodos más intensos de la existencia del pequeño país. Nada de lo que aparece en el relato es gratuito, especialmente lo mencionado como de pasada. Los intereses y preocupaciones de Carpentier se trasiegan de un libro a otro hasta convertir al autor en fuente de sí mismo, hecho que resulta probado si se compara *La música en Cuba* con *El reino de este mundo* y *El reino de este mundo* con *El siglo de las luces*.

No quiero cerrar el prefacio sin manifestar mi agradecimiento a cuantos de un modo u otro me alentaron en la preparación de este libro: mi inolvidable maestro Raimundo Lida; mis amigos Margot Anderson Imbert, Ana María Barrenechea, Macario Barrón, Carlos Blanco Aguinaga, Augusto e Isabel Hacthoun, Lena Mandell, Martha Morello-Frosch e Iris Zavala; todo el personal de Wheaton College a cuyo cargo corre el servicio de préstamos interbibliotecarios, muy particularmente Ruth Fletcher y Gunta Vittands; las alumnas, cuyo sostenido interés acrecentó mi deseo y mi voluntad de continuar una investigación de la cual es fruto *Pasos hallados en "El reino de este mundo"*.

Emma Susana Speratti-Piñero
Wheaton College,
Massachusetts
Junio de 1980

---

[2] "To others more ably equipped is left the fascinating task of dramatizing this extraordinary story" (Davis, 5).

I

LA GRAN HISTORIA

El concepto de la aparente circularidad del tiempo aplicado a la historia ha absorbido casi totalmente la atención de los críticos de Carpentier. No sé que nadie se haya detenido demasiado en lo que él mismo terminaría por llamar la Gran Historia: "—«Según el Preste Antonio, todo lo de *allá* [América] es fábula». —«De fábulas se alimenta la Gran Historia»" (*CB,* 77). A ella apuntaba sin duda Salvador Bueno cuando calificó de "crónica legendaria" *El reino de este mundo* ("AC" 168) negándose simultáneamente a considerarla "novela histórica".

Sería difícil precisar el momento en que la idea de una irrefrenable mitificación —falseadora en principio, reveladora en última instancia— empezó a germinar en Carpentier. Me arriesgaría a afirmar, sin embargo, que la teoría y la práctica de esa idea, tan íntimamente ligada en *El reino,* son las inevitables mellizas engendradas por todas sus lecturas sobre América, entre las cuales figuran las correspondientes a la historia de Haití, apasionada hasta la exasperación, extraordinariamente contradictoria, proclive siempre a transformarse en leyenda.

Si no la práctica, la teoría continúa muy viva en la obra de Carpentier. Lo prueban *El recurso del método,* donde la proliferación de mitos es causa permanente de justificados terrores para el dictador (232), y *La consagración de la primavera,* donde un cubano, cuyos rasgos recuerdan algunos del autor, advierte en una curiosa limitación amplificadora: "nuestros grandes hombres —porque los hubo— están tan recocinados en la salsa de cada quien, de acuerdo con el adobo de cada quien, que a menudo

3

acaban por perder su rostro verdadero. Pero subsiste la palabra *América*" (30).

En *El reino de este mundo*, conjunción de mitos proyectados desde la mente de blancos y negros, se agregan los de la re-creación personal de Carpentier. En una charla reciente sobre el futuro y las obligaciones de la novela hispanoamericana,[1] el autor cubano sostuvo que nuestros escritores del porvenir deberán ser, ante todo, "nuevos cronistas de Indias". Y los viejos no se caracterizaron precisamente por su carencia de fantasía, de exageración y de arbitrariedad. Con la actitud que propone a las generaciones que vendrán, Carpentier no hace más que reflejar la que adoptó en *El reino de este mundo*.

La novela —la crónica— se desarrolla en un escenario temporal despojado intencionadamente de cuanto pueda establecer una cronología evidente. Con todo, es posible situarla entre 1750, un año antes de la fuga de Mackandal a los montes, y algo después de 1830, el año del viaje de la familia de Henri Christophe a los baños de Carlsbad: "La maladie d'Améthyste... obligea la mère à un voyage aux eaux de Carlsbad, en Bohème, durant l'année 1830" (Leconte, 434; cf. *R*, 189). En ese periodo, cuya exposición no siempre se realiza en línea recta y "que no alcanza el lapso de una vida humana" (*R*, 16) —especialmente de la vida de un "negro destinado a correr su siglo cabal" (*SL*, 218)—, asistimos a circunstancias y acontecimientos históricos en sí mismos pero no sujetos a rigor histórico, a hechos puramente conjeturales o legendarios, a episodios construidos básicamente sobre la chismografía de la época, a distorsiones, inventos o atribuciones libres del propio Carpentier.[2] Todo esto pesa en la caracterización de los

---

[1] Alejo Carpentier, "La novela latinoamericana en vísperas de un nuevo siglo", patrocinada por el New England Council on Latin American Studies y por el Council on Latin American Studies of Yale (Yale University, 30 de marzo de 1979).

[2] Para ilustrar los procedimientos de Carpentier baste por ahora un fragmento de la primera página de *El reino* (23): "Entre los veinte garañones traídos al Cabo Francés por el capitán de barco que andaba de media madrina con un criador normando, Ti Noel había elegido sin vacilación aquel semental cuadralbo..., bueno para la remonta de yeguas que parían potros cada vez más pequeños. Monsieur Lenormand de Mezy, conocedor de la pericia del esclavo en materia de caballos, sin reconsiderar el fallo, había pagado en sonantes luises". Mientras es innegable que a los colonos de Saint-Domingue les encantaba poseer numerosos y excelentes caballos de buena estampa (Castonnet, 15, 18; Élie, II, 226), es improbable, si no imposible, que Lenormand de Mezy pagara su nueva adquisición con "sonantes luises", porque no podía entrar en la colonia ninguna moneda francesa

personajes, centros innegables de la narración. Si aquéllos de veras existieron, han sido seleccionados por la impresión que provocaron o por lo que de ellos se dijo más que por la realidad que vivieron. Si, a pesar de un nombre identificable, son hasta cierto punto entes de ficción, en ellos se suman y combinan rasgos probables o posibles del antecedente homónimo con selecciones de peculiaridades que pertenecieron, en general, a un determinado nivel social o a un particular grupo humano. Y tanto unos como otros proyectan lo que fue la época en que Carpentier los coloca. El conjunto así logrado deja un entre agrio y amargo regusto de algo visto en demasía, aunque el desenlace sugiera otra cosa. Para llegar a ese final, sin embargo, necesitamos detenernos primero en las imágenes de la Gran Historia de Carpentier.

1. CIRCUNSTANCIAS Y ACONTECIMIENTOS

Los acontecimientos básicos seleccionados por Carpentier son muy pocos. Primero, la frustrada, aunque en modo alguno ineficaz, tentativa de Mackandal contra los colonos blancos, seguida por su prolongada desaparición, su captura y su muerte (1751-1758).[3] Segundo, la famosa y ya casi legendaria reunión de Bois Caïman, el estallido de la gran rebelión de los esclavos a quienes prestaron interesada ayuda los españoles, los devastadores incendios de la Llanura del Norte, las represalias de los blancos, y el comienzo de la emigración francesa a Cuba (1791).[4] Entre ambos periodos quedan enmarcados el apogeo y la decadencia de las cuatro últimas décadas del dominio colonial en Saint-Domingue. Nada se nos dice de las guerras —contra franceses e ingleses al

de valor y mucho menos los luises de oro, cuya exportación se había prohibido terminantemente, aunque solían pasarse algunos en forma clandestina; en cambio, y según el abate Raynal, "Saint-Domingue était le réceptacle de toutes les pièces d'or rognées, de toutes les espèces altérées et legères" (Élie, II, 278-279). El buen juicio de Ti Noel acerca de los caballos —luego se encargará también de cuidarlos y estará muy al tanto de las peculiaridades del ganado vacuno traído de Europa (R, 39, 44, 46)— parece rasgo tomado de Toussaint L'Ouverture: "The young slaves had the care of the flocks and herds, and this was Toussaint's early occupation... Ultimately he was made steward of all the livestock on the state, a responsible post which was usually held by a white man" (James, 20); "When he was eighteen his love for horses led to his appointment as a stable boy" (Korngold, 58).

[3] Bellegarde, PHH, 45-46 y NH, 64-65; James, 20; Korngold, 44-45.
[4] Brown, I, 175; Vaissière, 232-233; Davis, 36-37; Bellegarde, PHH, 48-50; Dorsainvil, VN, 33; Leconte, 20; Bellegarde, NH, 63-66; James, 124; Korngold, 67-72, 331; Métraux, 41.

principio, civiles luego, dirigidas más tarde a la anexión de la parte española de la isla— que se prolongaron desde 1791 hasta casi 1802. Asistimos, en cambio, a la ocupación francesa iniciada con el desembarco de la expedición de Leclerc y finalizada con los horrores del gobierno de Rochambeau, su derrota en Vertières y la salida de los últimos colonos en 1803.[5] No abundan los detalles para esta época,[6] vista principalmente a través de las reacciones de Paulina Bonaparte, si bien se alude al estado de perpetua rebelión que debieron afrontar los franceses,[7] a la asoladora fiebre amarilla y a la creciente desmoralización de los blancos. El nuevo núcleo de atención corresponde a las postrimerías del reinado de Henri Christophe (1816-1820),[8] pero, salvo los padecimientos del pueblo haitiano bajo su gobierno, los esplendores de su corte, la súbita enfermedad del monarca y la insurrección que acabó con su tiranía, Carpentier se concentra más en los aspectos legendarios que en los históricos. Cierra el ciclo de los acontecimientos elegidos la intención de la *élite* mulata, puesta en arrolladora práctica, de establecer un régimen de trabajo rural obligatorio (1826).[9] Toda la serie de hechos, "bajo su aparente

[5] "In this manner, the expedition [de Leclerc], on which so much confidence had been placed, terminated, as it deserved, in the utmost disgrace; and the majority of the surviving planters and soldiers were glad to escape from the vengeance which they beheld ready to fall on them, and to quit for ever the Island which, but for their cruelty, avarice, and folly, they might have retained in their possession to this day" (Harvey, 19).

[6] Se calla, por ejemplo, todo lo referente al incendio de El Cabo por Christophe y al colaboracionismo de algunos jefes negros, acaso porque resultaba inconveniente para los propósitos de Carpentier.

[7] Madiou, II, 331; James, 345; Franco, 46.

[8] Considerando que Ti Noel recuerda en un momento dado que la ciudadela se estaba construyendo "desde hacía más de doce años" (*R*, 134) y teniendo en cuenta que fue empezada en los primeros meses de 1804 (Ardouin, VIII, 101; Leconte, 273, 351; Leyburn, 247n.13), llegamos a la conclusión de que el ex-esclavo había vuelto a Haití hacia 1816.

[9] Hasta la presidencia de Alexandre Pétion (Port-au-Prince, 1770-1818), la parcelación de la tierra en pequeñas propiedades era desconocida en Haití. El 30 de diciembre de 1809 se empezó la distribución entre los que habían luchado por la libertad o para despertar en los demás el interés por el suelo y sus cultivos. Desgraciadamente, el pueblo haitiano no se encontraba en condiciones de aprovechar la reforma ni Pétion disponía de medios compulsivos para sostenerla, y la prosperidad siguió declinando (Leyburn, 53). Hasta la presidencia de Jean-Pierre Boyer (Port-au-Prince, 1776-1850), iniciada en 1818, nada volvió a intentarse al respecto. Durante su gobierno se redactó el Código Rural, aprobado por la Cámara de los Comunes el 21 de abril de 1826, admitido por el Senado el 1o. de mayo y firmado por Boyer el 6 del mismo mes; publicado en julio de 1826, en

intemporalidad", sigue más o menos "un minucioso cotejo de fechas y de cronologías" (R, 16).[10]

Carpentier trata de crear, y lo consigue, una atmósfera verosímil y apropiada valiéndose a veces de evocadoras descripciones o de alusiones rápidas. De las primeras, acaso la más vivaz y colorida es la que nos pone ante el movimiento de una mañana en las calles de El Cabo (R, 23-24, 29-30):

> Siguiendo al amo, que jineteaba un alazán de patas más livianas, [Ti Noel] había atravesado el barrio de la gente marítima... antes de desembocar en la Calle Mayor, tornasolada, en esa hora mañanera, por los pañuelos a cuadros de colores vivos de las negras domésticas que volvían del mercado... Entretanto, la calle se había llenado de gente. A las negras que regresaban del mercado habían sucedido las señoras que salían de la misa de diez. Más de una cuarterona, barragana de algún funcionario enriquecido, se hacía seguir por una camarera de tan quebrado color como ella, que llevaba el abanico de palma, el breviario y el quitasol de borlas doradas. En una esquina bailaban los títeres de un bululú. Más adelante, un marinero ofrecía a las damas un monito del Brasil, vestido a la española.

Varios de los detalles se inspiran posiblemente en dos autores bastante separados en el tiempo. Moreau de Saint Méry, al hablar del Mercado de los Blancos, dice que, entre las mercancías, había

general fue recibido con disgusto (Franklin, 335-336; Mackenzie, II, 154). Aunque en principio el Código Rural pudo haber resultado beneficioso, nuevamente la falta de medidas coercitivas dificultó la aplicación de sus disposiciones, consideradas erróneas e insensatas por observadores extranjeros de la época (Franklin, 342-344; Mackenzie, I, 95, 100). Según Leyburn (69, 71), el Código Rural, "on paper, at least,... meant for the worker a return to the serfdom instituted by Toussaint and continued by... Christophe and Dessalines... By and large... the Code was merely ignored..."

[10] Carpentier afirma, y todas las fuentes coinciden en ello, que Christophe enfermó el 15 de agosto de 1820; pero afirma también que "el domingo siguiente" estaba lo bastante recuperado como para mover los miembros con "un gran esfuerzo de voluntad" (R, 153). Los efectos paralizadores de la apoplejía fueron bastante más prolongados, y la insurrección que aprovechó tal circunstancia no estalló hasta los primeros días de octubre (cf. cartas de George Clarke a Thomas Clarkson, le Cap, 4 de noviembre de 1820, y de William Wilson a su padre y a Thomas Clarkson, le Cap, 1o. de octubre y 5 de diciembre de 1820, en Ch, 209-219; Harvey, 396ss.; Mackenzie, I, 172; Ardouin, VIII, 99; Leconte, 424; Vaval, 37; Ch, 75). No sé si Carpentier con-fundió intencionalmente un dato de Harvey— "about a week after [el ataque de apoplejía en Limonade] Christophe was removed to Sans-Souci" (397)— y otro de Ardouin —el *domingo* 8 de octubre Christophe arengó a sus tropas (VIII, 99)—, o si realmente confundió las fechas. De ser verdad lo primero, la intención de Carpentier debe de haber sido causar la impresión de que los hechos se iban precipitando vertiginosamente, lo cual convenía mucho a sus propósitos (cf. *infra*, cap. III).

monos y agrega: "c'est vers sept heures du matin que le marché commence et il dure jusqu'à midi. Il est du bon ton d'aller faire un tour de marché aux Blancs, quoique on n'ait rien à y acheter... Les femmes de couleur, surtout, ne peuvent pas se passer de s'y aller montrer et d'y étaler un luxe qui devient quelquefois un appât qu'elles savent employer avec succès" (I, 315-316); el mismo Saint Méry comenta en otro lugar: "Les filles de couleur s'amusent encore... de petits parasols bordés de crépines d'or et d'argent" (II, 1054).[11] Korngold se extiende algo más: "The streets were filled with a noisy and colorful crowd: mulatto women with towering headdresses and fantastic earings; negresses with vivid-colored turbans; richly dressed creole women;... sailors... There were men on horseback... It was an animated spectacle" (13-14). Y Carpentier agrega lo suyo tanto en la intencionada vestimenta del monito como en las acompañantes de las mulatas, sugeridas acaso por un grabado de A. Brunias, muy libremente interpretado (v. ilust. núm. 1).

Entre las alusiones, las hay indirectas, como la que, a través del estilo de sus casas, señala el origen étnico de los moradores: "el Cabo Francés, con... sus casas normandas guarnecidas de larguísimos balcones" (R, 33-34).[12] Las hay también un poco más extensas y directas como las que pintan el disoluto ambiente de los últimos días de la colonia y cuya fuerza depende sobre todo de su acumulación en la misma página: la cita reelaborada de una de las órdenes de Napoleón a su cuñado por la cual se le exigía que "las mujeres blancas que se hubiesen prostituido con negros fuesen devueltas a Francia, cualquiera fuese su rango";[13] la indicación de que los blancos "se entregaron a una vasta orgía", porque había que "extenuar la carne, estar de regreso del placer antes de que una catástrofe acabara con una posibilidad de goce", actitud y decisión a las cuales no era extraño el hecho de que las

---

[11] La referencia de Carpentier a la relación de las mujeres de color con los blancos se encuentra por lo menos en Korngold: "The St. Domingo census of 1774 lists over seven thousand mulattresses, five thousand of whom are listed as white men's concubines" (21).

[12] "Many of the French hunters were natives of Normandy, whence it became proverbial in some of the seaports of Normandy to say of a smoky house *c'est un vrai boucan*" (Burney, 49). Según Leyburn, estos bucaneros terminaron por traer sus mujeres de las poblaciones marítimas normandas, constituyéndose así en el punto de partida preponderante de la población de Saint-Domingue (298-299).

[13] "White women who have prostituted themselves to Negroes, whatever their rank, shall be sent to Europe" (*apud* Davis, 64).

hijas de los esclavos fueran "forzadas en plena infancia";[14] la un tanto sorprendente, pero no infundada, de que "muchas hembras se dieron al tribadismo, exhibiéndose en los bailes con mulatas que llamaban sus cocottes" (R, 114).[15] Pero había sido a medio libro, con la pintura de Saint-Domingue como "petite France" y de El Cabo como "París del Nuevo Mundo" (ibid., 71-72), donde Carpentier se había concentrado más, dándonos intensamente lo que en realidad eran: "a garish exaggeration, a crazy caricature, of the ancien régime in France".[16]

Con todo, la atmósfera más convincente y verídica de El reino de este mundo la recibimos a través de los personajes, sean ellos individualizados o anónimos, singulares o colectivos, presentes o ausentes, históricos o ficticios.

2. Los personajes en general

Según Carpentier, "el relato... respeta... los nombres de personajes —incluso secundarios—" (R, 16). Advirtamos que tal respeto suele tomarse libertades y que la afirmación del autor cubano sólo es exacta en un particular sentido. Todos los nombres —con excepción, quizá, del de Mademoiselle Floridor— designaron a personajes reales; pero "la verdad histórica" vivida por ellos no siempre corresponde a lo que Carpentier les asigna. Dejando a un lado, por ahora, las seis figuras principales, las restantes revelan notables diferencias de tratamiento.

Un puñado de nombres se relaciona ajustadamente con lo que fueron o realizaron en cierto momento quienes los poseye-

[14] Durante la epidemia de fiebre amarilla, "l'adultère et le viol devinrent communs" (Métral, 115).

[15] Este supuesto acto de desesperado Carpe Diem refleja en realidad una vieja y arraigada costumbre. Según las Notes historiques de Moreau de Saint-Méry, "presque chaque jeune créole blanche a une jeune mulâtresse ou quarteronne, et quelquefois même une jeune négresse dont elle fait sa cocote. La cocote est la confidente de toutes les pensées de sa maîtresse (et cette confiance est quelquefois réciproque)...; on couche dans la même chambre, on mange et boit avec elle, non à table et aux repas, mais aux moments ou l'on savoure ces ragoûts créoles, où la familiarité, semble mêler un sel de plus, dans les endroits privés et loin de la vue des hommes" (apud Vaissière, 314-315). Kühn, hablando de Paulina, trae a colación lo dicho por Adolphe de Beauchamps en sus notas, hoy en la Biblioteca Nacional de París: "Se livre avec fureur à tous les plaisirs et à celui des tribades avec de femmes lascives; goût du pays. Passe des bras de ces modernes Lesbiennes dans ceux du général Debelles" (265).

[16] Castonnet, 1; James, 57; Korngold, 13.

ıon. Blanchelande gobernaba en Saint-Domingue al estallar la insurrección negra de 1791 y acaso llegó a pensar lo que Carpentier le hace decir *(ibid.,* 83-84, 89-90).[17] El jamaiquino Bouckman desempeñó importante papel la noche de Bois Caïman, fue uno de los principales cabecillas al empezar el levantamiento, murió en combate y su cabeza se expuso como severa advertencia en El Cabo *(R,* 78-80, 88, 91).[18] Jeannot, Biassou y Jean-François asistieron también a la reunión del 14 de agosto de 1791 y fueron caudillos destacados *(R,* 80).[19] Rochambeau se hizo cargo del gobierno después de la muerte de Leclerc, se caracterizó por atrocidades inauditas, precipitó con ellas la caída de la colonia y fue derrotado definitivamente en Vertières *(R,* 114-115, 185).[20] Su función es, pues, la de establecer hechos precisos y la de marcar hitos en el tiempo y en el espacio.[21]

[17] El general Philibert-François-Roussel (o Rouxel) de Blanchelande (Dijón, 1735-París, 1793) sirvió en las colonias francesas y fue gobernador de Saint-Domingue. En 1791, y a raíz de una rebelión en la Provincia del Oeste, huyó de Port-au-Prince a El Cabo, que prácticamente se había convertido en capital de la colonia. Allí le sorprendieron los acontecimientos de agosto. Un mes después del comienzo de la insurrección, los rebeldes ofrecieron hacer la paz con él por su calidad de representante del rey; pero las condiciones eran tales que Blanchelande no pudo aceptarlas. Acusado ante el gobierno revolucionario, fue remitido a París. El 15 de marzo de 1793 pronunció ante el tribunal un discurso justificativo que contradice un tanto ciertas expresiones que le hace proferir Carpentier: "Cependant, le préjugé si funeste à cette île, que des hommes blancs conservèrent contre des hommes d'une autre couleur que la leur, et dans l'origine, la prise d'armes, les démarches illicites et les demandes prématurées de ceux-ci, amenèrent, au mois d'août 1791, la révolte des esclaves qui, après avoir été les instruments de l'un et l'autre parti, finirent par réclamer pour eux-mêmes la liberté et l'egalité des droits politiques". Fue condenado a muerte y ejecutado el mismo año. (Ardouin, I, 50, 62; St. John, 39; James, 83; Korngold, 50, 65, 91).

[18] Davis, 36-37, 95-96; Vandercook, 32-33; Bellegarde, *PHH,* 48ss.; Korngold, 70-72, 74, 331.

[19] Mackenzie, II, 41; Madiou, I, 108, 331; Ardouin, I, 51; St. John, 49; Castonnet, 158; Bellegarde, *NH,* 66; Korngold, 74-76, 79, 82-85, 87, 89, 95-96, 102, 106-107, 116.

[20] Mackenzie, II, 54-55; Madiou, II, 125, 350, 353, 390-391; Ardouin, II, 5 y V, 74, 76; St. John, 74-76; Léger, 114-115; Davis, 292-293; Leconte, 138-139, 145; James, 358-362, 365, 367, 369; Leyburn, 30-31; Korngold, 250, 325-327.

[21] Aunque en apariencia semejante a los casos anteriores, otro nombre tiene especiales resonancias. Al comparar la invasión de los mulatos con hechos y personajes conocidos por él, Ti Noel recuerda a José Antonio Aponte: "Lo de los mulatos era novedad en que no pudiera haber pensado José Antonio Aponte, decapitado por el marqués de Someruelos, cuya historia de rebeldía era conocida por Ti Noel desde sus días de esclavitud cubana" *(R,* 189). Tanto Aponte como Someruelos pertenecen a la historia y su

Previniendo posiblemente el pesado riesgo de repetir hasta el hartazgo las palabras colono y hacendado, Carpentier recurrió a ciertos apellidos recogidos por Moreau de Saint Méry —Lamartinière (cf. *infra*), Perigny, Dufresne— y les atribuyó claro valor señalativo. El primero no sufre ninguna alteración formal y lo ostenta arbitrariamente la muy improbable primera mujer de Lenormand de Mezy (*R*, 45-46). El segundo apellido, en cambio, se transforma, y quienes lo llevaron en vida son transportados a una localidad donde sus propiedades nunca estuvieron: "... el veneno seguía alcanzando el nivel de las bocas por las vías más inesperadas. Un día, los ocho miembros de la familia Du Periguy lo encontraron en una barrica de sidra que ellos mismos habían traído a brazos desde la bodega de un barco recién anclado" (50). Charles León de Taillevis, marqués de Perigny, jefe de batallón en Léogane de 1782 a 1783, poseyó dos ingenios y plantaciones de algodón, índigo y café en distintas partes de Saint-Domingue, pero ninguna en la Llanura del Norte (Moreau, III, 1280, 1291, 1535). El apellido Dufresne, convertido en Dufrené acaso por influencia de otros textos, sobrepasa lo puramente señalativo. Por un lado, se lo mantiene unido al nombre de la hacienda donde reapareció y fue apresado Mackandal.[22] Por otro lado, se relaciona con una circunstancia que ignoramos si correspondió a la familia

aparición en *El reino* no es gratuita. José Antonio Aponte, negro habanero libre, carpintero y tallador de madera, ignorante pero de profundo espíritu religioso, estaba muy influido por la historia de Moisés y por la liberación que logró para su pueblo. Enterado de que los franceses habían invadido España y de las vicisitudes por las cuales pasaba el gobierno, pensó que el tiempo había llegado para una rebelión que acabara con la esclavitud y los esclavistas de Cuba. Se puso en contacto con jefes haitianos, que le prometieron ayuda, y comenzó a organizar el levantamiento a fines de 1811. Someruelos, capitán general de Cuba (1799-1812), oyó una conversación que le reveló el peligro y, a mediados de febrero de 1812, Aponte y sus principales colaboradores fueron detenidos. A pesar de este serio revés, los esclavos se rebelaron y destruyeron cantidad de plantaciones; pero la insurrección fue dominada. Aponte y sus compañeros fueron condenados a la horca y a que sus cabezas cortadas se expusieran como advertencia en sitios convenientemente notables. Las ejecuciones se llevaron a cabo el 9 de abril de 1812, no sin agregarles detalles de bárbaro ensañamiento. La cabeza de Aponte se colocó en una jaula de hierro frente a la casa donde había vivido y una de sus manos fue clavada en otra calle (Ortiz, *NE*, 430-431; Foner, 90-94; Fagg, 27, 29). La mención de Aponte y de su trágica muerte desempeña por lo menos dos funciones en el relato: establecer cierto breve paralelo entre la actitud de los esclavos en Cuba y en Haití; fijar en la existencia de Ti Noel una fecha que ayuda a establecer sus pasos en el reino de este mundo.

[22] *R*, 60-62, 102. Cf. Moreau, II, 630; III, 1480.

aludida por el apellido, pero que no fue infrecuente a fines del siglo XVIII y comienzos del XIX: la de que algunos colonos demoraran su partida de Saint-Domingue con la esperanza de conservar o recuperar sus propiedades (R, 102). Más importante para la novela, sin embargo, es el hecho de que los esclavos que acompañan en el destierro a la aristocrática familia no sólo se encargan de informar a Ti Noel del viaje, la estada, el comportamiento y la partida de Paulina Bonaparte,[23] sino de comunicarle el inminente derrumbe de los blancos pronosticado por Mackandal, de lo cual resulta una irónica justicia poética (ibid., 102-116).

Poco más que un nombre en el relato, María Luisa, mujer legítima de Christophe y reina de Haití, sirve principalmente de contraste a la figura de su marido, pero ¡qué contraste! Historiadores y comentaristas, incluso los enemigos de Henri, hablan de ella con respeto, reconocen su bondad y le atribuyen una generosa disposición, por desgracia no siempre eficaz, para salvar a quienes se convertían en objeto de las iras del rey.[24] Carpentier, si bien no hace caso omiso de todo ello, se complace en recargar las tintas grotescas cada vez que presenta a la piadosa mujer, sea

[23] Parece exagerado y hasta increíble que los esclavos supieran tanto no sólo de la vida de sus patrones sino de lo que ocurría dentro y fuera de la colonia e incluso en círculos cerrados para ellos. Recuérdese, sin embargo, que los amos se cuidaban muy poco de hablar ante quienes consideraban menos que muebles y que una de las pésimas costumbres de la colonia era la de una desbocada maledicencia. Por lo demás, los adeptos del vudú, siempre sabían (R, 121).

[24] El joven profesor William Wilson transmite la siguiente información a Mrs. Clarkson en carta del 12 de noviembre de 1820: "Madame Christophe, in common with all Haytian females, is distinguished by a douceur, an humanity, which shudders at violence. Mme. Saint-Martin... who was perhaps more in the secrets of the Palace than any other person... never failed to make a glorious distinction between his [de Christophe] conduct and that of the rest of the Royal family" (Ch, 234). Harvey se hace eco del comentario que las dos profesoras norteamericanas contratadas para educar a las princesas formularon acerca de María Luisa: "her evident sincerity convinced us that she had a kind and affectionate heart" (229). Para Franklin, "she was considered a good and humane woman, and often softened the anger of her husband, who was addicted to sudden gusts of passion, and to the infliction of punishment with unjust severity" (231). Ardouin recoge un acto de generoso atrevimiento en favor del orgulloso y valiente coronel Paulin, quien se había arriesgado a desafiar la fácil cólera del monarca: "À ces mots, à ces gestes que l'exaltation de l'honneur inspirait, Christophe, en fureur, ordonna que Paulin fût décapité; mais la reine, présente à cette scène, intercéda en sa faveur et obtint qu'il fût seulement envoyé à la citadelle Henry où on le mit aux fers" (VIII, cap. X, p. 97).

cuando la muestra "abrazándose a las botas de su esposo" e implorando "en vano" por la vida del arzobispo Cornejo Breille (*R*, 143), o perdida ridículamente en los latines de Juan de Dios durante la misa del 15 de agosto (147), o padeciendo una regresión al dedicarse a preparar un cocimiento de raíces para el paralizado Christophe (151), o arrojando los "zapatos con el primer tacón torcido" (163) mientras acompaña el cadáver del monarca en su apresurado y postrer viaje a la ciudadela, o enojándose con el gato que le enreda los hilos con que borda (171), o disponiendo "que su pie derecho fuese conservado en alcohol por los capuchinos de Pisa, en una capilla construida gracias a su piadosa munificencia" (189-190).[25]

Si Carpentier se ensaña con María Luisa y olvida o distorsiona sus actos benéficos, hay otro personaje con quien llega a extremos aún peores. El abate De la Haye, cura de Dondón, naturalista distinguido y hombre sin tacha, ha sido considerado como el Las Casas de los negros y de él se dice que en 1765 fue a Saint-Domingue para ayudarlos en cuanto pudiera para que lograran la libertad. Cuando estalló la rebelión de 1791, De la Haye redactó la carta que los esclavos enviaron a Blanchelande y terminó uniéndose al grupo de Jean-François, de quien fue consejero. Murió violentamente en 1802, según unos a manos de los negros que temían los traicionara y según otros por orden de Rochambeau, a quien, como a los colonos del antiguo régimen, irritaban sus sentimientos liberales y humanitarios.[26] De tal hombre Carpentier se limita a decir despreciativamente: "Y en vista de que sería necesario redactar una proclama y nadie sabía escribir, se pensó en la flexible pluma de oca del abate de la Haye, párroco del Dondón, sacerdote volteriano que daba muestras de inequívocas simpatías por los negros desde que había tomado conocimiento de la Declaración de Derechos del Hombre" (*R*, 80-81).

Los dos últimos personajes individuales, importantísimos pero no céntricos, son Cornejo Breille y Juan de Dios [González], los

[25] En el último caso, la culpa es más de un admirador de la reina que de Carpentier (v. Leconte, 436). Por lo demás, siendo excelente su posición económica gracias a las inversiones realizadas por Christophe en Inglaterra, María Luisa se dedicó, ya en Italia, a las obras de beneficencia: "Elle prodiga sa fortune aux pauvres de Pise et au couvent de Capucins... Il est à peine besoin de rechercher si l'ordre de Capucins avait eu Mme. Christophe pour bienfaitrice: sa tombe dans une chapelle de cette association en dit assez" (Leconte, 432-433, 435-436).
[26] Moreau, I, 261-262, 270; Mackenzie, I, 183, II, 39, 44-45; Ardouin, I, 50, 63, V, 85; Leconte, 16; Cabon, 35 y n. 42; Korngold, 19, 78, 80-81.

arzobispos designados por Christophe y cuyas vidas no pueden separarse totalmente. Al primero, que en realidad se llamó Corneille Brelle, Carpentier le concede una larguísima existencia de la que empezamos a tener noticia aun antes de la fuga de Mackandal y que se extiende hasta las postrimerías del reinado de Christophe (R, 30, 144). Aparte el hecho de que, según parece, los capuchinos entraron en el Norte de Haití en 1769 para reemplazar a los jesuitas expulsados desde 1763, lo cual históricamente contradice a Carpentier, poco más sabemos de la presencia de Corneille Brelle en Saint-Domingue antes de 1800. A través de la correspondencia del que había sido allí prefecto de los capuchinos hasta 1792, nos enteramos de que éste había dejado en El Cabo tres sacerdotes, entre los cuales figuraba Corneille Brelle; todos ellos juraron sin duda la Constitución revolucionaria, aunque luego se retractaron, y correspondió al futuro arzobispo recibir en la iglesia de El Cabo (21 de septiembre de 1792) a la segunda comisión civil enviada a Saint-Domingue. Por moción del padre Grégoire, durante la quinta sesión del Concilio Nacional (París, 5 de octubre de 1797), se decretó la creación de obispados en las colonias francesas del Caribe, y el mismo sacerdote se esforzó por encontrar candidatos; se le propuso para la sede de El Cabo a "M. Corneille de Douai (Corneille Brelle), très instruit, bon predicateur, ayant des moeurs, connaissant la situation présente et passée de l'île". No se le designó, y continuó sus funciones de cura de El Cabo. En 1800, Corneille Brelle pronunció un discurso de felicitación ante Toussaint L'Ouverture por su triunfo en la guerra civil y cantó el Te Deum. El 10 de abril de 1801, en compañía de cuatro sacerdotes más, firmó una protesta —dirigida a Toussaint y publicada en los periódicos— contra el obispo de Santo Domingo por desentenderse de la jurisdicción y de la autoridad del Papa. Al empezar el gobierno de Dessalines, Corneille Brelle seguía en El Cabo, donde se le consideraba prefecto apostólico; allí consagró al primer emperador de Haití el 8 de octubre de 1804. A partir de 1807 se puso bajo la protección del general y presidente Christophe, a cuyo servicio desempeñó el cargo de conciliador oficial; en una "Invitation pastorale" (6 de diciembre de 1808), incitó a los habitantes del suroeste de Haití a reunirse en un solo estado bajo la autoridad de Christophe. Inmediatamente después de ascender al trono y por edicto del 7 de abril de 1811, Henri convirtió El Cabo en sede archiepiscopal y a Corneille Brelle en arzobispo y gran limosnero del rey; por edicto del 8 de abril del mismo año, aquél recibió el título de "duc de l'Anse". El flamante prelado coronó a los reyes el 2 de junio de 1811 y desempeñó más tarde el cargo de miembro del consejo privado de Christophe. Según se afirma, en 1814 y por orden del monarca, cantó una sardónica misa de Requiem ante Medina, enviado de Luis XVIII que después desapareció sin dejar rastros. En fecha no establecida —unos dicen que a fines de 1816 o comienzos de 1817, otros que poco antes del 15 de agosto de 1820—, Corneille perdió el favor real y fue condenado a muerte por sospechas de traición o por solapadas, y no reveladas, acusaciones del ambicioso Juan de Dios González, uno de los dos vicarios de la iglesia metropolitana de El Cabo.[27] Las conjeturas acerca del tipo de muerte a que fue sometido Brelle y el lugar donde esto se cumplió son relativamente tardías. En 1830, Mackenzie se limita a decir que fue "privately taken off" (I, 165). A mediados del siglo XIX, Ardouin insiste en que se le condenó a morir de hambre en un calabozo (VII, 104, n.5; VIII, 27, n.1). El padre Cabon repite la referencia y agrega un dato: "il fut jeté dans les cachots de la citadelle Henry et y mourut de faim" (104). Leconte, dos años antes, había seguido una variante de la conjetura, pero, según ella, la muerte del arzobispo no se debió tanto a Christophe como el propio Brelle: "Il ne le fit pas périr dans un cachot de détention publique, il le laissa à l'Archevêché... ordonna de murer les portes d'une pièce de ses appartements et lui fit servir une ration, chaque matin... Une huitaine de jours après, le vieillard succomba, laissant à la place où elles furent déposées les rations journalières qui lui étaient apportées" (407). Las culpas atribuidas a Brelle pueden provenir de las achacadas a Mauviel (James, 374) y su agonía, tal como la describe Carpentier, quizá se inspire en la de otro condenado por Christophe: "Là [en un calabozo de la ciudadela], la tradition raconte que Pierre Toussaint, oublié,... cria son suplice durant des jours et des nuits, et quand, n'entendant plus sa voix on ouvrit son cachot, on lui trouva les poignets rongés et les veines déchirées de ses propres dents" (Marcelin, *ChH*, 51).

El sucesor de Corneille Brelle fue el hombre que, se afirma, lo había delatado. "The most Eminent and most Reverend John de Dieu Gonzállez [sic]" (Harvey, 126) fue el único sacerdote español que aceptó la invitación de Christophe para incorporarse al clero haitiano (cf. "El mosaico increíble", n. 54). Llegó a ser,

---

[27] Franklin 216-217; Mackenzie, II, 63; Ardouin, VII, 92, 104 n. 5, VIII, 26; Peytraud, 192; Leconte, 251, 253, 272, 406-407; Cabon, 38, 68-69n., 75-77, 93, 101-104; Herskovits, *LHV*, 64; Élie, II, 125; Comhaire, 2.

como se ha dicho, uno de los dos vicarios de El Cabo y limosnero de la reina (Leconte, 317 y 406). Descreído, hipócrita, vanidoso, indolente y sensual, "his object was to obtain wealth and influence" y "his private conduct corresponded with his principles, and so devoted was he to the pleasures of the table that his intemperance was proverbial" (Harvey, 308-309; cf. *R*, 143-144). "D'après un écrivain [no identificado], le père Jean de Dieu aurait dénoncé Corneille à Christophe"; pero, "pour comprendre la mesure prise par le Roi à l'egard de son prélat favori", sería necesario "connaître la nature de cette dénonciation" (Leconte, 406-407). El padre Cabon, por su parte, sostiene que la caída y la muerte de Corneille Brelle se debieron a las intrigantes maniobras de González (104; cf. *R*, 143-144). Después de la desaparición del viejo prelado, Juan de Dios "persuaded Christophe... to elect him as his archbishop" y "grand Almoner of the King" (Harvey, 126 y 408); se le concedió, además, el título de duque de González y de las Palmas (Cabon, 104). Según Edmond Bonnet, el recuerdo "de son infamie revint sans doute à Jean de Dieu" durante la misa del 15 de agosto de 1820, "tandis qu'il officiait à la place de Brelle... et bourrelé par les remords, son imagination lui aura crée un fantôme" (288; Léon, 170; cf. *R*, 148-149). "Après avoir executé la première partie de la mese jusqu'au Credo, le célebrant quitta sa place du bas pour remonter à l'autel, pour procéder aux cérémonies de l'Offertoire. Subitement il vit un autre prêtre occuper le centre de l'autel. Il reconnut dans cette vision le père Corneille Brelle... Jean de Dieu Gonzalès en fut vivament troublé; il hésité à s'avancer... [Christophe] ordonna à Jean de Dieu de remonter pour continuer l'office. L'infortuné Gonzalès, pris entre deux effrois, s'abattit" (Leconte, 421; Cabon, 104). El indigno arzobispo "mourut, demandant avec anxieté à ceux qui l'environnaient, si eux aussi n'avaient pas vu sur l'autel le Père Brelle officiant et la face retournée vers les fidèles prononçant le Dominus Vobiscum" (Bonnet, 288n; Léon, 170). Juan de Dios González murió el 21 de agosto de 1820 (Ardouin, VIII, 96), muy posiblemente de paludismo o "fièvre chaude" (Léon, 172; Cabon, 104).

La visión que aterrorizó al arzobispo González inició una leyenda en la que el mismo Christophe quedó envuelto. Según Rulx Léon, el punto de partida fueron las manifestaciones del doctor Massicot, quien había presenciado el delirio del moribundo Juan de Dios. Esto provocó otra versión recogida en *"L'Abeille Haytienne* quelques jours après cet événement: «Christophe s'étant

rendu à l'Eglise de Limonade le 15 Août dernier pour assister
à l'office divin crut voir le R.P. Corneille qu'il avait fait mourir»" (170-172). Bonnet se limita a decir que "Christophe, qu'une
visión semble terrifier, tombe frappé de paralysie" (288). Marcelin (ChH, 34) recoge la leyenda casi ochenta años después de iniciada: "Le 15 août 1820 le Roi assistait à la messe dans l'Eglise
de Limonade. Soudain sa tête par deux fois frappa avec force le
prie-dieu. Le sang jaillit de son front, éclaboussant ses courtisans
glacés d'épouvante. Il venait de voir, dit la legende, le prêtre Corneille Brelle —qu'il avait fait mourir quelques jours auparavant—
officiant à l'autel". El mismo Leconte, crédulo, proclive a aceptar
la tradición oral y que narra por extenso este hecho (420-422), no
puede menos de preguntarse si Christophe llegó a ver el fantasma.

Considerando todo lo anterior, es fácil advertir lo que Carpentier seleccionó en relación con ambos personajes, que distaban
mucho de ser modelo de sacerdotes, y lo que ideó basándose en
ellos: la imaginada agonía, la posible muerte por hambre de Corneille Brelle y su legendaria aparición; la ambición codiciosa e
intrigante y la gula de González, su asistencia a la corporización
del fantasma del viejo prelado, y el desvanecimiento que lo aquejó en la iglesia de Limonade. ¿Qué razones movieron a Carpentier para elegir y enriquecer por un lado sólo ciertos aspectos de
la personalidad de ambos personajes y por otro el episodio más
increíble de la leyenda de Christophe? Unas quedarán explicadas
en el capitulillo dedicado al monarca, otras en "Vudú y...", otras,
por fin, en el Apéndice I. Por el momento sólo adelantaremos
que Carpentier quiso sin duda no sólo fustigar las miserias de los
principales miembros del clero patrocinado por Christophe y des-
preciado por los negros sino también atenerse a una leyenda más
perspicaz que la historia propiamente dicha.

Además de los personajes individuales o individualizados hay
en El reino lo que podríamos llamar personajes colectivos. Éstos
funcionan a la manera de coros y, en ocasiones, como los comparsas de una obra de teatro. Al último grupo pertenecen las
damas que esperan complacida y ansiosamente la ejecución de
Mackandal (R, 63-64) y cuyas "voces deliciosamente alteradas
por la emoción" nos revelan tantos abismos de perversidad como
los torturadores del fula patizambo —amenazado al principio con
la introducción de "una carga de pólvora en el trasero", sometido
luego "de pura rabia" al bárbaro castigo (R, 50-51) —[28] o las

---

[28] Vaissière, 192; James, 12-13; Korngold, 32; Élie, II, 166.

"brillantes personas vestidas de seda" que se solazan con el espec-
táculo de los negros devorados por perros (R, 115). Al primer
grupo corresponde la escena —no puedo menos de llamarla así—
en que hacendados y militares comparten las horas de ocio con-
sentidas por la persecución de Mackandal:

> Ahora que la muerte había recobrado su ritmo normal... los colonos
> se daban al aguardiente y al juego, maleados por una forzada convi-
> vencia con la soldadesca.[29] Entre canciones obscenas y tramposas mar-
> tingalas, sobándose de paso los senos de las negras que traían vasos lim-
> pios, se evocaban las hazañas de abuelos que habían tomado parte en
> el saqueo de Cartagena de Indias [30] o habían hundido las manos en
> el tesoro de la corona española cuando Piet Hein, pata de palo, logra-
> ra en aguas cubanas la fabulosa hazaña soñada por los corsarios duran-
> te cerca de dos siglos.[31] Sobre mesas manchadas de vinazo, en el ir y
> venir de los tiros de dados, se proponían brindis a l'Esnambuc, a Ber-
> trand d'Ogeron, a Du Rausset [32] y a los hombres de pelo en pecho que

[29] Aunque, como veremos, los vicios de los colonos empezaron muy tem-
prano (cf. *infra*), es muy posible que Carpentier se inspirara para su afirmación en el siguiente texto: "La perte de quelques-unes de nos Colonies,
pendant la guerre de 1756..., on y fit passer des régiments et d'autres troupes réglées..., on y fit passer des régiments et d'autres troupes réglées... Ce fut ainsi que Saint-Domingue reçut en 1762 plusieurs
bataillons. Les défenseurs de la patrie, ne sont pas les gardiens des mœurs:
celles de Saint-Domingue en firent l'épreuve" (Moreau, I, 31).

[30] Labat, IV, septième partie, chap. III, 52-54; Burney, primer saqueo,
359ss., segundo saqueo, 372ss.; Dorsainvil, *HFB*, 68ss.

[31] Piet Pieterzoon Hein, apodado Piet, nació en Delfshaven (Holanda)
en 1577. En 1628 y merced a un golpe de audacia, el ya entonces almirante
realizó una de las hazañas más sensacionales de su siglo: se apoderó frente
a Matanzas (Cuba) de la flota española y del tesoro que transportaba (diez
y seis millones de francos). Ascendido a gran almirante lugarteniente, murió
en un combate naval frente a Dunkerque en 1629 (Enciclopedia Larousse
Ilustrada, s.v.; Fagg, 21). V. muy especialmente Peterson, pp. 252-267.

[32] Pierre Belain d'Esnambuc (1585-1637), gentilhombre normando y
segundón de la casa de Vaudroq-Diel, era capitán de marina. Según Labat,
"fatigué de ne rien faire pour son Prince et pour lui-même" y en un barco
equipado por él, en 1625 se dirigió a las Antillas donde durante años llevó
vida de corsario. Por sus actividades y por los resultados que éstas acarrearon,
se le considera padre y fundador de las colonias francesas en el Caribe (Labat, III, Cinquième partie, chap. I, 16-24; Moreau, II, 644, III, 1485;
Madiou, I, 21; Peytraud, 5-10; Léger, 32; Vaissière, 6n.1; Elie, II, 31-32).
Bertrand d'Ogeron de la Bouère (1615-1675), gentilhombre, marino y
aventurero, pasó a las Antillas (1656) para rehacer su peculio y llevó vida de
filibustero. Sus camaradas lo admiraron y respetaron, razón por la cual
pudo ejercer benéfica influencia sobre ellos. Es uno de los pocos que pueden
jactarse de haber establecido orden y disciplina en las Antillas. Primer gobernador de la Tortuga reconocido por Francia (1665) y convencido del
valor económico de la colonia, consiguió durante el desempeño de su cargo
que la inmigración aumentara, fundó la ciudad de El Cabo (1670) y favo-

habían creado la colonia por su cuenta y riesgo, haciendo la ley a
bragas, sin dejarse intimidar por edictos impresos en París ni por las
blandas reconvenciones del Código Negro [33] (R, 53-54).

Esta breve pero magnífica exposición retrospectiva de lo que había sido la colonia en sus comienzos casi nos deja oír la división
de un coro mayor en semicoros y *particelle*. Más importante aún,
nos descubre la actitud mental de los pobladores blancos de Saint-
Domingue. Es innegable que las empresas de bucaneros y filibusteros (v. *infra* "Lenormand de Mezy", n. 119), cuya enorme influencia se hizo sentir de 1640 a 1725, se caracterizaron por lo
atrevidas y dieron origen a la colonización francesa de las Antillas, razón por la cual los primeros gobernantes llamaron "les
pères" a sus predecesores (Burney, 60; Vaissière, 17-18; Élie, II,

reció que en ella comenzaran a establecerse los bucaneros. Dirigió campa-
ñas contra los españoles y los holandeses. Según el abate Raynal, después
de años de pillaje y asesinato, d'Ogeron "trouva l'occasion favorable pour
se réhabiliter et réhabiliter en même temps ses anciens compagnons... Il
racheta son passé honteux par une administration si sage et si ferme que sa
haute personnalité in imposa à toute la colonie" (Labat, IV, septième
partie, chap. III, 44-47; Moreau, I, 30; Madiou, I, 24-26; Dorsainvil, *HFB*,
20, 24-25; Peytraud, 11; Davis, 19-22; Bellegarde, *NH*, 54-55; Korngold,
9; Élie, II, 39-40, 55-56, 74-75).
    Jérémie Deschamps, caballero y señor Du Rausset, nacido en Périgord,
realizó algunas hazañas en el Nuevo Mundo durante su vida de bucanero.
Deseando progresar pecuniariamente, se ofreció a la Compañía de las Indias
Occidentales para reconquistar la Tortuga, lo que llevó a cabo en 1660
asestando un rudo golpe a los españoles. Se estableció en la isla, que se le
había concedido en propiedad, en carácter de comandante bajo la autoridad
del rey y de los gobernadores generales del archipiélago. En 1663 regresó
a Francia para arreglar sus derechos; pero sus pretensiones fueron tan exa-
geradas que, por consejo de Colbert, fue encerrado en la Bastilla hasta que
cambiara de actitud. Finalmente, el 15 de noviembre de 1664 vendió sus
derechos a la Compañía por quince mil libras tornesas. Se afirma que su
primera intención había sido vender la isla a los ingleses. Inmediatamente
después de la venta, se nombró gobernador de la Tortuga a Bertrand d'Ogeron (Madiou, I, 24; Dorsainvil, *HFB*, 18ss; Vaissière, 10-12, 17; Élie, II, 39).
    [33] En 1685 Luis XIV promulgó el Código Negro para fijar la conducta
de esclavos y patrones. El Código, que en gran parte se debía a Colbert,
limitaba legalmente la hasta entonces todopoderosa autoridad de los amos,
pero no de hecho, pues a menudo sus disposiciones fueron letra muerta
(Peytraud, 150, 158-166, estas últimas páginas incluyen el texto completo
del Code Noir; Vaissière, 184; Leyburn, 16; Korngold, 29-31). El final del
pasaje de Carpentier parece inspirado en lo que se supone es parte de la
alocución que Bouckman pronunció la noche de Bois Caïman: "But would
the planters agree to this? No! They had ignored the King's edict, as they
had ignored the Black Code and all other edicts the King had issued for the
protection of the slaves" (Korngold, 68-69).

29-30, 41). Dichas empresas se caracterizaron también, sin embargo, "for the ferocious cruelty of the leaders" (Burney, 62-63). Una vez asentados los audaces y codiciosos aventureros, el desorden de sus costumbres y de su comportamiento arrancó este juicio a Du Casse (Informe del 15 de mayo de 1691): "[los habitantes de El Cabo] sont de brigands qui ne reconnoissent ni l'autorité ni la raison" (*apud* Vaissière, 55). Nada tiene de raro que no acataran ni el Código Negro ni otras ordenanzas posteriores. Así, el pasaje de Carpentier, exacto en principio, implica una ironía que recae en los entusiasmados sucesores y descendientes de bucaneros y filibusteros, los cuales, a pesar de sus pretensiones, son una risible caricatura de sus antepasados.

Pero el personaje colectivo más importante —acaso simplemente el personaje más importante—, cuya intervención puede ser trágica o cómica y que a veces adquiere el valor del coro primitivo cuando invade totalmente la escena, es el constituido por el casi siempre anónimo pueblo haitiano a través de las etapas de su historia —esclavitud, luchas por la libertad, esporádicos periodos de paz— escogidos por Carpentier. Simplemente alerta o francamente activo, este coro de presencia constante —no invalida sino confirma la afirmación el hecho de que un semicoro se encuentre de pronto en Cuba— comenta los acontecimientos, informa acerca de ellos, siente su amenaza, considera sus beneficios, espera con alternativas de fe, desconfianza o angustia el advenimiento de una suerte mejor, anticipa una idea que Carpentier nunca desarrolló por completo[34] y en cierto modo corrobora la opinión de que el triunfo sobre los franceses primero[35] y sobre Christophe después se debió a la decidida participación de quienes, a pesar de sus defectos y por encima de ellos, mantuvieron muy vivos el recuerdo y el ejemplo de Mackandal.

3. LOS PERSONAJES "HISTÓRICOS"

Mackandal

Concretamente, poco se sabe de François Mackandal, el hombre. Nació en Guinea y fue vendido como esclavo en Saint-Domingue. Hacia 1750 se encontraba en la hacienda que Lenormand

---

[34] "En *El año 59* no hay protagonista. Mejor dicho, no hay individuos, sólo grupos, olas humanas... La intención... dice Carpentier, es pintar una «colectividad»" (Harss, 85).

[35] "no fueron ni el ejército ni Dessalines los que obtuvieron la victoria, fue el pueblo" (Franco, 54).

de Mézy tenía en Limbé. Allí perdió una mano entre los cilindros de un trapiche.[36] A causa de su invalidez, se le dedicó a pastorear ganado; pero pronto huyó a los montes y se convirtió en cimarrón alrededor de 1751. Desde ese momento, si no antes, ejerció influencia sorprendente tanto sobre muchos de los esclavos de la Llanura del Norte como sobre otros fugitivos. Con la cooperación de los primeros inició una campaña de envenenamiento contra los ganados y las vidas de los colonos. Del proceso que se le siguió a raíz de su captura (diciembre de 1757) en la hacienda de Dufresne, también en Limbé, sólo se saca en limpio que fue condenado a morir en la hoguera el 20 de enero de 1758 por seductor, profanador y envenenador. Antes de que se le prendiera, la "Déclaration du nègre Medor" (26 de marzo de 1757) deja entrever que las actividades de Mackandal tendían a realizar un proyecto de alcances mucho mayores.[37] Casi inmediatamente después de ejecutado, una carta fechada en Port-au-Prince (27 de febrero de 1758) estima en seis mil las víctimas humanas de sus maquinaciones entre propietarios blancos y negros desafectos o remisos a sus propósitos. Ambos decumentos quizá ofrecen, sin advertirlo, etapas en la evolución de una leyenda que debió de empezar aun antes de la fuga de Mackandal, fue creciendo gracias al terror de los colonos y a la ciega admiración de los esclavos, y continuó enriqueciéndose hasta el punto de que, en 1797, Moreau de Saint-Méry pudo afirmar rotundamente: "On

[36] Cf. R, 33-36. El padre Labat, quien conocía de oídas y de vistas los peligros de tal trabajo y las medidas que debían tomarse en caso de accidente, da un testimonio que debe compararse con lo expresado por Carpentier: "le plus court remede est de couper promptement le bras d'un coup de serpe; et pour cela on doit toujours tenir sur le bout de la table une serpe sans bec bien affilée, pour s'en servir au besoin. Il est plus a propos de couper un bras, que de voir passer une personne au travers des rouleaux d'un moulin... quand on a le bonheur d'arreter un moulin où quelque membre est pris, il faut bien se garder de faire rétrograder les tambours pour retirer la partie qui y engagée, parce que c'est une nouvelle compression, à laquelle on l'expose, qui acheve de concasser, de briser los os, et de déchirer les nerfs de la personne; mais il faut désserrer les rouleaux, et retirer doucement la partie offensée" (II, troisième partie, chap. XIII, "Des moulins à sucre", 192-193).

[37] Moreau, II, 629-631; Peytraud, 320; Vaissière, 236ss., 245ss.; Élie, II, 181ss. Es posible que esta declaración sugiriera a Carpentier la de su fula patizambo, quien inicialmente se menciona entre los colaboradores de Mackandal y luego como involuntario delator ante la amenaza de "meterle una carga de pólvora en el trasero" (R, 45, 50).

ferait un ouvrage volumineux de tout ce que l'on rapporte sur Mackandal".[38]

¿Qué circunstancias o qué rasgos personales destacaron a Mackandal a mediados del siglo XVIII haciendo olvidar prácticamente a todos los esclavos rebeldes que lo habían precedido?[39] ¿Por qué Mackandal y sólo Mackandal se convirtió en centro de una leyenda viva todavía? [40] Puesto que se ha extraviado el retrato que de él hizo el pintor parisiense Dupont y compró Moreau de Saint-Méry (II, 631), y los datos fidedignos escasean, no será inútil reconstruir a través de ciertos testimonios la impresión que Mackandal impuso en sus contemporáneos y que sobrevivió, acrecentándose, en la memoria de éstos y de las generaciones siguientes. Se comprenderá entonces por qué, en medio siglo, Mackandal se elevó de simple hombre a ser extraordinario y por qué permanece, hasta nuestros días, como loa y como símbolo de una libertad que espera, alerta, su momento decisivo.[41]

La "Mémoire sur la création d'un corps de gens de couleur levé à St. Domingue" (1779) dice que Mackandal predecía el porvenir, tenía revelaciones, poseía una elocuencia superior a la de los oradores franceses de la época y reunía el valor más grande a la mayor firmeza del alma. La Memoria agrega que Mackandal demostró constancia y habilidad admirables en la realización de

---

[38] Una observación de la más que antropóloga Katherine Dunham explica claramente el proceso: "I call these hero references «culture heroes» because, though the heroes were real ones of flesh and blood in man's history and memory, they became riders of the hills, phantoms, men wrapped in obscure African mysticism, unreal because their deeds grew by word of mouth in a country where few could read, and because the deeds themselves were outside the comprehension of actuality, and were even, when examined dispassionately and much later, close to the realm of the supernormal" (161-162).

[39] Padrejean (1679), Janot Marin y Georges Dollot (1691), trescientos africanos de Quartier-Morin (1697), esclavos de Cap François (1704), Michel (1719), Polydor, Nöel, Isaac y Pyrrhus Candide, Télémaque Canga (1734). Véanse: Léger, 34; Vaissière, 232-233; Herskovits, *LHV*, 59-60; Élie, II, 180-181, 184.

[40] Price-Mars, *APO*, 16; Herskovits, *LHV*, 61; Rigaud, 62.

[41] Rigaud, 143. Para la presencia simbólica de Mackandal fuera de Haití véanse "Numen" y "Canción festiva para ser llorada" del puertorriqueño Luis Palés Matos, respectivamente en Julio Caillet-Boîs, *Antología de la poesía hispanoamericana* (Aguilar, Madrid, 1958, pp. 1351-1352) y Federico de Onís, *Antología de la poesía española e hispanoamericana, 1882-1932* (Las Américas Publishing Company, New York, 1961, pp. 1021-1024). En cuanto a Carpentier, vuelve a recordarlo en *El siglo de las luces* al enumerar las rebeliones negras desde el siglo XVI (198) y en calidad de mito indestructible en *El recurso del método* (232).

sus proyectos e infundió en los negros tal terror y tal respeto que le servían de rodillas rindiéndole culto como si fuera Dios, del cual se había declarado emisario y representante; que las negras más hermosas se disputaban el honor de ser admitidas en su lecho; que enviaba la muerte a los amos —tanto hombres como mujeres— contra los cuales guardaba resentimientos; que el esclavo más fiel a su dueño habría creído cometer un crimen de lesa Divinidad si hubiera retardado, aun mínimamente, la ejecución de sus órdenes o si no hubiera guardado el secreto más absoluto acerca de ellas,[42] hasta el punto de que, durante seis años, los blancos ignoraron la existencia de cimarrón tan peligroso en el seno de la colonia; que había persuadido a los esclavos de que era inmortal y de que, en caso de ser aprehendido y condenado a muerte, por gracia divina se convertiría en *maringouin* (especie de mosquito) al llegar su último instante para renacer inmediatamente más terrible que nunca (*apud* Vaissière, 236-237, 246, 248; Élie II, 182-183; cf. *R*, 56, 61-62, 64-66).

Dueño de un audacia sin límites, durante los seis años mencionados Mackandal recorrió las plantaciones reclutando colaboraralores y manteniendo el celo de los más antiguos. Su esquema de actividades parece haber consistido en el exterminio por el veneno, progresivamente al principio, masivamente después, de todos los colonos blancos; la finalidad que lo movía era la liberación definitiva de los esclavos. Los esfuerzos del gobierno para descubrirlo y acabar con su campaña resultaron infructuosos durante largo tiempo y, a veces, terminaron con la muerte súbita de quienes participaban en las investigaciones y la persecución o con el acrecentamiento alarmante de los atentados (Moreau, II, 629ss; Brown, I, 119).

De ser verdad todo lo anterior, no cabe duda de que Mackandal superaba a quienes le habían antecedido en materia de rebeldía, pues contaba con "tout ce qu'il fallait pour séduire et fanatiser les êtres crédules et primitifs qui l'entouraient" (Vaissière, 236). Pero además, valiéndose de ello, provocó tal atmósfera de terror impotente entre los blancos que éstos debieron perder mucha de su autoridad ante quienes los veían pasar hambre por miedo de que "some secret and deadly preparation had been mixed with their food" (Brown, I, 119; cf. *R*, 49) o morir "as a result of a toxic condition produced by the imagination" (Korn-

---

[42] Por lo que dice el padre Labat, este silencio cómplice debe de haber sido una característica muy arraigada y corriente entre los esclavos: "Ils sont fort fidèles les uns aux autres, et souffriront plutôt les plus rudes châtiments que de se déceler" (II, quatrième partie, chap. IX, 408).

gold, 43). De no ser totalmente exacta la pintura, de ella se desprende por lo menos una conclusión: la de que las autoridades y los colonos iban perdiendo la capacidad de imponerse no sólo por falta de recursos materiales sino muy especialmente por una especie de reblandecimiento del carácter; tal circunstancia, observada por los esclavos ansiosos de una vida más tolerable, los alentó, sin duda, a seguir a quien representaba lo contrario de lo que los blancos les mostraban. Y una vez comenzado el proceso, éste ya no se detuvo.

La ejecución de Mackandal, cuyos aspectos tradicionales recuerdan curiosamente la de alguna bruja europea,[43] acabó históricamente con su cuerpo físico. Su influencia y sus métodos, sin embargo, continuaron surtiendo efecto. Los negros se negaron rotundamente a reconocer la extinción del caudillo (Brown, I, 120) y, según las *Notes historiques* de Moreau de Saint-Méry, al menos tres cuartos de la población esclava de la época se aferró a pies juntillas a la idea de que Mackandal retornaría en cualquier momento para cumplir sus promesas de redención.[44] Los envenenamientos continuaron y se mencionan casos particulares o generales ocurridos en 1760, 1765 y 1777 (Vaissière, 249; Élie, II, 183). Mucho más importante y significativo es el hecho de que mental y emocionalmente, los negros estaban ya listos para seguir al primer hombre que dijera ser Mackandal o reuniera algunas de sus características fundamentales poniendo así en peligro no sólo la Provincia del Norte sino toda la colonia francesa de Saint-Domingue (Moreau, *Notes historiques, apud* Vaissière, 248). Quizá en esto pensaba el abate Raynal cuando anunció en la *Histoire philosophique des deux Indes* la venida de un negro cuyo destino sería vengar los ultrajes impuestos a los suyos (*apud* Castonnet, 157). Naturalmente, no debe sorprender ni el éxito de Bouckman en 1791 ni el de los asociados que le sobrevivieron: Jean-François, Jeannot, Biassou (Bellegarde, *NH*, 65); menos aún debe sorprender que Toussaint L'Ouverture, el más organizado y consistente

---

[43] "A case was reported of a German witch who, sentenced to be burnt at the stake, defied the judge, laughed at the executioner and mocked the priest with blasphemies. The wood was set alight, her body was enveloped with smoke... when, with a wild exultant screech, a black cat leapt out of the flames —and the witch, dissappearing among the crowds, had escaped" (Patricia Dale-Green, *Cult of the Cat*, Weathervane Books, New York, 1963, p. 79).

[44] *Apud* Vaissière, 248. Véanse también Bellegarde, *NH*, 65; Korngold, 46; Élie, II, 183.

de los caudillos rebeldes, fuera considerado y respetado como un nuevo Mackandal (Ardouin, II, 93).[45]

Su progresión mitológica, sin embargo, no estaba agotada. Textos posteriores le añaden rasgos, posiblemente tradicionales, que traen a la memoria la necesidad popular de conocer cuanto se refiera a una figura sobresalientemente atractiva. En 1848, Madiou, de quien no creo estuviera en condiciones de rastrear las raíces africanas de Mackandal, sostiene que éste era de nacimiento ilustre, había sido educado en la religión musulmana, dominaba la lengua árabe[46] y, habiendo caído prisionero en una guerra, fue vendido a traficantes europeos que lo llevaron a Saint-Domingue (I, 35).[47] Casi un siglo después, los hermanos Windsor y Dantès Bellegarde llaman a Mackandal hijo de un jefe africano,[48] indican que en la isla del Caribe se hizo pasar por *houngán* (sacerdote del vudú) inspirado por las máximas divinidades

[45] Cf. además: "General Lacroix says, and I have never heard it contradicted even by his contemporaries in Haiti, that «the soldiers regarded him [Toussaint] as a superior being, and the cultivators prostrated themselves before him as before a divinity. All his generals trembled before him, Dessalines did not dare to look in his face»" (Mackenzie, II, 45-46).

[46] ¿Se deben a esto los "gruesos signos trazados con carbón" escritos por Mackandal para registrar a sus colaboradores y cuyos caracteres "sólo él era capaz de descifrar"? (*R*, 44, 46). V. James, 21.

[47] Toda la información de Madiou acaso provenga de "Mackandal, histoire véritable" del semianónimo M. de C., quien mereció un despectivo juicio de Moreau de Saint-Méry: "il était réservé à un anonyme de le présenter... comme le héros d'un conte... où l'amour et la jalousie agissent comme deux grands ressorts" (II, 631). M. de C. informa al público parisiense de que Mackandal, "nè en Afrique, dans une de ces contrées qui sont adossées au mont Atlas, il étoit sans doute d'un rang assez illustre dans sa patrie, pusqu'il avoit reçu une éducation bien plus soignée que celle qu'on donne ordinairement aux Negres. Il savoit lire et écrire la langue Arabe" (102-103). Lo que no puede negarse es que los datos aportados por la "Histoire véritable" marcan una nueva etapa en la tradición y mitificación de Mackandal. Por lo demás, solían encontrarse esclavos con los conocimientos atribuidos a Mackandal. Según Malefant en su *Saint-Domingue* (212-215), "on a souvent trouvé... des papiers écrits dans les sacs ou macoutes des esclaves. Ces écrits n'étaient compris par qui que ce soit. C'était de l'arabe. Je vis, au Boucassin, en 1791, un noir prendre une plume et écrire, de droite à gauche; les caractères étaient trés bien peints, et il écrivait avec vitesse... C'était un prière... Il me dit qu'il était prêtre dans son pays; qu'il faisait des livres... Il y a des colons qui m'ont assuré qu'ils avaient eu pour esclaves des noirs mahométans, et même des derviches" (*apud* Élie, II, 144).

[48] Un autor reciente se hace eco de esta afirmación: "François Mackandal, a black messiah... claimed to have royal blood" (Fagg, 118).

de su tierra[49] y afirman que en veladas, plegarias, calendas y bailes, grupos atentos escuchaban admirados las estremecedoras historias del héroe que poseía el maravilloso don de metamorfosearse en cualquier tipo de animal.[50] No sé si por conclusión personal o por sugerencia de algún texto que no conozco, Korngold sostiene que, cuidando el ganado, Mackandal tuvo tiempo de sobra para reflexionar (44; cf. *R*, 37-38).[51] Y no hace mucho más de treinta años, Rigaud (50n, 54, 62) no sólo consideraba a Mackandal un *papa-loa* del vudú, sino incluso que había sido "montado" (poseído) por un misterio[52] durante las reuniones donde se decidía la suerte de la colonia y, nuevamente, durante

---

[49] "L'influence que le houngan exerce sur ses adeptes... est immense... [y] assez complexe. Il y entre autant d'affection que de crainte... entre le houngan et son adepte" (Dorsainvil, *VN*, 76-77). "the houngan... is a mediator, the interpreter, a human who has come closer to the supernatural than the others of his community... Through him man supplicates for protection against impending dangers. Through him, sometimes, a man strikes at an enemy. The houngan is the intellectualizing agency of a tremendous emotional force... above everything else he must be a profound judge of human nature. Without the ability to analyze people and to understand them a houngan is doomed to failure" (Courlander, *HS*, 8, 23). "Some of the voodoo priests used their influence to arouse the slaves to revolt" (Korngold, 41).

[50] Bellegarde, *PHH*, 45ss., *NH*, 64ss.; cf. *R*, 45, 50, 55-56, 64. En la epopeya de Soundjata, Sosso-Soumaoro "pouvait prendre soixante-neuf formes différentes pour échapper à ses ennemies: il pouvait, selon certains, se transformer en mouche en pleine bataille et venir taquiner son adversaire" (Niane, 99). Cf. *R*, 65: "Y Mackandal, transformado en mosquito zumbón, iría a posarse en el mismo tricornio del jefe de las tropas, para gozar del desconcierto de los blancos". La capacidad mágica de metamorfosearse figura entre los poderes de los brujos, de los cuales Sosso-Soumaoro es uno; los bocores pueden otorgarla y el *point loup-garou* lo confiere naturalmente (Leyburn, 162; Métraux, 299).

[51] Carpentier concede a Mackandal ese tiempo para instruirse sobre las peligrosas propiedades de ciertas plantas y muy especialmente de los hongos, lo cual queda comprobado en las consultas con la hechicera de la montaña. Pero M. de C. había afirmado: "il possédoit une grande connoissance de la Médicine de son pays, et de la vertu des simples, si utile et souvent si dangereuse... La grande connoissance que Mackandal avoit des simples lui fit découvrir à Saint-Domingue plusieurs plantes vénéneuses" (103-104). Como según se dice Mackandal pertenecía al pueblo de los mandingas, a quienes se consideraba "intellectuels d'envergure" y "les plus sages parmi les docteurs" (Denis, 16), es posible que hubiera traído de Africa conocimientos propios y adquiriera otros nuevos en las Antillas.

[52] Herskovits, *LHV*, 146; Leyburn, 150; Roumain, 29; Courlander, "LH", 423.

su ejecución;[53] añade, quizá por errada interpretación de un canto vudú, que Mackandal había figurado entre los consejeros de Dessalines (m. 1806) y que trató de impedir su viaje a Lomán, donde fue asesinado. Por otra parte, Rigaud precisa con lujo de detalles la situación de la gruta en que Mackandal se ocultaba, gruta que la gente del Norte llama *Trou Makandá* (cf. *R*, 44).

Es curioso que figura tan interesante, influyente y recordada no atrajera más la atención de narradores y dramaturgos. Mackandal sólo aparece accidental y anónimamente en el *Babouk* de Endore (145), y, aunque sea protagonista y tema de la tragedia haitiana de Isnardin Vieux, sus actividades escénicas concuerdan más con las de Bouckman.[54] Sólo Carpentier se ha dejado ganar totalmente por él. El autor cubano lo ha convertido en eje profundo de un libro que revive creadoramente su historia y su leyenda, dejándonos entender además que sus proyecciones no se han agotado y no llevan trazas de hacerlo. Y si del material accesible Carpentier toma cuanto le conviene, descarta lo que no viene a su cuento y reelabora sin reparos, también añade de propia cosecha. Dos añadidos a la ya copiosa leyenda de Mackandal son justamente la contribución más valiosa y significativa de Carpentier. Nadie, que yo sepa, le ha atribuido la calidad de maestro y la calidad de narrador.[55] Con ambas se nos presenta Mackandal en las páginas iniciales de *El reino* y ambas están íntimamente ligadas entre sí.

Ti Noel, objeto de las enseñanzas del mandinga, las evoca al recibir la despectiva respuesta del librero: "No hubiera sido necesaria la confirmación... porque el joven esclavo había recor-

---

[53] "Mackandal culbuta hors du foyer en prononçant des paroles cabalistiques" (Bellegarde, *NH*, 65). Cf.: "En ese momento, Mackandal agitó su muñón..., aullando conjuros desconocidos" (*R*, 65-66).

[54] De palabra, sin embargo, el Mackandal de Vieux se jacta de que "en chaque quartier et sur chaque maison habitée par des colons, un esclave est chargé de répandre un philtre mortel" (60; cf. también 105-106), de que posee "la faculté de prendre la forme de n'importe quel animal" (66) y de que ha sembrado "dans le coeur, dans l'âme des enfants d'Afrique, la vengeance et la mort", a lo cual agrega que "le désir de la liberté brûle d'un feu ardent et inextinguible son coeur qui saigne" (136).

[55] Quizá valga la pena señalar que en el *Babouk* de Endore, novela donde se construye una casi totalmente imaginaria biografía de Boukman, éste posee el último don y lo ejercita con intenciones parecidas a las del Mackandal de Carpentier. Conociendo el interés del autor cubano por todo lo que se refiera a la historia y a las culturas negras del Caribe, no debe sorprendernos que en algún momento se hubiera puesto en contacto con el libro de Endore, fuera antes del viaje a Haití o cuando andaba en busca de material informativo y sugeridor para *El reino*.

dado, de pronto, aquellos relatos que Mackandal salmodiaba en el molino de cañas... Con voz fingidamente cansada para preparar mejor ciertos remates,... solía referir hechos que habían ocurrido" en África (R, 27). Tales hechos han despertado la autoestimación del inexperto discípulo (ibid., 28, 30-31) y comienzan a prepararlo para el arduo camino que deberá recorrer. El maestro y guía de Ti Noel es una fusión del narrador popular haitiano, esencialmente dramático,[56] y del griot africano, analista, moralista, poeta y educador de príncipes, que exalta el pasado de su nación para azuzar el orgullo y la valentía de sus discípulos.[57] Pero, resumiendo en su persona las actividades de sacerdotes y caudillos africanos que se dedicaron, durante la esclavitud, no sólo a preservar independientemente las creencias ancestrales de cada grupo, sino a reunirlas para asociar a sus compañeros fundiendo diferencias (Herskovits, LHV, 55; Métraux, 32), Mackandal no se limita a instruir a su discípulo únicamente sobre los antepasados mandingas y su imperio.[58] Dueño de una portentosa erudición, habla también a Ti Noel —que nada tiene de príncipe, pero sí mucha necesidad de fe en sí mismo— de otros pueblos de África, de reinos maravillosos, de sus famosos monarcas, algunos de los cuales ascendieron a dioses, pasaron a América

---

[56] "Story telling is a well-cultivated art in Haiti" (Leyburn, 302). "Haitian folk tales are dramatically told. Storytellers in the rural sections are experts at mimicry and pantomime... These tales..., like most folktales, serve many purposes. They help to transmit the lore of the group, they amuse, and inculcate morals" (Simpson, "T", 255-256). "Un bon conteur doit mimer l'histoire: changer de voix suivant les personages, se lever, marcher, s'asseoir, gesticuler" (Comhaire-Sylvain, I, xix).

[57] "...chaque famille principière avait son griot préposé à la conservation de la tradition; c'est parmi les griots que les Rois choisissaient les précepteurs des jeunes princes...; nous [los griots] sommes les sacs qui renferment des secrets plusieurs fois séculaires... sans nous les noms des rois tomberaient dans l'oubli, nous sommes la mémoire des hommes; par la parole nous donnons vie aux faits et gestes des rois devant les jeunes générations... l'Histoire n'a pas de mystère pour nous... les griots du roi ignorent le mensonge... nous autres griots, nous sommes les dépositaires de la science du passé, mais qui connait l'histoire d'un pays, peut lire dans son avenir. D'autres peuples se servent de l'écriture pour fixer le passé, mais... l'écriture n'a pas la chaleur de la voix humaine" (Niane, 7, 11-12, 78). Cf. también Élie, II, 121.

[58] Esto último es lo que hace el griot en el poema épico de Soundjata: "C'etait à la veille de Krina [una batalla]. Ainsi Balla-Fassiké rappela à Soundjata l'histoire du Manding pour qu'il se montre, le matin, digne de ses ancêtres" (Niane, 118).

con sus creyentes y contribuyeron a la formación del vudú.[59] Preparado así para afrontar el destino que lo espera, Ti Noel dará sus primeros pasos casi de la mano de Mackandal y, muerto éste, conservará su memoria para nuevas generaciones y para sostenerse a sí mismo en los muchos y malos momentos de una larga existencia. Este constante recuerdo de que resulta objeto Mackandal es la profunda corriente subterránea del libro que transforma al mandinga en símbolo de la fe y de la conciencia de la raza que, si no alcanzó a liberar, puso en firme pie de lucha para alcanzar algún día y por sus propios medios la libertad tan ansiada.

¿Por qué Paulina?

Tal interrogación no ha asediado poco a los críticos de Carpentier, aunque el texto mismo proporciona sugerencias suficientes confirmadas luego por la investigación. Una registrada característica de Saint-Domingue es la de que las mujeres de la colonia demostraron mayor inhumanidad y licencia de costumbres que los hombres. Girot-Chantrans lo dice lapidariamente: "Croiront-on que la tyrannie la plus cruelle est souvent exercée par des femmes?" (*apud* Vaissière, 319). Moreau de Saint-Méry apunta a ello más veladamente al hablar de las *cocotes* o de la asistencia simultánea de hembras y varones a los baños públicos de El Cabo (*ibid*, 314-315 y 333; Moreau, I, 311-312). De Wimpffen ofrece casos concretos, como el de la joven y hermosa dama que, enfurecida por un error de su cocinero, lo hizo arrojar despiadadamente al horno (II, 10). Según Korngold, cuando la mujer de un hacendado se encolerizaba, "she might spit at her slave girls, pinch them, or abuse them in language reminiscent of her ancestress. . .[60] If a girl protested she stood a good chance of being flogged. Practically all authorities agree that Creole women were more cruel to the slaves than men" (17). Ya nos hemos referido, además, a

---

[59] Aubin, 49; Denis, 25; Simpson, "B", 495; Parrinder, *WAR*, 12, 32; Bastide, 527.

[60] La alusión de Korngold apunta a un hecho ocurrido durante el gobierno de Bertrand d'Ogeron. Este importó de Francia un cargamento de "huérfanas" para que sirvieran y acompañaran a los bucaneros. De sus antecedentes en Europa es prueba lo que sus consortes manifestaban al recibirlas: "Quique tu sois, je te prends. . . Je ne te demande aucun compte du passé, car j'aurais tort de m'offenser. Réponds-moi seulement de l'avenir, voilà ce que je demande". Y agregaban golpeando el cañón del fusil: "Voilà ce que me vengera de tes infidélités; si tu me trompes, il ne te manquera pas" (Élie, II, 55-56). V. también Davis, 19-20; Bellegarde, *NH*, 55.

una de las órdenes que Napoleón entregó a Leclerc para el mejor gobierno de la isla, de acuerdo con la cual las mujeres blancas prostituidas con negros debían ser deportadas[61] y nos referiremos luego a la indiferencia con que aquéllas se bañaban ante sus esclavos. Carpentier advirtió con perspicacia las posibilidades que todo esto le ofrecía y lo aprovechó colectiva e individualmente. Pudo mostrarnos así a las damas que paladean por anticipado la ejecución de Mackandal (R, 63-64); a la "viuda rica, coja y devota" que dirige con el bastón el trabajo de los esclavos y, "feroz censora de toda concupiscencia", intenta aterrorizarlos con un "infierno de diablos colorados" (59, 75-76); a la lujuriosa y resentida Mlle. Floridor que, "ajada y mordida por el paludismo", se venga "de su fracaso artístico haciendo azotar por cualquier motivo a las negras que la bañaban y peinaban", se emborracha por las noches y arranca del sueño a los esclavos para que escuchen lo que escandalizadamente juzgan confesiones personales: "Estupefactos, sin entender nada, pero informados por ciertas palabras que también en créole se referían a faltas..., los negros habían llegado a creer que aquella señora debía de haber cometido muchos delitos... Nada de lo que confesaba aquella mujer, vestida de una bata blanca que se transparentaba a la luz de los hachones, debía de ser muy edificante... Ante tantas inmoralidades, los esclavos... seguían reverenciando a Mackandal" (74-76; y cf. Herskovits, LHV, 45). Faltaba todavía, sin embargo, algo o alguien que diera cohesión a lo que hasta ese momento resultaba episódico. Creo que Carpentier vio el cielo abierto cuando, frente al periodo 1802-1803, "Mme. Leclerc, la mujer europea más cumplida" y dada de lleno a los placeres (Madiou, I, 321), se le ofreció como la solución perfecta: coincidía posiblemente con el comportamiento de que hemos hablado y se convirtió en centro de una leyenda creada y acrecentada por la maledicencia de la época.[62] Además, ante un ambiente que impresiona por la

---

[61] Según Pamphile de Lacroix y Norvins, "le général Bourdet... découvrit chez Louverture... une liasse de lettres d'amour: de dames de la colonie n'avait pas craint de se commettre avec le singe habillé... Ces témoignages honteux de la prostitution des blanches furent-ils livrés au feu... parce qu'ils compromettaient... certaines femmes de colons" (apud Langle, 73). Pero, ¿se había limitado esto sólo al momento indicado?

[62] Miss Hassall alude a la diversión favorita de El Cabo —el escándalo— e indica que el del momento son las relaciones entre el general Boyer y Paulina, pero poco después agrega: "nothing is talked of but Madame Le Clerc, and envy and ill-nature pursue her because she is charming and surrounded by splendor" (10-12). Augustin-Thierry, no siempre generoso con Paulina, se ve obligado a decir: "Quelle est, durant ces heures sombres, la

debilidad o la incapacidad de las figuras masculinas, Carpentier debe de haber sentido el irresistible impulso de reemplazarlas por Paulina, a quien nadie olvida aunque poco hable de ella y quien mantuvo todos los ojos fijos sobre su persona a pesar de las muy serias circunstancias que pesaban sobre Saint-Domingue. Así, decidió convertir al modelo de la Venus de Cánova tanto en centro indiscutible y absorbente de una de las etapas más trágicas de la historia haitiana como en personaje cuyas características reales y atribuidas se prestaban magníficamente para varios propósitos.

Lo que los esclavos de Dufrené cuentan a Ti Noel es en parte la comidilla que los blancos adobaron en torno a Paulina y que se remonta incluso a particularidades ocurridas antes de que aquélla se embarcara rumbo a las Antillas. Nos enteramos así de sus relaciones con Lafon (t) ,[63] quien le rugía "los versos más reales de *Bayaceto* y de *Mitridates*" (*R*, 102) ., incorporándose un rasgo propio de Talma, a quien se apodaba "le lion rugissant" (Augustin-Thierry, 61) ; de que Mme. Leclerc había "demorado la partida de todo un ejército con su capricho inocente de viajar de París a Brest en una litera de brazos" (*R*, 103), lo cual es versión antojadiza de dos discutidos hechos. Según algunos, Paulina, quien se negaba a acatar la orden napoleónica de embarcarse para Saint-Domingue, opuso todos los obstáculos imaginables y hasta invocó razones de salud; cedió, finalmente, cuando el inflexible corso le prometió un palanquín para que llegara lenta y cómodamente a Brest, con lo cual se retrasó el comienzo de la

conduite de Paulette au Cap? Ici nous entrons en pleines ténébres encore épaissies par la pasion politique... À la verité, nous ne savons rien... Si, nous savons qu'elle fut courageuse" (75-76). Kühn menciona dos circunstancias donde se desplegó ese valor: "la fièvre jaune éclata parmi les troupes... Paulette —soit caprice, soit héroïsme inné..— se révéla, comme par magie, vraie soeur de Napoléon et s'empressa, souriante, comme si s'eût été la chose du monde la plus naturelle, de rejoindre ce front où régnait l'épouvante et la mort, et où elle courait les mêmes risques que tout le monde, car les médicaments qu'on avait apportés de France étant altérés, il fallut les jeter à l'eau" (61) ; y cuando los negros atacaron El Cabo y las mujeres blancas le rogaron que las ayudara a escapar, "elle leur répondit très maîtresse d'elle-même: «Vous avez peur de mourir, vous autres! Mais moi, je suis la soeur de Bonaparte et je n'ai peur de rien!»" (63). Langle, por fin, indica que Denis Decrès "souligne qu'on apprécie en France «le mérite et le courage déployés par Mme. Leclerc sous la zone torride»" (76).

[63] Kühn, 51; Augustin-Thierry, 61-62; Langle, 60-61; Nabonne, 62-64, 70; Normand, 141.

navegación.[64] Los esclavos narran largamente luego los efectos que la belleza de Paulina produjo en la tripulación, la oficialidad y hasta en "el seco Monsieur d'Esmenard, encargado de organizar la policía represiva de Santo Domingo" y de quien se dice soñaba despierto evocando "en su honor la Galatea de los griegos", reacciones todas que habían halagado a la voluptuosa hermana de Napoleón (*R*, 103-105).[65] El relato afirma, sin más, que "la revelación de la Ciudad del Cabo... encantó a Paulina" (105), lo cual es decididamente imposible desde el punto de vista histórico: Christophe, por entonces autoridad máxima de la capital del Norte, la incendió antes del desembarco francés, y Paulina, quien se había deleitado con los informes acerca de la belleza de la ciudad, pisó tierra para encontrarla prácticamente reducida a escombros, circunstancia que la espantó, le arrancó lágrimas y la abatió hasta el punto de enfermarla.[66] Los negros comentan luego la indiferencia de Paulina ante las preocupaciones de Leclerc, quien "le hablaba con el ceño fruncido, de sublevaciones de esclavos, de dificultades con los colonos monárquicos, de amenazas de toda índole" sin que su mujer le prestara "mucha atención" (*R*, 106; cf. Nabonne, 79); los problemas no podían ser más reales ni mayores[67] y con sobrados motivos Leclerc cayó a causa de ellos en una especie de desesperación (Madiou, II, 331).

[64] Estos datos aparecen en la apócrifa *Mémoire* de Fouché y en *Segonde campagne de Saint-Domingue* de Lemonnier-Delafosse, oficial del ejército y supuesto testigo. Aceptados por Kühn (55-56) y Normand (142), los rechazan Lazzareschi (62-63) y Augustin-Thierry (70).

[65] Aunque un continuo mareo aquejó a Paulina durante la travesía, y ésta fue realmente pésima, la hermosa mujer atrajo, sin embargo, la atención de los hombres de abordo: "Sans respect pour la hièrarchie, le plus galant essaim de jeunes officiers bourdonne autour de leur générale. Paulette est rarement insensible à cette sorte d'hommages. Ces nouveaux soupirants lui font oublier ceux laissés à Paris". (Nabonne, 75-76, 89). "Esmenard,... chargé d'organiser la police à Saint-Domingue, nous la montre «couchée sur le pont du vaisseau, dans tout l'éclat de sa beauté, statue vivante rappelant la Galathée des Grecs»" (Augustin-Thierry, 72).

[66] Madiou, II, 134; Ardouin, V, 15; Vandercook, 47, 50; Kühn, 58-59; James, 295-296; Korngold, 253ss., 266; Nabonne, 76; Normand, 144.

[67] Una carta de Leclerc al Ministro de Marina (25 de agosto de 1802) habla de "sublevaciones interminables" (*apud* James, 345). "A la fin de mai, un chef noir, nommé Scylla... commençait à donner des inquiétudes... bandes continuaient... à tenir la campagne... Dans le Sud, Janvier Thomas, Auguste et Smith essayaient de s'organiser; dans l'Ouest, Lamour de la Rance et Lafortune battaient les environs de Port-au-Prince...; dans le Nord, Scylla, Sans-Souci, Mavougou, Va-Malheureux, Petit-Noël, tous anciens affidés de Toussaint, s'étaient mis à la tête des insurgés... Le soulèvement menaçait de devenir une insurrection générale. Ce qu'il y avait de plus

Lo que sigue, aunque tenga contactos históricos, es pura invención de Carpentier, y será estudiado en relación con Solimán y el vudú. Vale la pena, sin embargo mostrar aquí cuánto se asemeja la conducta de Paulina a la de las mujeres de los colonos y hasta qué punto la sutiliza Carpentier en una perversidad más refinada: "Cuando se hacía bañar por él, Paulina sentía un placer maligno en rozar, dentro del agua de la piscina, los duros flancos de aquel servidor a quien sabía eternamente atormentado por el deseo... Solía pegarle con una rama verde, sin hacerle daño, riendo de sus visajes de fingido dolor. A la verdad, le estaba agradecida por la enamorada solicitud que ponía en todo lo que fuera atención a su belleza. Por eso permitía a veces al negro... le besara las piernas, de rodillas en el suelo" (R, 107).

El relato se encamina nuevamente por rumbos más o menos históricos cuando se manifiesta que Paulina, en ausencia de Leclerc, se solazaba "con el ardor juvenil de algún guapo oficial"[68] o cuando, al estallar la devastadora fiebre amarilla, se refiere que "huyó a la Tortuga",[69] que poco después su marido contrajo el implacable mal y que esto la angustió hasta el terror[70] (R, 107, 109-110). Pero con el fracaso de los médicos se vuelve a una cada vez más compuesta y compleja creación personal de Carpentier que, aparte de establecer un paralelo entre la barata superstición de Paulina y la fe de Solimán, nos pone sobre la pista que nos guiará al destino final de ambos personajes (cf. infra). Antes

inquiétant, c'est que les bandes... paraissaient avoir une certaine instruction militaire. Elles montraient une grande férocité..., dans les campagnes, la majorité de la population leur était sympathique" (Castonnet, 313, 321, 324). V. también Franco, 46. En cuanto a las dificultades con los colonos, en realidad más separatistas que monárquicos, consistieron en que éstos negaron todo apoyo a Leclerc mientras no se restableciera la esclavitud (James, 352).

[68] Según Madiou, los oficiales más hermosos del estado mayor del capitán general eran los caballeros de Paulina (II, 272).

[69] No parece que hubiera tal fuga. Leclerc, para disfrutar de un lugar más agradable que el casi destruido Cabo o para evitar las molestias del calor, decidió transladarse a la Tortuga, donde se instaló en la propiedad del comerciante bordelés Labattut (Madiou, II, 242; Ardouin, V. 55; Leconte, 110; Kühn, 59; Nabonne, 79). Vandercook, sin embargo, dice que "Pauline, frightened lest the fever stalk even to the palace of a Bonaparte, removed with her court to a small island" (79).

[70] No en el momento de la enfermedad de Leclerc, sino después de haber sido arrebatado por ella, Paulina se sintió angustiada por el terror de la muerte (Madiou, II, 348). Carpentier no descarta totalmente la afirmación de Madiou; muy por el contrario, la magnífica más tarde: "La muerte de Leclerc, agarrado por el vómito negro, llevó a Paulina a los umbrales de la demencia (R, 113).

de separarnos de ellos hasta "La noche de las estatuas" asistimos
todavía a la partida de Mme. Leclerc, quien, para escándalo de
negros y blancos, vuelve poco a poco a lo que se ha considerado
su ser más íntimo:

> Luego de hacer colocar el cadáver de su esposo, vestido con uniforme
> de gala, dentro de una caja de madera de cedro,[71] Paulina se embarcó
> a bordo del *Switshure*,[72] enflaquecida, ojerosa, con el pecho cubierto
> de escapularios.[73] Pero pronto el viento del este, la sensación de que
> París crecía delante de la proa, el salitre que iba mordiendo las argo-
> llas del ataúd, empezaron a quitar cilicios a la joven viuda. Y una
> tarde en que la mar picada hacía crujir tremendamente los maderos
> de la quilla,[74] sus velos de luto se enredaron en las espuelas de un
> joven oficial,[75] especialmente encargado de honrar y custodiar los
> restos del general Leclerc (*R*, 113-114).

Valiéndose de puntos de partida que por tendenciosos resultan
mucho más útiles, Carpentier cierra elegante, sarcástica y muy
personalmente las andanzas antillanas de Paulina, lista ya para
nuevas, originales y más temibles aventuras merced al amuleto
que le ha dado el poco precavido Solimán.

[71] Para estos detalles, Carpentier sigue a medias a Augustin-Thierry y a
medias inventa, acaso movido por el deseo de ridiculizar la pomposidad excesiva de los uniformes napoleónicos. Según el texto del autor francés: "Son
corps embaumé à l'egyptienne et serré de bandelettes fut déposé dans un
cercueil de cèdre" (78).

[72] "Ainsi s'appelait un vaisseau anglais... capturé par l'amiral Gan-
teaume, auquel Bonaparte, par coquetterie, avait voulu conserver son nom"
(Augustin-Thierry, 229).

[73] Según Madiou (II, 348), después de la muerte de Leclerc, Paulina
no sólo abandonó los placeres y se mostró profundamente afligida, sino que
su físico desmejoró; Augustin-Thierry (80) es de la misma opinión. Hay
quienes dudan, sin embargo, de sus sentimientos de entonces y los consideran pura comedia (Métral, 160; Chevalier de Fréminville, *Mémoires*, 81-
96, *apud* Langle, 78).

[74] Ya hemos visto en la nota 65 que Paulina sufría de mareo y Kühn
lo indica para el viaje de regreso (67). De ser esto verdad, es un poco
difícil que la viuda de Leclerc estuviera en condiciones de aceptar galan-
terías si, además, la mar estaba picada. Pero recordemos nuevamente que
Carpentier se está ateniendo con toda intención a la chismografía que des-
doró la memoria de Paulina y acrecentó hasta el mito su carácter de cas-
quivana.

[75] "Elle trahit cette douleur d'appareil, en choisissant pour l'accompag-
ner, Humbert, l'un des plus beaux hommes de l'armée... revenant ainsi à
ses habitudes de mollesse, de plaisir et de volupté" (Métral, 160-161); "On
a raconté beaucoup d'histoires sur cette traversée. Goldsmith encore et
Peltier toujours ont avancé que drapée dans ses voiles de deuil, une veuve
joyeuse aurait accepté les plus intimes hommages de ses compagnons de
bord" (Augustin-Thierry, 79).

Henri Christophe

Lo único absolutamente seguro e irrebatible que sabemos sobre Christophe es que nació y murió. Las pasiones y/o los intereses de blancos, negros y mulatos lo han convertido en un monstruo execrable (Ardouin, VIII, 103) [76] o en uno de los héroes más puros que haya tenido Haití (Marceau, 53) :[77]

Les écrivains anglais et français ne sont guère accordés sur son caractère. Les premiers, dont il favorisait la nation et le commerce, l'ont représenté non seulement comme un homme du plus haut génie, mais encore comme un roi s'occupant surtout d'exercer la justice et de la rendre à chacun suivant ses oeuvres; les autres ont voulu faire voir en lui un tyran sanguinaire, et n'ont cherché que dans l'excés de ses cruatés la cause de sa ruine (Placide-Justin, 486).

Christophe... seems, in spite of many admitted atrocities, which are duly recorded by the republican party, to have acquired an immense ascendency over the minds of his own people. The time of his death was repeatedly described to me as "le temps de notre malheur" (Mackenzie, I, 143).

Que las referencias a la violencia y a la crueldad no eran infundadas lo demuestran dos cartas dirigidas al filántropo Thomas Clarkson por Duncan Stewart, médico escocés al servicio particular de Christophe, y escritas en dos circunstancias muy diferentes. En la del 4 de diciembre de 1819, ocho meses antes de la enfermedad del monarca, el tono es elogioso en grado extremo:

Perhaps there never was a man, who from the energy and acuteness of his mind and from an intimate knowledge [of] the character of the people he governs, so well calculated to rule a kingdom as the present king of Haiti. He found the Haitians at the death of Dessalines in the most complete state of anarchy, and the soldiery abandoned to every species of licentiousness. His intelligent mind soon discovered that he had but one course to follow, and at the sacrifice of his natural disposition he was forced to employ severities for which he has been unjustly reprobated by those who were ignorant of their necessity (Ch, 183).

[76] Guy-Joseph Bonnet, general de división de los ejércitos de la república de Haití, antiguo ayuda de campo de Rigaud y mulato de Port-au-Prince, fue uno de los más acérrimos contrarios de Christophe y dejó constancia de ello acumulando anécdotas negativas (cf. Bonnet, 283ss.).

[77] En su entusiasmo por Henri I, Vaval llega a decir que "les masses le considérait comme une sorte d'incarnation de la divinité dans ce monde" (30) y para nuestro contemporáneo el arquitecto haitiano Albert Mangonés, Christophe es un trágico héroe clásico a pesar de su mala reputación de tirano (apud Schatz, 66).

En la carta del 8 de diciembre de 1820, escrita dos meses después de la muerte de Christophe, el tono y los juicios han cambiado por completo:

> He seemed sensible that he had used his people harshly and that he ought to have been more liberal... He, however, went much too far and was often even barbarously cruel. In the latter part of his life he became very avaricious, and what is uncommon in a man of his age, he became very licentious and prostituted the wifes of most of his nobility. Indeed, the two or three last years of his life... were sadly stained by acts of oppressive cruelty and dreadful injustice towards his people (*ibid.*, 222-223).[78]

Las manifestaciones observadas por el doctor Steward, ¿lo eran de un serio y progresivo transtorno psicofisiológico o fueron los efectos que sobre una mente autocrática determinaron la impunidad y la embriaguez del poder?; ¿o fueron acaso las reacciones de quien trató de gobernar a un grupo humano díscolo e intratable? (cf. Marcelin, *H*, I, 281).[79] Si ciertas referencias no son completamente falsas, las manifestaciones de Christophe sugieren peculiaridades de un terrible carácter que se disimuló en algún momento, pero que jamás careció de dotes destacadas. Leconte dice, no sé con qué base, que, de niño, Christophe, "fut tellement insoumis et désagréable que son père le plaça à bord d'un navire caboteur français, dont il connaissait le capitaine, afin de maîtriser cette nature indomptable et la rendre plus souple" (1).

---

[78] Mackenzie se hace eco de ésta y de otras manifestaciones semejantes: "He addicted himself to brandy, which added fuel to his naturally ungovernable passions... It is recorded that the ladies attended there [el palacio] in regular rotation to abide the will of their despotic chief; and not one solitary Lucretia has been immortalized... Towards the close of his reign his cruelty became dreadful. He buffeted his generals..., degraded generals to the rank of private soldiers, sent ministers to labour on the fortifications, and, above all, kept his soldiers in arrear of their pay from extraordinary avarice" (I, 164, 167-168; cf. también Franklin, 229); Leconte, acaso en un intento de revisionismo histórico nada extraño también a otros contemporáneos suyos a partir de 1930, ofrece una opinión muy diferente: "Pour ce qui est de la tyrannie de Christophe mise en avant par les insurgés pour justifier leur prise d'armes et par certains historiens pour célebrer la victoire et la délivrance du peuple, nous croyons que ce motif était tout a fait tardif. La rigueur des premiers temps... s'était notablement adouci depuis trois ou quatre ans. On n'entendait ni guerre ni bruit de guerre. Les travaux de la Citadelle tiraient à leur fin... Le despotisme qui avait sa raison d'être à l'origine, se trouvait sans nécessité, et n'était qu'un mauvais souvenir" (429).

[79] Para la evolución del carácter de Christophe véase Harvey, 387; para casos concretos de conspiraciones o tentativas de asesinato, véanse Brown, II, 196-197, 210, y Leconte, 422.

Cuando, ya hombre, se pasó a los franceses, Christophe persiguió sin misericordia a los rebeldes y hasta tal punto se hizo odiar por ellos que llegó a temer que, en caso de retirada, Leclerc lo dejara en Saint-Domingue abandonado a la furia vengativa de los "brigands" (Madiou, II, 282; Davis, 78; James, 338-344; Korngold; 322-323). Pero, habiendo desertado del ejército francés y habiéndose reincorporado a la lucha por la independencia, Christophe se distinguió tanto con sus hechos y actitudes que, al hacerse cargo del gobierno del Norte y al comienzo de su reinado, gozaba totalmente del afecto y la sumisión del pueblo (Harvey, 107, 138, 387ss.; Franklin, 196; St. John, 83). Una vez firme en el trono, sin embargo, volvió a dar muestras de su verdadero carácter (Mackenzie, I, 162) y su popularidad disminuyó, aunque sus súbditos todavía se sentían "proud of having a monarch of their own race so ably qualified to govern" (Harvey, 263). A pesar de todo, poco después de su muerte y de la desaparición de los aspectos positivos de su reinado (Mackenzie, I, 230-231, II, 81-82; Marcelin; H, II, 20), algunos jefes militares negros lo echaban de menos y de buena gana hubieran, de haber sido posible, aceptado su retorno, revelando que "in spite of his ferocity, he had the power of commanding respect, and in many cases even the regard of his own people" (Mackenzie, II, 71).

No dificultan menos el conocimiento del verdadero Christophe las incontables leyendas y anécdotas debidas a un bando y a otro —muy especialmente al contrario— que proliferaron en torno a él como habían proliferado en torno a Pedro de Castilla, apodado alternativamente el Cruel y el Justiciero; con todo, su persistencia prueba que las originó una personalidad poderosa e indeleble cuya influencia subsiste aún.[80] Ya hemos visto cuándo y cómo nació la leyenda de que Corneille Brelle se apareció a Christophe durante la misa del 15 de agosto de 1820 y veremos otras más adelante. Vale la pena, sin embargo, observar cuántas se recogieron y comentaron insistentemente, acaso como prueba psicológica de la impresión y las reacciones que Christophe produjo y produciría. Mackenzie declara haber oído en el Norte de Haití "many wondrous tales" sobre el monarca, transcribe dos que sobrevivieron luego transformados por la tradición y agrega: "Such

[80] Harvey, 107, 138, 387ss.; Franklin, 196; St. John, 83; Vaval, 30. Albert Mangonés dice que en la actualidad los campesinos de las proximidades de la Ciudadela consideran las ruinas como si fueran íconos y encuentran en ellas algo tan simbólico que, durante Semana Santa, miles de personas acuden al lugar en peregrinación (*apud* Schatz, 66). ¿Se limita esto al culto del edificio o se asocia con quien lo hizo construir?

feats seemed to be recounted with satisfaction as evidence of the power of the sovereign" (I, 178-179; v. también *ibid.*, 162-167 y 178). Bonnet, enemigo evidente de Christophe, acumula las anécdotas negativas (283ss.). Marcelin, durante una visita a Millot, pudo escuchar "le déballage inévitable des anecdotes sur Christophe" y comentó muy acertadamente al respecto: "Ce sont toujours les mêmes, engendrées en partie par la passion des adversaires. La legende les a propagé, et elles sont inséparables désormais de son histoire. Elles le font une figure qui, si elle n'est pas strictement véridique, dépasse tout ce qu'on peut rêver dans le sinistre et l'horrible. Ce Christophe—là n'est pour plaire qu'au dilettante névropathe" (*ChH*, 23). En el otro extremo, Davis afirma que "legends have arisen concerning him but they are the mighty legends of a national hero" (110). Leyburn asegura que "Christophe was of the stuff that myths are made of", registra uno y continúa diciendo: "Such stories grow up around His Black Majesty... and [él] lives [así] in the memory of the Northerners" (294). Osterhout dice haber oído en los alrededores de Limonade la historieta según la cual, cuando Christophe sufrió el ataque apoplético, "all roosters, burros, and other noisy domestic creatures within a radious of many miles were killed... to preserve absolute tranquility" (482), historieta que Vandercook repite (180), Leconte amplía con detalles y comentarios y Carpentier incorpora a *El reino* para mostrar tanto las sospechas no totalmente infundadas y el instinto vengativo del rey como la exagerada reacción de los campesinos aterrorizados.[81] Simpson y Cinéas (176ss.) coleccionaron varias leyendas, anécdotas y chascarrillos elaborados en torno a Christophe, los cuales, aunque probable-

---

[81] Según Leconte, "Christophe lui-même, reprenant se sens, aurait dit que s'il sortait de là, le coq ne chanterait pas à Limonade. Quel tort imputait il aux habitants de Limonade? C'est la même pensée de rendre toujours nos semblables responsables de nos infortunes... Les habitants de Limonade, sous le coup de la plus pesante des consternations, et dans la crainte de voir le moindre bruit être interprété comme une réjouissance ou une indifférence au deuil qui accablait leur paroisse, empêchèrent le chant des coqs et le caquetage des poules en mettant ces oiseaux sous de paniers; ils baillonnèrent les chevaux pour les empêcher de hennir et les ânes de braire" (421). "Sacado de la iglesia en brazos de sus oficiales, el rey masculló vagas maldiciones, amenazando de muerte a todos los vecinos de Limonade si cantaban los gallos..., los campesinos, aterrorizados por el delirio del monarca, comenzaron a bajar gallinas y gallos, metidos en canastas, a la noche de los pozos profundos, para que se olvidaran de cloqueos y fanfarronadas. Los burros eran espantados al monte bajo una lluvia de palos. Los caballos eran amordazados para evitar malas interpretaciones de relinchos" (*R*, 150.).

mente antiguos, no parecen haber sufrido mucho los cambios que
suele imponer la tradición,[82] en franco contraste con la historia,
cuyas discrepancias intencionadas o ingenuas contribuyen también a acrecentar las nieblas o tinieblas que rodean a Christophe.[83] Por lo demás, obras semihistóricas y semificticias hasta cierto punto recientes que se incorporan al monarca como tema o
como personaje acaso hayan contribuido al proceso mitificador.[84]

[82] No puedo resistir la tentación de traducir uno de los chascarrillos a
causa tanto de su ingenio como de lo que refleja: "Después de oír la noticia
[de la muerte de Christophe] un viejo campesino esperó hasta el anochecer y
entonces se dirigió cautelosamente a la casa de un vecino. Le dijo en voz
baja: «Amigo, tengo que contarte algo muy grave. Vamos afuera... La
noche y los bosques tienen las orejas y la lengua demasiado largas». Cuando
estuvieron en el patio, lejos de indiscretos oídos humanos, el hombre que
había escuchado la noticia agregó: «Amigo, pongámonos espalda contra espalda. Mira al norte que yo miraré al sur. ¿Ves algo? Muy bien. Mira al
este mientras miro al oeste. Mira atentamente. ¿Ves algo? ¿Absolutamente
nada? He oído una grave noticia. Amigo, amigo, no vayas a traicionarme:
el Rey, el Rey ha muerto». Y entonces los dos amigos echaron a correr como
si la sombra del Rey los persiguiera" (183-184).

[83] Como nada hay más demostrativo que un ejemplo, me referiré inmediatamente a la suerte corrida por el cadáver de Christophe. La versión más
antigua, aceptada y corriente es la de que, acompañado por la reina y las
princesas y a hombros de fieles servidores, se le translado a La Ferrière,
donde recibió sepultura (carta de William Wilson a Thomas Clarkson, Cap
Haïtien, 5 de diciembre de 1820, en *Ch*, 218). Algunas de las diferencias
aparecieron cuando se trató de identificar a los servidores (cf. *infra*) y se
llegó a atribuir el piadoso servicio póstumo a los Bombones Reales ahijados
de Christophe (Leconte, 426; Simpson-Cinéas, 183). Pero además de la
versión inicial han corrido otras que en nada coinciden con ella. Una, acogida
por Brown, asegura que "the dead body of the black monarch was outraged
by a thousand acts of impotent vengeance" (II, 242); otra, registrada por
Placide-Justin, cuenta que "son corps fut enlevé par de soldats à qui la
reine le confia pour le porter dans un lieu qu'elle avait désigné; mais le roi
d'Haïti fut trouvé quelques jours après à demi devoré par les bêtes, au bord
d'un bois où on l'avait jeté sans sepulture" (484). Con un gusto y una mesura que le agradecemos, Carpentier eligió la versión donde aparecen los
Bombones Reales y les sumó a Solimán (*R*, 163).

[84] Véanse, por ejemplo, la de William Edgard Easton que puede considerarse una total fantasía en torno a Christophe, la de John W. Vandercook y la de Henry Bedford-Jones, a las cuales podría sumarse el *Emperor
Jones* de Eugene O'Neill, si es verdad que su protagonista se inspiró en el
rey de Haití. La novela de Carpentier y los dramas de Aimé Césaire y de
Enrique Buenaventura continúan la tarea de acrecentar literariamente la
leyenda de Henri Christophe (cf. Apéndice I). Es evidente que desde los
tiempos de Castonnet de Fosses —"Sa mort serait probablement passée inaperçue sans la chanson de Béranger «La mort du roi Christophe ou note
présentée par la noblesse d'Haïti aux trois grands alliés»" (361)— ha corrido mucha agua bajo el puente.

Es indudable que, "owing to the worthiness of his intentions, and to the prosperity which his kingdom enjoyed, Christophe is deserving of impartial appreciation" (Léger, 176n.) y que la tarea se ha intentado (Marceau, 53). Pero es indudable también que, incluso a través de los múltiples y contradictorios testimonios más o menos exactos o francamente apócrifos inspirados por Christophe, es factible entrever —y algo hemos entrevisto ya— la figura y explicarse la fascinación que provocó. Y una vez entrevisto el hombre será posible además explicarse por qué Carpentier eligió lo que eligió para su libro y por qué distorsionó algunos datos cuando los proyectó despiadadamente en *El reino de este mundo*.

Por declaración probable del propio Christophe, éste nació el 6 de octubre de 1767,[85] casi seguramente en la Grenade (Leconte, 1), aunque se ha hablado también de Saint-Christopher y de Saint-Domingue (Harvey, 45-46; Chazotte, 120). Negro puro, se ha considerado a Christophe zambo o "griffe" a causa de que la coloración de su piel era café oscuro (Mackenzie, I, 159; Brown, II, 213), y, aunque posiblemente nació esclavo, se suele afirmar que era hijo de padres libres (Harvey, 45-46; Davis, 10; Leconte, 1). Analfabeto —se ha dicho que firmaba mecánicamente su nombre sin conocer las letras— o de educación mediocre para unos, para otros sabía leer y escribir desde muy joven y quizá su ignorancia inicial originó en él una preocupación constante por fomentar la educación de su pueblo y por mejorarse a sí mismo.[86] Sin que encontremos precisiones de fecha pero acaso antes de la batalla de Savannah (24 de septiembre de 1779), a la que había asistido en carácter de voluntario incorporado a la expedición de d'Estaing y donde fue herido,[87] Christophe practicó algún oficio o desempeñó algunas tareas; aunque lo que más se favorece es que trabajó en un albergue o un café de El Cabo,[88] se ha hablado

    85 Harvey dice que el dato se encuentra en un documento oficial publicado por orden de Christophe (44); Leconte especifica que se trata del *Almanach Royal* (1).

    86 Harvey, 47-48; Mackenzie, I, 161; Davis, 110; Leconte, 8; Vaval, 4; James, 257.

    87 Leconte, 2; Vaval, 5n.; Élie, II, 291. Vaval, para sostener su aserción, se refiere a una nota de Caius Lhérisson (9 de octubre de 1779) según la cual Henri Christophe recibió en Savannah una peligrosa herida de bala.

    88 No hay precisiones de fechas al respecto. Harvey rechaza la posibilidad de que lo afirmado ocurriera después que se expulsó a los ingleses de Saint-Domingue (56-57). Mackenzie dice que Christophe fue camarero en un hotel (I, 159). Aubin le atribuye funciones de *maître d'hôtel* en el negocio de Madame Modiou (308). Según Dantès Bellegarde, "il s'établit

también de que fue albañil y caballerizo o mozo de estribo (Vandercook, 10; Bedford-Jones, 125). No sabemos cuándo —¿al estallar la revolución francesa?— ni si esto es cierto, Christophe, quien por entonces debía ya ser libre, se incorporó a las milicias coloniales como artillero.[89] No parece que participara en los acontecimientos de 1791 y sí que, "confiant dans le Gouvernement", estuvo "disposé à l'obéissance à l'autorité constituée, prêt à la defendre" (Leconte, 3-4); contrariamente, Harvey asegura que, al conocer la finalidad de la insurrección se unió inmediatamente a ella y "by his superior skill, and undauted courage, he soon became one of their most useful and distinguished leaders" (49). En 1793, Christophe se casó con Marie-Louise Coidavid (n. 1778), de la que tendría cuatro hijos: François-Ferdinand (1794), quien, enviado a Francia bajo la custodia del general Boudet para educarse, murió abandonado en el Asilo de Huérfanos de París (1805); [90] Françoise-Améthyste (1798), Anne-Athénaïs (1800) y Jacques-Victor-Henri (1804). En su relación con ellos, Christophe se destacó siempre como padre responsable y afectuoso (Mackenzie, I, 167). No se sabe con seguridad cuándo el futuro rey se incorporó al ejército de Toussaint; comenzó a distinguirse, sin embargo, a raíz de la invasión inglesa de 1793 y de las luchas civiles contra los mulatos, en las cuales no se distinguió por lo piadoso.[91] Durante el desempeño de la jefatura de El Cabo, que

comme aubergiste ou cabaretier". (*NH*, 96). Leconte (2-3), el que más datos proporciona, el que más dudas despierta y a quien Carpentier prefirió (*R*, 72, 92), asegura que Christophe había trabajado en el hotel de *La Couronne*, situado en la Rue Espagnole —dicha calle quedaba incluida en la quinta sección de El Cabo, se la designaba la Petite Guinée y la ocupaban negros libres (Moreau, I, 426)—, y que poseían en sociedad M. Badeche y Mlle. Monjéon; el trabajo de Christophe allí habría estado dividido en dos etapas: antes de Savannah, cuando Badeche hizo de él un aprendiz de cocinero pronto elevado "aù rang the maître" por sus dotes extraordinarias, y después de 1779, cuando desempeñó la función de "surveillant et maître d'hôtel" hasta convertirse en dueño del establecimiento. Davis (19), James (257) y Korngold (250) insisten en que Christophe fue camarero, lo cual le proporcionó cierto pulimento y cierto conocimiento del mundo. También se ha asegurado que Christophe, quien había sido vendido a un negro libre propietario de una posada en El Cabo, adquirió su libertad en 1793 y se casó con Marie-Louise Coidavid, hija de su antiguo dueño (*Ch*, 38).

[89] Madiou, I, 34; Vaissière, 233-234; Leconte, 3; Élie, II, 200. Cf. *R*, 92.

[90] Harvey, 328-329; Madiou, II, 318; Leconte, 4, 121; James, 348.

[91] Harvey, 56; Mackenzie, I, 159; Ardouin, IV, 89, VIII, 4; Leconte, 4-5, 7; *Ch*, 19.

tuvo a su cargo hasta la llegada de la expedición de Leclerc (1o.
de febrero de 1802), "Christophe ne perdait pas une occasion de
fête... L'élite était souvent invité aux bals du palais du gouvernement" (Leconte, 55) y quizá date de entonces su fama de exce-
sivamente fastuoso, enamorado del lujo, amigo de la ostentación
y vano hasta lo ridículo (Leconte, 9; James, 257). Todo esto se
vio interrumpido por el desembarco del ejército expedicionario
francés, cuyo avance Christophe trató de demorar evacuando e
incendiando la ciudad (4 de febrero de 1802); inició entonces
una vida de luchas y privaciones en las montañas y fue declarado fuera de la ley el 17 de febrero de 1802.[92] Descorazonado por
la pérdida de la Crête-à-Pierrot (marzo de 1802) y otros reveses
de las armas negras, y cansado de una existencia en la que care-
cía de las satisfacciones disfrutadas previamente en El Cabo,
Christophe entró en tratos con Leclerc, capituló el 26 de abril de
1802, se puso al servicio de los franceses, y fue imitado poco después por Dessalines y otros oficiales de Toussaint. Su actitud impidió que los planes de este último —derrotar a Leclerc aprovechando los estragos que la endémica fiebre amarilla causaría en el
ejército— se realizaran. Temiendo que su antiguo jefe volviera al
poder y las consecuencias que esto le acarrearía, Christophe trató
por todos los medios de evitar semejante regreso y contribuyó con
su opinión a que Leclerc decidiera deportar a Toussaint, quien
fue detenido y embarcado rumbo a Francia (7-10 de junio de
1802), donde murió en el fuerte de Joux (7 de abril de 1803) a
causa de la mala alimentación y la calefacción deficiente.[93] La
trágica desaparición del caudillo desató una tempestad de insu-
rrecciones y deserciones; dudoso al principio, Christophe terminó
por sumarse a los rebeldes el 4 de octubre de 1802,[94] a pesar de
que no gozaba de simpatías entre los jefes de bandas. Su actitud
desde este momento se mantuvo firme acaso porque comprendió
que los franceses favorecían el retorno de la esclavitud, participó
en el ataque a El Cabo que decidió la expulsión de los expedi-
cionarios y preparó con Dessalines y Clairveaux un proyecto de
proclamación de independencia el 29 de noviembre de 1803.[95]
Establecida la república a comienzos de 1804, su primer gobernante fue Jean-Jacques Dessalines (1758-1806), antiguo general

[92] Harvey, 63ss.; Mackenzie, I, 159; Ardouin, V, 20; Léger, 114; Davis, 71; Leconte, 54ss.; James, 306-307, 323; Korngold, 282.
[93] Ardouin, V, 31, 37; St. John, 69; Leconte, 71ss., 84ss.; James, 333;
Korngold, 286-289, 291-292, 296.
[94] Harvey, 75ss.; Madiou, II, 323; Leconte, 128; James, 355.
[95] Leconte, 173; James, 347, 369; Korngold, 322-324.

de Toussaint y compañero de armas de Christophe; pero, siguiendo el modelo de Napoleón, Dessalines se hizo coronar emperador de Haití en julio de 1805 e inició una de las etapas más crueles y sangrientas de la historia del país. A pesar de haber sido distinguido por Dessalines y designado general en jefe del ejército, Christophe empezó a conspirar y, aunque no participó activamente, algo tuvo que ver con la emboscada que se tendió al emperador en Port Rouge, donde fue muerto a tiros el 11 de octubre de 1806.[96] Después de estos acontecimientos, Christophe fue elegido Jefe Provisional de la Nación por la Asamblea Constituyente reunida en Port-au-Prince (18 de diciembre de 1806) y el 28 del mismo mes pasó a ser Jefe del Poder Ejecutivo. Indignado, sin embargo, porque la nueva constitución elaborada por Pétion le retaceaba autoridad, decidió irse al Norte, donde los altos oficiales del ejército lo convirtieron en Presidente del Estado de Haití (17 de febrero de 1807), hecho que inició una división territorial que duró hasta 1820. Para el gobierno del oeste, encabezado entonces por Pétion, presidente de la República de Haití desde marzo de 1807, Christophe estaba fuera de la ley. La tirante situación entre ambos estados desembocó en una larga guerra civil en la que Christophe no siempre llevó la mejor parte.[97] Valiéndose de su autoridad y de diversos manejos, éste se hizo designar rey de Haití en mayo de 1811 y coronar el 2 de junio del mismo año. A partir de entonces inició cantidad de reformas tendientes a mejorar las condiciones del país y de la población —creó escuelas; fomentó la inmigración, el comercio y la agricultura— tratando de imponer disciplina a sus súbditos; los efectos no tardaron en manifestarse: Haití y sobre todo el propio Christophe lograron un alto nivel de prosperidad, muy frecuentemente a costa de las más elementales libertades.[98] El monarca impuso el

[96] Mackenzie, I, 160, II, 65; Ardouin, VI, 43ss.; St. John, 78-79; Leconte, 186; Leyburn, 41-42.

[97] Harvey, 79ss., 107-108; St. John, 79-80; Davis, 99-103, 109; Leconte, 192ss.

[98] Quizá lo más interesante respecto de todo esto son las cartas del propio Christophe correspondientes al 18 de noviembre de 1816, al 26 de abril de 1818, al 20 de marzo, al 10 de septiembre y al 20 de noviembre de 1819, y al 14 de abril de 1820 (Ch, 98, 107-109, 129, 157, 169-170, 193). Véanse además: Duncan Stewart, carta a Thomas Clarkson, 4 de diciembre de 1819, ibid., 184; Harvey, 121, 174, 176, 200ss., 239, 240-242, 247-248, 252-253, 256, 266, 403-404; Franklin, 201, 204-205, 208-211, 215-216, 231; Mackenzie, II, 70-71; Madiou, III, 369; Léger, 165; Aubin, 238; Davis, 109-110; Leconte, 321-326; Vaval, 13, 24-27; Simpson-Cinéas, 182-183; Ch, 4, 38-39, 43, 47, 49, 55.

catolicismo como religión del Estado, aunque no son demasiado claras las relaciones que sostuvo, no con Roma, que nunca lo aceptó, sino con los sacerdotes residentes en Haití, los cuales parecen haberse opuesto a la relativa tolerancia que el rey demostraba por el vudú.[99] Christophe se lanzó, además, a construir imponentes palacios y castillos de los cuales los más célebres son Sans-Souci y el situado en la Petite-Rivière de l'Artibonite (v. ilust. 2-3); pero el edificio más famoso y que mayores controversias ha desatado en torno al monarca es la ciudadela Henri, hoy llamada La Ferrière (cf. *infra* y v. ilust. núm. 4). Levantada por razones estratégicas —principalmente oponerse a una temida invasión francesa destinada a recuperar la excolonia—, se han atribuido a la construcción intenciones simbólicas y hasta místicas.[100] Con el fin de realizar sus propósitos lo más rápidamente posible, Christophe puso a trabajar en la ciudadela a casi toda la población del norte. Las opiniones sobre esta tarea abrumadora, con excepción de un justo medio como el de Harvey (189), se han dividido en dos extremos polares: el de que los haitianos cooperaron voluntariamente y de acuerdo con un sistema que no afec-

---

[99] Osterhout cita dos significativas versiones populares de lo sucedido en la iglesia de Limonade el 15 de agosto de 1820. De acuerdo con una, Christophe "slapped a priest at the altar and was smitten in the act"; según la otra, "a priest poisoned him by means of the comunion cup" (481). Rigaud trae una ampliación de la primera; Christophe trató de golpear al sacerdote que en su sermón estaba criticando la conducta pro-vudú del gobierno, pero, en el momento de levantar el brazo, un poder invisible lo arrojó contra una de las paredes del templo que quedó manchada con su sangre; trae, además, una cita de Holly, quien afirma que la iglesia romana no podía sentir ninguna simpatía por el monarca (44-45, 65).

[100] Para lo primero véanse Harvey, 171-172, 331; Brown, II, 228; Marcelin, *ChH*, 44; Davis, 11. En cuanto a lo segundo, no sé si se debe al propio Christophe o a la elaboración de sus partidarios y admiradores. En esencia, la Ciudadela tenía una función religiosa (Marcelin, *ChH*, 44-45): la de ser el "palladium of liberty" (Saunders, *apud* Franklin, 288), "le dernier santuaire de la Liberté... l'Olympe de ceux qui protègent les faibles contre les forts" (Leconte, 373), "a monument the blacks could turn their eyes to" (Vandercook, 159). Pero lo que "ne devait pas être une simple place de guerre, mais la capital du royaume, le cas échéant" (Leconte, 352) y para lo cual Christophe "prodiguait avec une mystique indifférence ses trésors et la vie de ses sujets" (Marcelin, *ChH*, 44-45), sólo sirvió de prisión: "Les cachots de Christophe étaient bâtit sur le plan du célèbre Blackhole de Calcutta. Les hommes les plus vigoureux y perdait l'usage de leurs membres en vingt-quatre heures, et l'on survivait difficilement au quatrième jour. On calcule que 50.000 personnes ont perdu la vie dans sa forteresse" (Malo, 363-364, n.3). Carpentier recuerda irónicamente ambos aspectos y los combina hábilmente (*R*, "El sacrificio de los toros", 131-137).

taba los intereses de los cultivadores, y el de que el trabajo fue forzado, absorbió todos los sexos y todas las edades, y costó miles de vidas.[101] Salvo la decidida actitud adoptada por Christophe ante los enviados de los Borbones en los nueve años que duró su reinado no se registraron acontecimientos mayores.[102] El 15 de agosto de 1820 el monarca sufrió un ataque de apoplejía en Limonade, del cual fue atendido alrededor de un mes en el palacio de Belle-vue, próximo a dicha población; luego se le transportó a Sans-Souci, donde siguió imposibilitado.[103] Aprovechando la enfermedad de Christophe se tramó una rebelión que estalló en los primeros días de octubre; el rey intentó sofocarla y hasta intentó intervenir personalmente, pero la enfermedad le impidió realizar sus propósitos.[104] El 8 de octubre de 1820, convencido de que na-

---

[101] Sostienen el punto de vista negativo Franklin: "those materials... which could not be obtained on the spot, were carried from other parts on the shoulders of the people, and Christophe compelled blacks and browns, young and old, boys and girls of all ages and denominations... to perform that which ought to have been performed by brutes. Young and interesting girls were to be seen carrying bricks or boards up to de mountains, almost ready to sink under their loads, followed by soldiers with fixed bayonets or the sabre,... neither age nor sex, except the decrepit and the very young, being spared" (214-215, 291); Mackenzie, quien dice haber visto las lesiones sufridas por una muchacha durante los trabajos, agrega que la mortalidad causada por ellos fue muy elevada y que "the severity of this service was one of the principal causes of the revolution" que estalló en 1820 (I, 179-180); Brown: "the females were required to carry the materials, while the men were employed in the construction... and the sword and the lash of the military gave diligence and obedience to the laborers, as well as gathered in all who attempted to desert from the ranks" (II, 205); Ardouin, quien afirma que hombres y mujeres fueron "arrachés de la culture de camps, d'un bout du royaume à l'autre" y calcula en veinte mil los individuos "des deux sexes... qui ont péri dans la construction" (VIII, 101, y n.3); el mismo Marcelin, en general propenso a no cargar las tintas (*ChH*, 45). En el otro extremo se encuentran, naturalmente, Leconte, 368-369, y Vaval, 19, a cuyas afirmaciones habría que sumar una cita de Mehu registrada por Mackenzie (II, 151). Según Marcelin (*ChH*, 56) y Osterhout (475), los ladrillos se fabricaron en la Ciudadela misma y, por consiguiente, no necesitaron ser transportados desde la base de la montaña.

[102] Harvey, 368-369, 378, 385-386; *Ch*, 60.

[103] Cartas de William Wilson a su padre y a Thomas Clarkson, 1ro. de octubre y 5 de diciembre de 1820, y la de George Clarke a Thomas Clarkson, 4 de noviembre de 1820 (*Ch*, 209-210, 213, 216); Harvey, 396-397. Brown, por el contrario, informa que "he was carried immediately to Sans-Souci" (II, 238).

[104] Cartas de George Clarke y William Wilson a Thomas Clarkson, 4 de noviembre y 5 de diciembre de 1820 (*Ch*, 210-211, 216-218); Harvey, 398-401; Mackenzie, I, 171-173; Ardouin, VIII, 97-99; Leconte, 422-424; Vaval, 35-37; *Ch*, 75.

da podía hacerse, Christophe se suicidó disparándose un tiro en el pecho.[105] A raíz del triunfo de los rebeldes se saqueó Sans-Souci,[106] el príncipe heredero y su hermano bastardo fueron ejecutados, la reina y las princesas se dirigieron primero a Port-au-Prince y luego a Europa, donde residieron en Inglaterra al principio y luego en Italia. Con la muerte de Christophe y la reincorporación del territorio del norte a la república toda su obra positiva fue abandonada. Las tentativas del monarca "to force his people prematurely into civilization" (Mackenzie, II, 70) y "to accomplish for his black brothers in fourteen years what the white race had been centuries in achieving" (Ch, 4) no habían tenido tiempo de cuajar y las pocas huellas que dejaron desaparecieron pronto.[107]

Fuera de dos rápidas alusiones a las actividades de Christophe antes de 1791 —bastante anacrónicamente como "maestro cocinero" y dueño reciente de La Corona hacia 1771 (R, 74); luego como "artillero colonial" (92), con lo cual se sugiere su preferencia por la civilización blanca—, Carpentier concentra su atención en los cuatro últimos años de la monarquía de Henri (125ss.). Y entonces, salvo una brevísima y muy vaga referencia a "Christophe, el reformador" (160), sólo se destacan el vano esplendor de su corte en Sans-Souci, donde se remeda a las de Europa (125-129); la intolerable crueldad de los trabajos en La Ferrière

[105] Esta es la opinión mejor documentada —el propio médico de Christophe la certificó— y la más aceptada (cartas de Duncan Stewart, George Clarke y William Wilson a Thomas Clarkson, Ch, 222, 211, 218); Ardouin, VIII, 99; Bellegarde, NH, 106. Otros autores, en cambio, afirman que el balazo fue en la cabeza (Harvey, 401; Leconte, 425; Vaval, 37; Fagg, 124). Quizá para salvar discrepancias, Mackenzie se resolvió por dos tiros, uno "through his head and another through his heart" (I, 173). Castonnet de Fosses, acaso por restar valor al personaje, aseguró que "Christophe... se fittuer par un de ses gardes, pour ne pas tomber au pouvoir de ses ennemis" (361).

[106] Cartas de George Clarke y William Wilson a Thomas Clarkson, 4 de noviembre y 5 de diciembre de 1820, Ch, 211, 218; Ardouin, VIII, 99; Leconte, 427.

[107] La desorganización del sistema agrícola "and the establishment of idleness was completed by Richard [el jefe de los rebeldes] in three months after Christophe's death. So truly the poet says, «facilis est descensus Averni»... The want of energy and the moral paralysis of the present day [1830] was strongly contrasted, by my informants, with the vigour and activity of the older system... The sudden dissolution of the iron rule of Christophe produced such entire disorganization, as to render it impossible to restore even so much discipline as might have been useful; and the habits of the North were gradually assimilated to those of the South" (Mackenzie, I, 230-231, 237-238, II, 81-82). Cf. también Marcelin, H, I, 40.

(132ss.); la ferocidad y la egolatría del rey (135-137); su actitud despiadada respecto de Cornejo Breille y las causas que determinaron la ascensión de Juan de Dios en el favor de Christophe (141-144); la ambivalente relación del monarca con el catolicismo, el vudú y las supersticiones haitianas (137, 143, 148, 150, 160-161); la enfermedad de Henri, el derrumbe de su reinado, la muerte voluntaria del déspota, el viaje póstumo a la fortaleza y la sepultura del cadáver en el patio superior de La Ferrière (149ss.). Para estos acontecimientos y peculiaridades, Carpentier ha elegido casi siempre lo que más se apega a la leyenda o a la malquerencia de los enemigos de Christophe, escamoteando prácticamente todo lo que hubiera podido atenuar o beneficiar su retrato.[108] Que sus motivos no consistieron en simple antipatía personal lo prueba el dictador de *El recurso del método,* quien a pesar de sus atrocidades resulta gradualmente atractivo. La insistencia en los aspectos sombríos de la personalidad de Christophe y de su reinado se justifican ampliamente desde el punto de vista literario: Carpentier, apoyándose en las contradicciones íntimas del propio Henri y en algunos de sus actos, históricos o no, lo ha convertido no sólo en centro de una de las tiranías que perturban la vida de Ti Noel y sus congéneres, sino también en uno de los blancos contra el cual se dispara con justiciera y extraordinaria puntería la furia de los loas (cf. *infra*).

4. LOS PERSONAJES "FICTICIOS"

Solimán

Más o menos a mitad del libro (*R*, 106) y un tanto sorpresivamente aparece un nuevo personaje de variadas funciones cuyos antecedentes precisos proceden de una escueta mención de Leconte: "Ceux qui avaient quitté la terre d'Haïti pour aller chercher un asile sur celle d'Italie étaient en tout au nombre de cinq: Mme. Christophe, ses deux filles, Sabine (menagère, filleule de Mme. Christophe), et un serviteur du nom de Soliman ancien membre du personnel de Sans Souci" (434). Otro texto del mismo autor se relaciona con él, pero no incluye su nombre: "Nous ne savons rien de plus du personnel haïtien qui, fidèle à l'ex Reine,

---

[108] Carpentier escamotea igualmente a los hombres que encabezaron la rebelión contra Christophe y a los que se mantuvieron fieles, sustituyendo a los últimos con figuras inventadas o tradicionales y a los primeros con una reacción popular sin caudillos evidentes (cf. *infra* "Solimán" y el capítulo sobre el vudú).

l'assista de ses services en pays étranger" (436). Un tercer texto perteneciente a otro autor haitiano nada tiene que ver con el hombre en torno al cual Carpentier construyó el personaje, pero sugiere el punto de partida para su aventura romana: en 1828, María Luisa y sus hijas "se rendent à Rome. Leur arrivée dans la ville eternelle paraît avoir fait sensation" (Marceau, 49). A Carpentier, sin embargo, no le faltaron materiales propios y ajenos para revestirlo convirtiéndolo en figura arquitectónicamente necesaria y valiosa en sí misma.

El primer encuentro con Solimán nos lo muestra como "antiguo camarero de una casa de baños" por entonces al servicio de Paulina Bonaparte en calidad de masajista (*R*, 106-107). Las funciones desempeñadas por él subrayan la sensualidad exigente y ególatra de la mujer de Leclerc;[109] evocan también circunstancias registradas y costumbres difundidas al menos durante los últimos veinte años de la colonia: "On n'y a pas [hacia 1788] la police sévere de ceux [los baños] de Paris, où les sexes sont partagés, le mari et la femme, ou ceux qui se considèrent comme tels, peuvent aller au même bain et à la même baignoire";[110] "Une femme blanche ne rougissait pas de se baigner devant un esclave comme devant un chien" (Élie, II, 162). Los negros que trabajaban en los establecimientos mencionados y los que asistían al baño de sus amas experimentaron sin duda los mismos deseos reprimidos que Solimán padece mientras sirve a Paulina, como lo prueba, en parte, la orgía de violaciones desatada al estallar la rebelión de 1791. Pero en Solimán se resume además la ferviente admiración que la belleza de la hermana predilecta de Napoleón provocó en turbas no totalmente controlables, admiración que, lejos de causarle molestia, la halagó en grado extremo:

> Leur arrivé [a la Tortuga] fit sensation parmi les nègres demeurés dans les plantations; ils restèrent bouche bée en voyant cette jeune femme d'une si ébluissante beauté entrer dans sa maison; ils se pressèrent à sa suite, et quand on les eut jetés dehors ils se massèrent devant la maison pour avoir encore une vision fugitive de Paulette quand elle paraîtrait à la fenêtre. Pour les disperser et les tenir à distance respectueuse, il fallut établir un cordon de sentinelles autour de la maison. Lorsque dans la fraîcheur vespérale, Paulette sortait..., des gardes suivaient pour écarter les nègres fascinés. Paulette, il est vrai, se sentait plus flattée qu'importunée de ces hommages...[111]

[109] Augustin-Thierry considera a Paulina "tout plein d'amour de soi" y una "maniaque de la volupté" (18, 57).

[110] Moreau, I, 311-312; véanse además sus *Notes historiques*, 452, *apud* Vaissière, 333.

[111] Kühn, 59-60; véanse también Nabonne, 79, y Normand, 144.

La sensual, endiosadora y servil actitud de Solimán anticipa, por otra parte, lo que ocurrirá años después frente a la estatua de Paulina en el gabinete del Palacio Borghese (cf. *infra* cap. III).

De solícito masajista Solimán pasa luego a protector de Paulina durante la epidemia de fiebre amarilla; de sus actividades, poderes y riesgos, sin embargo, se tratará cuando lleguemos al capítulo del vudú. Con todo, no dejaremos de señalar aquí un hecho peculiar: el de que Solimán ocultara cuidadosamente hasta ese momento su condición de brujo, sugerida muy probablemente por un texto de Seabrook (cf. cap. II). ¿Qué razones podrían haberlo llevado a tal determinación? ¿Lo ha asociado Carpentier con alguno de los que debieron disimularse para eludir las persecuciones originadas durante el gobierno de Toussaint?[112] ¿O lo ha convertido en representante de quienes, en su apetencia por las supuestas ventajas de la civilización blanca, prefirieron callar calidades susceptibles de rechazo y de burla? De ser lo último, Solimán sería un aculturado voluntario que habría desertado de sus tradiciones y obligaciones y que, habiendo querido liberarse de sus raíces, quedó finalmente atrapado por lo mismo que pensó eliminar de su vida (cf. cap. III).

Nada más vuelve a decirse de Solimán hasta unos dieciocho años después. Se le encuentra entonces, muy explicablemente, de lacayo personal de Christophe, otro admirador de los blancos. Solimán atiende al rey durante su enfermedad y, en la muerte, acompaña su cadáver hasta la fortaleza, convertido por añadidura en protector de María Luisa y las princesas (*R*, 153, 163-164, 166). Aunque éstas son sus funciones evidentes, hay otras menos explícitas y más sutiles: personalizar a un valet anónimo combinando dos personajes;[113] sustituir con su nombre los de quienes en realidad estuvieron junto al monarca durante sus últimas horas, escoltaron su cuerpo y ampararon a las mujeres de la familia real.[114] De esta manera, Solimán resume y simboliza a los que,

[112] "Toussaint L'Ouverture, Dessalines et Christophe devenus chefs du gouvernement, firent périr des sorciers africains... comme des êtres nuisibles à la tranquillité publique et capables d'entraver, par le fétichisme, la civilization des masses... Le 4 janvier 1800, une ordonnance du général en chef fut publiée pour la répression du Vaudoux" (Ardouin, II, 76, IV, 34).

[113] Cf. Vandercook, 186, 198.

[114] Según Mackenzie (I, 173-174), los acompañantes fueron Dupuy y Prevost; Ardouin (VIII, 99) y Leconte (425) atribuyen la fúnebre tarea a Dupuy, Prézeau, el caballero de Sovère y otros cortesanos que no se mencionan; Vandercook (199) sólo alude a Vastey; William Wilson comunica a Mrs. Clarkson que el servicial funcionario fue Dupuy (carta del 30 de

cualquiera fuera el motivo, prefirieron la sumisión a la libertad y, aunque dignatarios destacados, se quedaron en lacayos del primer rey de Haití. Y, como ellos, Solimán vuelve la espalda a la lucha en que se ha empeñado su pueblo, desafía abiertamente la voluntad de los loas y ciegamente continúa acumulando culpa tras culpa hasta el último episodio de su existencia literaria (cf. cap. III).

Lenormand de Mezy

En ciertos aspectos construido como lo fue Solimán, pero de importancia diferente, Lenormand de Mezy es un personaje típicamente útil, aunque su presencia se interrumpa definitivamente al terminar el segundo tercio del libro. Poco más que un nombre en Moreau de Saint-Méry, esto dejó la mano libre a Carpentier para crearlo a su placer. Lo que se decía de él, sin embargo, o lo que con él estaba relacionado, no era en modo alguno material prescindible y se aceptó o se transformó en la novela.

De origen aristocrático, Sébastien-François-Ange Lenormand de Mezy, rico y próspero hacendado con propiedades en Limbé y Morne-Rouge, introdujo el palo campeche para usarlo en uno de sus ingenios azucareros (1730); desempeñó en El Cabo los cargos de "ordonnateur" y "subdélégué de l'Intendant" (1742) y aun otros hasta 1758. Casado con una caritativa dama, Mme. Barbe Lescoffin, ésta se incluye en una lista de donantes que habían contribuido al mantenimiento del hospital y del asilo de la Providence.[115] De la propiedad en Limbé "dépendait le nègre Macandal" y en la de Morne-Rouge ocurrió la reunión de Bois Caïman.[116]

Amplificándolos, pero sin salirse demasiado de los límites de lo verosímilmente tradicional, Carpentier aprovecha los dos últimos datos.[117] Recuerda además los cargos desempeñados por Le-

enero de 1822, *Ch*, 244). El desacuerdo entre los informantes puede haber pesado, en parte, en la decisión de Carpentier.

[115] Moreau, I, 394-395, 404, 444, II, 610, 613, III, 1515-1516; Vaissière, 166; Élie, II, 242.

[116] Moreau, II, 629; "On Sunday, August 14, 1791, there took place on the Lenormand estate, at Morne-Rouge, a delegate meeting of negroes... The meeting was held for the purpose of agreeing on a date for the insurrection..." (Documento de los Archivos Coloniales Franceses, recogido en Jean-Philippe Garran de Coulon, *Rapport sur les troubles de Saint-Domingue*, I, París, 1792, *apud* Korngold, 331).

[117] Para Mackandal, véanse este mismo capítulo *s.v.* y los capítulos II y III. En cuanto al episodio de Bois Caïman, desde los documentos donde

normand, pero los reduce a uno de antiguo "oficial pobre" (R, 30). Deja sobrevivir la alusión a la prosperidad: "la hacienda estaba más floreciente que nunca" (74). Escalonando los sucesivos intereses maritales de su personaje, Carpentier triplica los matrimonios: primero con "una Mademoiselle de la Martinière,[118] desposada por poderes en un convento de El Havre" (R, 45-46); luego "con una viuda rica, coja y devota" (66), inspirada caricaturescamente en la piadosa Mme. Barbe; por fin, con la libidinosa Mlle. Floridor (73). Sin decir que Lenormand era de origen aristocrático o que por lo menos pertenecía al grupo de los grandes blancos, Carpentier deja que esto se sobreentienda cuando lo muestra alternando de tú a tú con Blanchelande, quien, sólo siendo miembro de la nobleza, podía haber llegado a gobernador de Saint-Domingue (Élie, II, 218), o cuando lo hace recordar sus propias críticas de "la rudeza de los colonos de cepa aventurera" (R, 73);[119] el mantener aunque sea tácitamente la

se recogieron las confesiones de algunos asistentes a la reunión (Korngold, 331) hasta nuestros días, la relación de lo allí ocurrido parece haberse alterado y resulta un tanto confusa (Métraux, 42); pero, salvo detalles, es bastante consistente (cf. Bellegarde, *PHH*, 48ss., utilizado por Métraux, 41; Davis, 36-37). Confrontadas las versiones con la de Carpentier encontramos que la situación es esencialmente la misma, salvo toques literaria y creadoramente aceptables (cf. cap. II).

[118] Este apellido perteneció en la realidad a un rico hacendado cuyo nombre completo fue Louis Devaux de Lamartinière. Dicho personaje había comenzado siendo oficial de milicia en la colonia —¿de ahí proviene que se le atribuya la misma actividad a Lenormand de Mezy? (cf. R, 30)—, participó en el asalto de Fort Saint-Louis donde luego desempeñó el cargo de lugarteniente del rey, y para 1767 era ya acaudalado propietario con posesiones en Les Cayes (Moreau, III, 1286, 1507; Vaissière, 167; Élie, II, 247). Como los colonos tenían la costumbre de enviar sus hijos a Francia para que allí se educaran, la inclusión del apellido en *El reino* no sólo sirve para dar un toque de realidad sino también para apuntar a un hecho no siempre beneficioso (cf. n. 129).

[119] Las críticas de Lenormand de Mezy iban dirigidas, sin duda, contra los descendientes de bucaneros y filibusteros, primeros habitantes de origen francés establecidos en la isla. Desafiando las pretensiones españolas a la posesión absoluta de ciertos territorios del Nuevo Mundo, aventureros franceses e ingleses se poderaron de la isla de Saint-Christophe en 1625. Durante el año 1629 fueron atacados por una flota española y algunos sobrevivientes se refugiaron en la Tortuga, formando el núcleo inicial de lo que luego se convertiría en la colonia francesa de Saint-Domingue. Estos pobladores se dedicaron principalmente a la caza de ganado salvaje en Santo Domingo y a algunos cultivos mínimos. Se les llamó *bucaneros* por su costumbre de curar la carne en *bucanes* a la manera indígena. Pacíficos a su modo, todavía no se habían convertido en *filibusteros*. Esto ocurrió ante el acoso a que los sometieron los españoles. Los bucaneros organizaron entonces una especie de sociedad llamada Los Hermanos de la Costa y comenzaron a

categoría original del personaje permite su introducción en niveles prohibidos a Ti Noel —el verdadero hilo del relato— dejando entrever lo que en ellos ocurría. Desentendiéndose de que el Lenormand histórico había muerto antes de 1791 y de que en Saint-Domingue la vida de los europeos no se prolongaba mucho (Moreau, I, 522-523) a causa tanto del clima como de la disipación, Carpentier concede a su personaje una extrema longevidad gracias a la cual se convierte en testigo y/o participante de diversos acontecimientos —la noche de la insurrección de los esclavos, los estragos causados por ellos en la llanura del Norte, la vida de los emigrados en Santiago de Cuba (*R*, 83-99) — y en transmisor de los sentimientos que sus congéneres reales experimentaron en cada ocasión.

hostilizar a sus agresores atacando sus naves y colonias. Para agredirlos usaban embarcaciones largas y ligeras de cuyo nombre holandés tomaron el que llegó a designarlos. Éste alternó con el de bucaneros, que empezó a perder su primer significado y terminó por convertirse en sinónimo del más reciente. Desde entonces realizaron hazañas extraordinarias y crímenes inauditos, como lo ha dejado establecido Oexmelin. En 1641, una expedición francesa que favorecía a los bucaneros se asentó en Santo Domingo, fundó Port Margot y desalojó a los ingleses que se habían apoderado de la Tortuga, de donde fueron expulsados a su vez por los españoles en 1654. Los bucaneros sobrevivientes se dispersaron por la costa norte de Santo Domingo y continuaron dedicados a la cacería hasta 1656, año en que una nueva expedición francesa restableció a sus compatriotas en la Tortuga. Los filibusteros fueron reconocidos por Francia en 1664 y en esa misma fecha Luis XIV creó la Compañía de las Indias Occidentales con el fin de organizar el comercio con las islas y territorios franceses en América. Un año más tarde Bertrand d'Ogeron llegó a la Tortuga en calidad de gobernador no sólo de esa isla sino también de las poblaciones fundadas en la costa de Santo Domino. Ogeron influyó favorablemente en las costumbres de los bucaneros y sus dotes administrativas atrajeron inmigrantes. Durante su gobierno los bucaneros empezaron a establecerse en el Cabo Francés (1670). En 1684 había unos tres mil filibusteros a los que el gobierno central deseaba convertir en colonos; según una carta ministerial, nada era más importante para el rey (Luis XIV) "que transformar a esos vagabundos en buenos habitantes de Saint-Domingue". Las hostilidades entre franceses y españoles continuaron hasta la firma del Tratado de Ryswick (1697), según el cual se reconocía el derecho de los franceses a la parte occidental de Santo Domingo. Desde entonces filibusteros y bucaneros se convirtieron en plantadores y marineros mercantes, aunque no perdieron oportunidad de volver ocasionalmente a sus antiguas actividades. En 1711, los filibusteros todavía existentes se dispersaron para siempre y la mayoría se estableció en Saint-Domingue y otras islas del Caribe. (Moreau, I, 30; Burney, 47-48, 62-63, 151, 376; Madiou, I, 24-26, 30; Peytraud, 111; Vaissière, 25; Davis, 16-22; Élie, II, 30). De acuerdo con el último autor mencionado, "personne n'a fait plus qu'eux, plus que ces braves pour asseoir la domination française aux Antilles" (*ibid.*, 29-30).

El Lenormand de Mezy de Carpentier refleja por sus ojos o con sus movimientos, aspectos externos que caracterizaron a la colonia, famosa por sus excelentes caminos, sus lujosas e innumerables carrozas, sus abundantes plantaciones.[120] Con toda naturalidad se nos habla de que "Lenormand de Mezy y su esclavo salieron de la ciudad por el camino que seguía la orilla del mar" (R, 30; v. ilust. 5). Con el colono asistimos al "paso de la carroza del gobernador, recargada de rocallas doradas" (24); viudo por segunda vez, se nos dice que se hacía "llevar cada vez más a menudo al teatro del Cabo" (72), y, casado ya con Mlle. Floridor, que los domingos ambos concurrían a misa "en dos magníficos coches... con sus postillones de gran librea" (73-74). Y muchos años antes, dejándonos leer su pensamiento, el propio Lenormand nos había enterado de que, "con tantas y tantas propiedades colindantes, el manco no llegaría muy lejos" (41).[121]

De manos de Carpentier, Lenormand de Mezy recibe rasgos que lo identifican con el típico y acaudalado habitante blanco de Saint-Domingue y en reflejo de actividades, actitudes y vicios frecuentes durante el siglo XVIII. En la etapa inicial de nuestro conocimiento con él, nos había revelado un aspecto de su pensamiento en que la avaricia y la crueldad corren parejas: "Cuando [Mackandal] fuera devuelto a la hacienda se le supliciaría ante la dotación, para escarmiento. Pero un manco no era más que un manco. Hubiera sido tonto correr el albur de perder un par de mastines de buena raza, dado el caso de que Mackandal preten-

---

[120] Moreau indica por extenso los diversos caminos de la colonia y sus características. Davis (24) y Leyburn (15) coinciden en llamarlos espléndidos. En las carrozas se había fijado con ojo crítico el padre Labat, considerándolas "un signe éclatant de fortune" y augurando que su número aumentaría (VII, 195-196, 205). Louis-Philippe de Ségur asegura en sus Mémoires (1824) que "les routes étoient sans césse couvertes d'une foule de chairs légers qui promenoient les créoles voluptueux d'habitation en habitation" (apud Vaissière, 320; cf. también Leyburn, 15, y Élie, II, 240). Korngold trae una cita según la cual era posible ver en las calles de El Cabo "an elegant carriage... driven by a postilion glittering with gold— and barefooted" (13-14). Carpentier (MC, 92) comenta: "En Cuba, como en Santo Domingo, la caña de azúcar había comenzado por engendrar carrozas. Las carrozas servirían, ahora [fines del siglo XVIII] para ir al teatro". Según James (58), la Llanura del Norte, "was covered with plantations within easy reach of each other".

[121] Aunque el vivir ostentoso y materialista de Saint-Domingue (Herskovits, LHV, 44) coincide con el presentado por Carpentier, no ocurre lo mismo en lo que se refiere a las casas de las haciendas y al surtido de sus despensas (Herskovits, ibid, e ilust. núm. 6).

diera acallarlos con un machete" (R, 41).[122] Aunque durante años había vivido en concubinato con su lavandera Marinette (R, 45, 59),[123] en un periodo posterior y quizá bajo el influjo de su segunda mujer, Lenormand de Mezy, estimándose mejor de lo que es, decide casar a sus esclavos (R, 60);[124] pero como el pasaje se refiere a "mujeres angolas, recién compradas" —acaso recién desembarcadas y por lo tanto ignorantes de lo que ocurría a los esclavos en Saint-Domingue— es muy posible que el acto de Lenormand de Mezy sólo expresara un codicioso interés: obtener esclavos gratis.[125] Muerta su devota y púdica consorte, el personaje empieza a frecuentar las representaciones en el teatro de El Cabo, representaciones cuya bondad dejaba mucho que desear.[126] Arrastrado por la sexualidad, el clima y las costumbres,[127] Lenor-

[122] Peytraud da muy exactamente lo que pudo haber sido el pensamiento de cada colono: "Et que de dépenses on fut contraint de faire sans cesse pour donner la chasse aux nègres marrons!" (344). Las referencias a la crueldad son incontables, pero Peytraud reúne en su obra buen número de ejemplos (cap. VI, 289-341).

[123] Según el artículo 9 del Code Noir, un hombre libre en concubinato con una esclava de su posesión podía casarse con ella, con lo cual ésta adquiría su libertad como también la adquirían los hijos habidos en el matrimonio (Peytraud, 159-160).

[124] De acuerdo con el artículo 11 del Code Noir los esclavos no podían casarse entre ellos sin consentimiento del amo; pero a éste le estaba prohibido forzarlos al matrimonio si no lo querían (Peytraud, 160). Moreau, sin embargo, da la impresión de que los dueños de esclavos solían presionarlos por razones morales y religiosas, aunque sin mayores resultados (I, 57). Peytraud (212) agrega que "assurément la plupart des maîtres qui mariaient leurs esclaves durent être de ceux qui se respectaient eux-mêmes de plus".

[125] Los amos casaban a los esclavos lo más pronto posible para que tuvieran hijos; pero los negros que ya conocían la esclavitud se negaban a unirse en matrimonio para evitar que sus posibles descendientes sufrieran tanto o más que ellos (Peytraud, 209).

[126] Vale la pena recoger las impresiones que acerca de ellas y de sus intérpretes dejaron dos contemporáneos. Según Moreau (I, 360), en el teatro de El Cabo "il n'est que trop ordinaire de voir Melpomène prendre le ton de la muse comique". Más explícito es el colono Brueys d'Aigalliers, poeta y hombre de buen gusto (Ms. No. G278. Bibliotèque de Versailles): "Le rebut de l'histrionage / las d'être ailleurs, hué, sifflé,/ vient s'étaler sur cette plage,/ toujours ou plat ou boursouflé,/ et toujours à voix haute à chaque vers soufflé,/ acteurs dont l'amour-propre égale l'ignorance,/ se croyant sottement dignes d'être applaudis,/ ils sont sans naturel, sans grâce, sans aisance,/ de Melpomène enfants maudits,/ et d'un ton cadencé manquant à la césure,/ des grands vers leur emphase accourcit la mesure,/ et leur courte mémoire allonge les petits" (Fouchard, 8).

[127] Las costumbres de la colonia habían sido execrables y licenciosas desde un principio (Vaissière, 50, 55; Élie, II, 251) y la disipación (Mo-

mand de Mézy se dedica a "solazar sus noches con la abundosa belleza flamenca de una Mademoiselle Floridor, mala intérprete de confidentes, siempre relegada a las colas de reparto, pero hábil como pocas en artes falatorias". Esta entrega al más desembozado placer lo pone en boca de todos y le merece un flagelador libelo en verso.[128] Y la influencia de la actriz azuza en él uno de los deseos más arraigados en los blancos de la colonia, para cuya realización "había estado trabajando durante largos años": el "regreso a Francia".[129] Sufre, sin embargo, un desengaño del cual no existe confirmación bibliográfica pero que, dada la naturaleza del hombre, resulta bastante verosímil: el retorno "no era ya, para él, la clave de la felicidad". Tal descubrimiento lo obliga a volver, acompañado siempre de Mlle. Floridor, y a reinstalarse en la hacienda (R, 72-73).

Transcurridos veinte años, y siguiendo los pasos de una degradación progresiva a la que se agregan sugerentes toques psicológicos, "Monsieur Lenormand de Mézy se había vuelto maniático y borracho. Una erotomanía perpetua lo tenía acechando, a todas horas, a las esclavas adolescentes cuyo pigmento lo excitaba por el olfato. Era cada vez más aficionado a imponer castigos corporales a los hombres, sobre todo cuando los sorprendía fornicando fuera del matrimonio" (R, 74).[130] En busca de adolescen-

reau, I, 31; Castonnet, 23; James, 32) se acrecentaba especialmente al aproximarse o llegar la vejez: "et lorsque enfin les glaces de l'âge arrivent, elles n'éteignent pas toujours le désir, la plus cruelle de toutes les passions" (Moreau, I, 38).

[128] "On peut se figurer dès lors ce qu'est la chronique scandaleuse de villes comme le Cap... C'est un ridicule ramassis de médisances, de calonnies, de commérages qui s'exercent surtout sur les aventures galantes des personnes les plus en vue. Mettre tout cela en chansons est du dernier piquant. De ces chansons, Moreau de Saint-Méry nous a conservé plusieurs" [en las Notes historiques] (Vaissière, 342).

[129] Moreau atribuye esta tendencia al hecho de que los jóvenes que habían sido educados en Francia por voluntad de sus enriquecidos pero básicamente rústicos padres, no conseguían readaptarse a la colonia, permanecían en ella de mala gana y consideraban que sólo estaban allí de modo pasajero (I, 30-31); Moreau agrega que "La manie générale est de parler de retour ou de passage en France" (ibid., 34. Cf. también Vaissière, 298; Korngold, 13; Élie, II, 239). Con este fin, "ne songent qu'à travailler à acquérir du revenu pour se retirer ensuite en France" y "faire leurs affairs promptement et aller jouir en France du fruit de leurs travaux" (Vaissière, 261, 299; cf. también Korngold, 13).

[130] Montesquieu calificó a los colonos de voluptuosos y crueles; tanto él como de Wimpffen consideraban que la adquisición de semejantes rasgos de carácter se debían al poder absoluto que ejercían sobre los esclavos (Korngold, 16-17). Según una carta del gobernador M. Choiseul-Beaupré

tes para forzar lo sorprende el estallido de la rebelión negra (*R*, 84); en busca de las pupilas de un burdel y de una copa lo sorprendemos poco después en El Cabo (91-92); [131] ya en Santiago de Cuba, Monsieur Lenormand de Mézy anda tras las "negras... que hacían el negocio del puerto con nardos hincados en las pasas" y se arroja en una de las pasiones absorbentes de sus coterráneos, deshaciéndose uno a uno de sus esclavos "para jugarse el dinero en cualquier garito" (*R*, 97) [132] hasta que por último pierde a Ti Noel en "un órdago de mus" (*R*, 119). [133] Nada extraño es que, como tantos otros, después de "tomber dans le tafia et dans la negresse" —"proverbe du terroir, qui exprime la plus complète dégradation de l'homme" (Eyma, 148; Vaissière, 216)— y de dejarse arrastrar por el demonio del juego, Lenormand de Mézy, descendiente de familia distinguida y exrico propietario de Saint-Domingue, cierre el deplorable ciclo de su existencia muriendo miserablemente en el exilio (*R*, 119). Su vida, su degradación, su ruina y su fin desastrado se explican además —o principalmente— por razones menos mundanas, como veremos en el capítulo III.

Ti Noel

De los tres personajes "ficticios" de la novela, Ti Noel, uno y plural, actuando individualmente o fundido en el grupo al que pertenece, es, sin duda, el más importante en todo sentido.

a M. de Charritte (22 de mayo de 1710): "Il y a ici... beaucoup de cervelles épuisés par la boisson" (Vaissière, 71). James informa que los colonos buscaban "to overcome their abundant leisure and boredom with... drink... and black women", lo que dio como resultado que, "long before 1789" hubieran perdido "the simplicity of life and rude energy of those nameless men who laid the foundation of the colony" (29).

[131] James registra que en Saint-Domingue abundaban los burdeles (32) y Vaissière, que el número de tabernas era respetable (72).

[132] Cf. Moreau, I, 33; Eyma, 60; Castonnet, 15; Vaissière, 73, 333; James, 32.

[133] Carpentier enriquece-empobrece a su Lenormand, quien acaso por moda había sido "masón en otros tiempos" (*R*, 97), con un rasgo de su propia cosecha, un tanto inverosímil si se piensa en las características morales y religiosas de Saint-Domingue —"cette population n'est retenue par rien, ni par la loi religieuse, ni par la crainte salutaire de la justice" (Vaissière, 80)—, pero más que posible si se lo considera desde un punto de vista psicológico puramente humano: la senil beatería que se despierta con la edad y el terror de la muerte, y la consecuente condenación eterna. Esto, por otra parte, ayuda a introducir en la catedral de Santiago a Ti Noel y le permite largas observaciones que lo llevan a una identificación entre aspectos del catolicismo y del vudú (97-99).

Hilo conductor como Lenormand de Mézy, la vida larguísima de Ti Noel lo convierte a veces en testigo de hechos presentados en la obra: el accidente, los preparativos de envenenamiento, la reaparición y la, para el entonces joven esclavo, imposible muerte de Mackandal (*R*, 35, 44-46, 61, 64-67); la reunión y la ceremonia de Bois Caïman (78-81); las interpretaciones de la música de Esteban Salas (97-98); la ruina económica física, moral e intelectual de Lenormand de Mézy (97, 119); la magnificencia de la Corte de Christophe en Sans-Souci y los penosos trabajos en la Ciudadela (125-129, 131ss.); la agonía del emparedado Cornejo Breille (141ss.); la invasión de los mulatos prepotentes y su intención de establecer un régimen de trabajo rural obligatorio (187ss.). Otras veces, sin embargo, Ti Noel será únicamente informado y convencido conocedor o comentarista, "de oídas que no de vistas", de circunstancias y acontecimientos pasados, presentes o futuros, supuestos o reales: las glorias y los esplendores de los reinos africanos en contraste abierto con las peculiaridades de tres monarquías europeas (27-28, 30-31); las ocurrencias durante el estallido del divino ciclón vengador (56); la actuación de Paulina Bonaparte y de Rochambeau a fines de la colonia (101ss.); el ungimiento y los triunfos de Dessalines (121-122). En otras ocasiones, en cambio, Ti Noel abandona la actitud pasiva y participa activamente, sea como ayudante de Mackandal (46), sea como mantenedor de su memoria —"transmitía los relatos del mandinga a sus hijos, enseñándoles canciones muy simples que había compuesto a su gloria" (76) —, sea como conjurado y seguidor de Bouckman (88, 86, 89), como uno "de los que habían iniciado el saqueo del Palacio de Sans-Souci" (181) o como indignado opositor a los designios de los mulatos (197-198). Pero mucho más significativamente, la vida de Ti Noel es también la de quien padece muchos de los acontecimientos seleccionados por Carpentier, la de quien los acepta a regañadientes o se resiste a ellos (128, 140, 187-188) y la de quien, sin darse cuenta, crece interiormente hasta que una comprensión reveladora lo transforma para siempre (196-197).

Como Lenormand de Mezy y como Solimán, Ti Noel acoge particulares actividades ajenas o concentra en su sola persona rasgos representativos de un grupo humano. Marcado a hierro como todos sus congéneres (120, 135), desprovisto de apellido e ignorante analfabeto por disposición de los opresores (26, 28, 80), soltero para evitarse pesares aunque ajeno en modo alguno a las satisfacciones del sexo (60, 86), Ti Noel, quien sólo habla el menospreciado *créole* (30, 75, 102, 188), muestra por lo menos tres de los defectos comunes al esclavo, cualquiera sea su raza: glotonería, falsedad y proclividad a la venganza (46, 60, 86, 181).[134] Espontáneamente o por reflejo de Mackandal, Ti Noel devuelve con creces el desprecio que los amos sentían por sus esclavos sin cuidarse de que sus propias costumbres eran bastante indeseables (Herskovits, *LHV*, 45); sintiéndose superior a ellos,[135] Ti Noel medita burlonamente ante las inertes y pálidas cabezas de cera (*R*, 24-25) como podría haberlo hecho quien tuvo la ocurrencia de considerar al blanco un negro cuyo color había degenerado (Peytraud, 186). También al igual que todos sus congéneres, Ti Noel es capaz de gozar en medio de una situación intolerable, riendo, cantando y bailando cada vez que la oportunidad se le presenta (v. ilust. núm. 7), aunque para lograrlo tenga que recorrer considerables distancias (*R*, 60, 81);[136] sólo un sentimiento más profundo —el provocado por la inesperada desaparición de Mackandal (*R*, 43)— lo mantendrá alejado de las diversiones predilectas. No menos importante, como todos ellos, se

---

[134] "Aussitôt acheté, l'esclave est étampé, c'est-à-dire reçoit l'impression au fer chaud, sur les deux côtés de la poitrine, des initiales ou la marque particulière de son nouveau maître" (Vaissière, 165; cf. también Korngold, 125). Un reglamento de 1773 había "interdit aux gens de couleur de prendre les noms de blancs" (Aubin, 123). "Il était défendu à l'esclave d'acquérir toute autre connaissance que l'enseignement religieux... Non seulement il était défendu aux noirs d'apprendre à lire et à écrire, mais le contrevenant devait être frappé d'amende et d'un emprisonnement de six mois" (Élie, II, 171); aun la enseñanza de la religión era considerada peligrosa (Korngold, 39) y se pensaba que la seguridad de los blancos exigía mantener "les nègres dans la plus profonde ignorance" (Peytraud, 194). La mayoría de los esclavos vivía en concubinato porque los amos se tomaban excesivas libertades con las negras y aquéllos no querían tener mujeres de las cuales sus dueños pudieran abusar (Leyburn, 178, 188). Los negros se entendían en *créole* y carecían de otro medio para lograrlo (Moreau, I, 80-81, 83); en el Haití contemporáneo, aunque todos lo saben, "among the upper classes it is considered bad form to admit a fluent knowledge of it or make use of it in refined circles" (Seabrook, 107), hecho que he podido comprobar hablando con algunos haitianos residentes en los Estados Unidos. "De Charmilly, one of the few who differentiates between racial and slave characteristics, lists among the latter indolence, gluttony, dishonesty, falsehood and vindictiveness" (Korngold, 37).

[135] "Father du Tertre, who knew them [los esclavos] well, noted their secret pride and feeling of superiority to their masters... De Wimpffen" escribió que el esclavo, fuera de la inmediata vigilancia de los blancos, "condemns both his master and everyone who sorrounds him" (*ipud* James, 17-18).

[136] Descourtilz, 122, 142; Peytraud, 181; Bellegarde, *NH*, 59; Courlander, *HS*, 5; Korngold, 37-38.

entrega al placer de los cuentos nocturnos, sin cansarse nunca de escuchar los mismos y de saborear siempre su sentido, oculto por completo a los blancos (27, 43).[137] Y como todos los negros desde la época de la esclavitud hasta nuestros días, Ti Noel odia a los mulatos (101-102, 487ss.) —éstos retribuyen ampliamente el sentimiento— por sobradas razones,[138] las cuales debieron pesar en el concepto plasmado al final de un dicho: "le mulâtre n'a pas de père" (apud Peytraud, 186). De todas las facetas de Ti Noel la que parece más suya es la de ser discípulo de Mackandal, quien lo arrebata a su ignorancia total, lo inicia en el culto de los antepasados, despierta su autoestimación y lo prepara para luchas futuras; ya hemos visto, sin embargo, que tal viaje educativo no fue exclusivo de Ti Noel y que lo comparte con muchos otros compañeros anónimos. De regreso de un prolongado exilio en Cuba, libre por fin, pero con un comienzo de senilidad que lo hace hablar solo (R, 120, 182-183),[139] Ti Noel pasa a representar anacrónicamente cierto tipo de pobladores rurales que abundaron entre 1827 y 1843 (R, 139-140): los intrusos que residían en tierras técnicamente ajenas, pero que raras veces eran arrojados de ellas (Leyburn, 76);[140] más de acuerdo, sin embargo, con lo que

[137] Durante o después de la comida, "c'est le moment des contes" (Moreau, I, 62). Aún hoy, "the members of an audience never seem to be bored with a story although some of them may have heard it many times" (Simpson, "T", 256). "No slave dealer could penetrate the minds of his workers or silence their folk tales... in the evening when work was done" (Leyburn, 136).

[138] Cf. St. John, 140; Davis, 46; James, 43; Korngold, 15. Mientras el desprecio de los mulatos hacia los negros proviene de una cuestión de casta (Marcelin, H, I, 128), el odio de los negros a los mulatos tiene sólidas y justificadísimas causas, entre las que el abandono (Franklin, 399-400), la explotación y el asesinato por conveniencia son los que más se recuerdan. Vale la pena traer a colación el siguiente párrafo de Castonnet: "Quant aux esclaves, personne n'y songeait; blancs et mulâtres s'entendaient pour maintenir les nègres dans la servitude" (41).

[139] En la novela, los soliloquios de Ti Noel son evidentemente producto de su extremada edad, pero tal causa no es imprescindible: "The negroes have a very curious habit of talking aloud to themselves. You will hear them in the streets or in the country roads carrying on apparently a long conversation" (St. John, 150). Mi colega cubano Augusto Hacthoun me dice que es frecuente ver por las calles de La Habana negros de cualquier edad hablando solos. No sé, naturalmente, si Carpentier atribuye a Ti Noel algo observado en Haití o únicamente en Cuba.

[140] La idea de los intrusos mencionados por Leyburn quizá se combine en El reino con aspectos de la siguiente información: "Besides the inhabitants of the towns and of the villages adjacent to the plantations there were others whose character and habits differed essentially from the rest of the Haytians, who though forming but a small part of the population

hacían los campesinos regulares, Ti Noel trata de convertir en vivienda las ruinas de la antigua propiedad de su amo (R, 181),[141] aunque el exesclavo contradice con sus actividades y pensamientos lo que se asegura era lo habitual durante el reinado de Christophe: vagabundea, mendiga y conjetura que recibirá lo mejor de "prostitutas de corazón generoso que dan limosna a los ancianos" (R, 141).[142]

A diferencia de Lenormand de Mezy y de Solimán, cuyas designaciones pertenecieron exclusivamente a hombres reales, Ti Noel ostenta un nombre en el cual se confunden resonancias de un ente literario, esclavo de Lenormand de Mezy e incondicional de Mackandal, y de dos figuras haitianas históricas.[143] Difiere

must not be passed over in silence. These were negroes who, being as averse to the control of the Haytians chiefs as they had been to the tyranny of the planters, had withdrawn to the more inaccessible parts of the interior, where they remained concealed in the woods, and subsisted, for the most part, on the natural productions of the island..., they made no attempt to annoy [a los otros habitantes], and, being scattered over different districts and withheld, by the fear of discovery, from approaching the towns, they gave... no cause of suspicion or dread" (Harvey, 167-168).

[141] "[Algunos de los cultivadores] lived... in the houses formerly occupied by the planters, parts of which they easily repaired and formed into comfortable dwellings" (Harvey, 254). Las casas no siempre estaban en tan buenas condiciones, sin embargo: "The revolutions which St. Domingo had undergone proved as ruinous to its plantations as they had been destructive to its population... The grounds had been long laid waste by the ravages of war. Weeds and bushes rose ni profusion where before grew the sugarcane, the coffee-plant and the cotton-tree. Estates which had once been rich and flourishing now exhibited one scene of desolation... At short distances from each other were seen the remains of those splendid structures which the planters had, in their prosperity, erected... and the walls only remaining to indicate their former grandeur" (Harvey, 243, 245).

[142] Partidarios de Christophe, contemporáneos suyos o contemporáneos nuestros, afirman que "mendicity and female licentiousness" eran "severely reprobated; all beggars on the highway" y "prostitutes" debían ser arrestados "and such as have no legal settlement placed by the proper authorities... to labour for their livelihood" (Prince Saunders, Haytian Papers, London, 1816, y Boston, 1818, p. xii, apud Ch, 46). "On ne sentait nulle part la misère dans le royaume. Chacun étant tenu d'avoir un métier, en tirait parti" (Vaval, 13).

[143] El punto de partida de Carpentier para el primer elemento de la combinación proviene del drama Mackendal de Isnardin Vieux (Haití, 1865-1941). Para el segundo, Carpentier recordó quizá al Noël que se alzó contra los blancos en 1734 (Élie, II, 184) y a quien Endore menciona por boca de Moreau de Saint-Méry cuando éste enumera las rebeliones negras ocurridas en la colonia (217-218); pero muy probablemente Carpentier recordó más a Petit Noël Prière, uno de los "brigands" o jefes de bandas que lucharon contra Leclerc después que Toussaint fue prendido y deportado.

también de los otros dos personajes "ficticios" en que, a pesar de su miseria, Ti Noel se eleva en lugar de descender y termina por alcanzar un nivel que no es ni inesperado ni sorprendente y en el que los haitianos fieles al vudú creen a pies juntillas (cf. cap. III).

Las diferencias entre ellos se agudizan cuando observamos que, en cuanto esclavo, Ti Noel sirve de contraste a su amo, y, en cuanto negro, es la exacta contraparte de Solimán, atraído justamente por lo que aquél más odia: todo lo que sea francés. Curiosamente, sin embargo, Ti Noel es objeto de paralelos poco halagüeños con otros dos personajes. El que se establece entre él y Mackandal apunta a destacar el cansancio o la cobardía que lo impulsan a practicar transformaciones arriesgadas o desdorosas (*R*, 190ss.). El segundo paralelo, no menos significativo y del cual forma parte Christophe, señala de algún modo el error inicial de Ti Noel —creer que por ser negros los reyes tenían que ser buenos; no advertir que los cambios, para serlo, deben implicar evolución— y señala también la contradicción íntima, y muy humana, del personaje. Éste. pese al recuerdo de "una canción en la que se decían groserías a un rey" (145) y al convencimiento de que todo monarca se las merece —"Eso era lo importante: a un rey"—, se deja arrastrar por la tendencia común a los hombres de ambicionar posiciones ajenas y cae en la tentación cuando se reviste la casaca de Christophe y se autoerige en monarca de sus vecinos (182-185). Todo el pasaje alusivo a las pretensiones de Ti Noel está teñido de fuertes tonalidades esperpénticas; éstas carecen, sin embargo, de la acritud típica de las últimas obras de

Este segundo Noël, recalcitrante enemigo tanto de Dessalines como de Christophe a causa de sus relaciones con los franceses, se proponía arrojar a los blancos de la isla y establecer un sistema africano. Cuando Christophe, sintiéndose protegido por la presencia de jefes como Pétion, se sumó por fin a los rebeldes, de todas maneras tuvo que enfrentarse con Ti Noël, quien lo atacó con su sable y de palabra llamándolo bandido, traidor y asesino (18 de octubre de 1802). Pétion y Clervaux se interpusieron y evitaron que las cosas llegaran a mayores. Restablecida la calma, Petit Noël se retiró con su gente prometiendo a Christophe que le arreglaría las cuentas. Adicto más tarde a Dessalines, le sirvió de lugarteniente; pero luego, para vengar a Sans-Souci, se levantó contra su jefe y contra Christophe, principales responsables de la muerte del caudillo mencionado, y arrastró tras él a todos los cultivadores de Vallière y Plaisance. Aunque al principio Pétit Noël obtuvo algunos triunfos, acosado luego por Dessalines, se refugió en los montes, donde permaneció hasta que los franceses evacuaron la ciudad de El Cabo. Dessalines, entonces, lo hizo arrestar y ejecutar (Madiou, II, 282, 303, 315, 325-326, 328, 360, 382-383; véase también Bonnet, 118).

Valle-Inclán.[144] Y no podían tenerla. El carácter mismo de Ti Noel, su poca inteligencia, su ingenuidad, las desazones y miserias que lo persiguen en la vejez —de las cuales el abandono no es la peor— hubieran bastado para frenar a Carpentier. Pero es evidente, además, la honda simpatía que éste experimenta por el más humano de sus personajes y, a causa de ello, el más digno de lástima y comprensión.

Después de todo lo dicho, no faltará quien pregunte por el simbolismo de Ti Noel. Si nos empecinamos en encontrar alguno, éste consistiría en que representa la rebeldía constante y profunda de lo mejor de su raza, en que de algún modo ofrece a través de sí mismo casi cien años de la historia de su pueblo en la isla natal, en que parece encarnar la todavía hoy persistente memoria de su maestro y guía y en que, si su nombre quiere decir pequeño nacimiento, esta procedencia no le impedirá, a fuerza de sufrimientos, luchas y desengaños, llegar al alto renacimiento que cierra la novela y cuyas proyecciones son cada día más inevitables (cf. cap. III).

---

[144] Aunque desde hace tiempo sospechaba yo por lo menos un contacto entre el estilo y la visión de *El reino* y los esperpentos del Valle-Inclán, Carpentier me sirvió la confirmación en bandeja de plata a través de *La consagración de la primavera*, donde un mismo personaje los evoca dos veces: "La gente que tú me pintas parece sacada de un enorme esperpento de Valle-Inclán" (108); "un espíritu de putería... que va de Mesalina a Clara Bow, pasando por la Reina Castiza de Valle-Inclán" (135).

II

EL MOSAICO INCREÍBLE

"Estuve en la casa de Paulina Bonaparte, en Sans Souci, en la Citadelle La Ferrière. ¿Qué más necesita un novelista para escribir un libro? Empecé a escribir *El reino de este mundo*" (Leante, 26). La declaración de Carpentier peca de incompleta y hasta suena a broma. Dejando a un lado el posible deseo de superar obras como el *Babouk* de Endore, *Drums of Damballa* de Bedford-Jones y/o *Black Majesty* de Vandercook, bien sabía Carpentier cuánto había leído, cuánto había seleccionado y cuánto había incluido en un relato que no llega a las doscientas páginas. Y la verdad es que, si se quiere tener una noción cabal de la estructura de *El reino* y del modo de trabajar de Carpentier, es imprescindible entregarse a la nada fácil tarea de penetrar la selva bibliográfica consultada y utilizada por él.

1. FUENTES DECLARADAS

Muy razonablemente desde el punto de vista artístico, Carpentier alude a pocos autores en el texto de su relato: Moreau de Saint-Méry, de Wimpffen, la duquesa de Abrantès, contemporáneos de las circunstancias elegidas que le han prestado la doble ayuda de funcionar en su obra como personajes ausentes y de cederle material para *El reino*.[1]

[1] Distinta es la función del padre Labat (París, 1663-1738), muy activo misionero en Martinica y Guadalupe y más o menos respetado cronista de lo que allí presenció. Esto lo convierte en oportuna autoridad acerca de la actitud religiosa de los esclavos. Lo que Labat dice, sin embargo, en el pasaje al cual acude Carpentier es lo siguiente: *"Quant aux Nègres de Congo et*

De los tres autores, el más frecuentado es Moreau de Saint-Méry (Martinica, 1750-París, 1819). De él provienen los nombres de las calles de El Cabo deslizados en el texto. Alguno se mantiene exactamente a través de la traducción: "la rue des Trois Visages" es "la calle de los Tres Rostros" hasta donde llega el perfume de las "masas reales" preparadas por Christophe, el cocinero (Moreau, I, 432; *R,* 72). La "rue Espagnole", en cambio, se convierte en la "de los Españoles"; debido a una errata, la Vaudreuil se transforma en Vandreuil;[2] y la "des Capucins" nos habría inducido a considerarla origen de "la Encrucijada de los Padres" si no hubiéramos descubierto oportunamente que ésta es sólo traducción de Carrefour de Péres, población quizá reciente situada en

d'Angolle, il n'y a qu'à parler aux Missionnaires qu'on envoye chez eux, pour sçavoir quelles peines ils ont pour y conserver quelque ombre de la Religion Chrétienne: car *ces Nègres font sans scrupule ce qui faisoint les Philistins, ils joignent l'Arche avec Dagon,* et ils conservent en secret toutes les superstitions de leur ancien culte idolâtre, avec les cérémonies de la Religion Chrétienne. On peut juger quelle espece de Christianisme il y a en ce païs-là" (Labat, II, Quatrième Partie, Chap. IX, 393; cf. *R,* 90: "Bien lo había dicho el padre Labat, luego de su primer viaje a estas islas: los negros se comportaban como los filisteos, adorando a Dogón dentro del Arca"). La transcripción española más aproximada a lo dicho por Carpentier se encuentra en la edición de Nacar-Colunga: "Cogieron... los filisteos el Arca de Dios... y la metieron en el templo de Dagón y la pusieron junto a Dagón" (Samuel I, 5:1-2); con todo, sin embargo, se mantiene claramente el sentido dado por Labat. También han contribuido a distorsionarlo algunos respetables antropólogos como Métraux: "Father Labat... had already pointed out a fusion of Christianity with fetishism among the slaves of the Antilles" (35). Nada tiene de raro que Carpentier diera un paso más. Pero, aunque hasta cierto punto es perfectamente explicable que Blanchelande, abrumado por la situación creada por la rebelión de Boukman tanto como por el insomnio y los excesos de café, cometiera el risible desliz de meter en el arca a la deidad de los filisteos y que además se lo usara irónicamente para dar nombre al capítulo donde la situación se presenta, lo que de ningún modo resulta claro es que Carpentier transformara a Dagón en Dogón. ¿Errata? Salvo en la versión inglesa (Nueva York, p. 78), y acaso por iniciativa personal de la traductora Harriet de Onís, nunca se la ha corregido. ¿Cambio intencional? ¿Por qué? Es cierto que en África existe el pueblo de los dogones, pero no encuentro nada que justifique su sorpresiva introducción en *El reino.* En última instancia podría conjeturarse que la frase completa es un simple error de memoria. Pero la sustitución de Dagón por Dogón sigue resultando inconcebible si pensamos que Carpentier, además de escritor, es musicólogo y buen conocedor de óperas. ¿Cómo iba a olvidarse de que el último cuadro de *Sansón y Dalila* ocurre justamente en el templo de Dagón?

    [2] Para *rue Espagnole* véase Moreau, I, 354 y 426; para la Vaudreuil, *ibid,* 343: cf. *R,* 72, 92.

las cercanías de Milot (Schatz, 69) .[3] La insistencia con que Moreau registra nombres de navíos debe de haber sugerido la inclusión de los cañones del *Scipion* y el *Annibal* en la lista de los instalados en la Ciudadela, a los que Carpentier agregó los de un *Amílcar*, arrastrado sin duda por la corriente púnica; por otra parte, su *Courageuse* parece inspirada en designaciones como *L'Intrépide* y *La Valeur* (Moreau, I, 467, 470, II, 707, 727, 806; *R*, 30, 133). Aunque ya hemos visto las copiosas deudas de Carpentier con el harto minucioso martiniqueño en lo que se refiere

[3] Cf. Moreau de Saint-Méry, I, 343 y *R*, 87. Carpentier respeta en general los nombres de localidades. Uno o dos, sin embargo, sorprenden por diferentes motivos. Carpentier atribuye a un colono "la hacienda de Coq-Chante" (*R*, 48), en la Llanura del Norte. Moreau (III, 1110) menciona un Coq-qui-Chante en Léogane, al Sur, sin especificar de qué se trata; Mackenzie (I, 148), en su camino hacia el antiguo reino de Christophe, se detuvo "at a small hut called Camp Lecoq"; Aubin (331-332) sitúa el mismo lugar en Haut Limbé, territorio más apropiado que Léogane. ¿Transplantó Carpentier del sur al norte el nombre que le había llamado la atención, de paso modificándolo ligeramente? ¿Combinó en él algunas sugerencias de los nombres recogidos en otras fuentes? ¿Simplemente recordó mal? Hay ejemplos de esto último en su libro, pues con insistencia llama Haut-*le*-Cap a Haut-*du*-Cap (*R*, 153 y 156). Otro caso de error no sabemos si voluntario o intencionado se refiere a la ciudadela, a la que siempre se llama La Ferrière. Para Harvey (189), la comenzaron los franceses, pero "after having laid the foundation and erected part of the walls", tuvieron que interrumpir la construcción "from want of materials or from the opposition of the negroes"; según Leconte (351), en cambio, "Christophe paraît avoir provoqué de Dessalines l'ordonnance du 9 de avril 1804 qui prescrivait aux généraux de division de faire élever de fortifications sur les plus hautes montagnes de leur circonscription respective" (cf. también Davis, 92, y Leyburn, 247 n.13). Siempre siguiendo a Leconte (273), encontramos que dicha ordenanza determinó se empezara la monumental construcción en 1804 y sobre planos de Henri Barré; de acuerdo con Franklin (214, 289-290), sin embargo, los planos se debieron a un oficial británico o escocés llamado Ferrier de quien la fortaleza habría tomado el nombre, pero Ardouin (VIII, 108), por su parte, afirma que tal designación —La Ferrière— proviene "de l'habitation sur laquelle elle fut construite". Con la ascensión de Christophe al trono, la ciudadela tomó el nombre de Henri, que recibieron también la ciudad de El Cabo y el código promulgado por el monarca (Mackenzie, I, 152; Vaval, 17; *Ch*, 118 y 150). Ardouin (VIII, 108) informa que "la citadelle Henry... reprit... le nom de Laferrière" después de la muerte de Christophe, noticia que reproduce Leconte (437) con un interesante comentario: "La plus grande hâte fut mise à effacer le nom de Christophe de tout ce qui devait le porter légitimement. La Citadelle Henry s'appela de ce moment Laferrière". Suponemos que Carpentier, enfrentado con el problema, que tantos dictadores provocan, de tener que repetir Henri hasta el hartazgo, prefirió, por razones artísticas, dejar el nombre de la Ferrière a la fortaleza. ¿O la llamó así, lo cual es dudoso, por ignorar todo lo sucedido y porque tal es el nombre con que se la designa actualmente?

a las costumbres de la colonia y registraremos otras en lo que
falta del libro, no quiero pasar por alto aquí quizá la más sutil
de todas. Para probar las posibilidades literarias del *créole*, Moreau recoge una composición en verso escrita hacia 1757: la "Lisette" de M. Duvivier de la Mahautière, consejero de Port-au-
Prince (I, 81-82). Leemos al comienzo de la estrofa tercera:

Dipi mon perdi Lisette	Desde que perdí a Lisette
mon pas souchié Calinda	no me ocupé de la calenda,
mon quitté bram-bram-sonnette,	abandoné el bram-bram-sonette,
mon pas batte bamboula.	no toco el bamboula.

¿No se reconoce hasta en la secuencia de las acciones, por muy
parafraseadas y resumidas que estén, la entre infantil y adoles-
cente desolación de Ti Noel cuando queda privado del mundo
mágico en que lo han introducido las narraciones de Mackandal:
"Perdida la sal de la vida, Ti Noel se aburría en las calendas
dominicales", (*R*, 43). La atracción de la "Lisette" no se agotó
en el pasaje aludido. Años más tarde y en un contexto muy diferente, Carpentier dejó que lo ganara de nuevo su predilección por
los cuatro versos citados y los puso, modificándolos ligeramente,
en labios del doctor Ogé (*SL*, 61).

Muy pocas en comparación son las contribuciones del barón
Estanislao de Wimpffen, mencionado por el gobernador Blanchelande en relación con los conceptos de "los idiotas utopistas que
se apiadaban, en París, del destino de los negros esclavos" (*R*,
83),[4] de la "chusma liberaloide y enciclopedista" de la Asamblea
Constituyente[5] y de los "ideólogos" que "respondían: «Perezcan
las colonias antes que un principio»" (84).[6] Una posible, pero no

---

[4] Alusión a la sociedad Amis des Noirs, grupo de tendencias humanita-
rias que se proponía la completa abolición de la esclavitud de los negros y
fue considerada ultrarradical en su tiempo (Leyburn, 21). La fundó Bris-
sot de Marville en 1789 —según Madiou, en 1787 (I, 47)— y de ella formaron parte Lafayette, Grégoire y Robespierre (Davis, 30; Korngold, 47).
A la influencia de sus principios se atribuye la insurrección de los mulatos y
la rebelión de los esclavos en 1791 (Ardouin, I, 50).

[5] Félix Carteau (53ss), antiguo colono de Saint-Domingue, considera
entre las posibles causas de la rebelión, el espíritu filosófico del siglo XVIII
que abogó por los esclavos ante el público ilustrado de Europa y ante la
sociedad francesa (v. también Ardouin, I, 50). Un dramaturgo haitiano
leído por Carpentier hace decir a uno de sus personajes: "Et bien, vous
voyez que ce sont los philosophes qui ont perdu notre siècle" (Vieux, 124).

[6] Según se afirma, quien primero pronunció palabras parecidas —"S'il
falait sacrifier l'intérêt ou la justice, il vaudrait mieux sacrifier les colonies
qu'un principe"— fue Dupont de Nemours (1739-1817); pero, de acuerdo
con Daugy, Garran había atribuido a Robespierre otras muy semejantes:

enteramente probable, contribución es el juicio negativo sobre la novela *Le Nègre comme il y a peu de Blancs* del prolífico Joseph de La Vallée (1747-1816), cuyo nombre de Wimpffen calla[7]:

Voyez le roman, en trois volumes, intitulé: *Le Nègre comme il y a peu de Blancs*. L'auteur n'avait pas besoin de donner à entendre, dans sa préface, qu'il n'avait jamais vécu avec les nègres, ni habité les colonies. Son ouvrage, d'ailleurs très interessant, fourmilles d'erreurs, de contresens, qui prouvent qu'il ne connaît les nègres, non plus que le régime, les moeurs, les usages des colonies, que par oui-dire (I, 179, n.1).

Si Carpentier recurrió al juicio citado, lo hizo sucintamente y sólo para caracterizar las lecturas predilectas, si las tuvo, de Paulina Bonaparte,[8] quien, desentendiéndose de otras informativas

"Périssent les colonies, plutôt que de violer un principe". El *Moniteur Universel*, por su parte, asegura que Dupont fue el primero en expresar lo que Robespierre desarrolló durante la sesión de la Asamblea correspondiente al 14 de mayo de 1791: "Périssent les colonies, s'il doit vous en coûter votre bonheur, votre gloire, votre liberté! Je le répète: perissent les colonies, si les colons veulent, par les menaces, nous forcer à décréter ce qui convient le mieux à leurs interêts" (Ardouin, I, 45). En cuanto a la actitud del propio de Wimpffen, oscila en su libro entre cierto humanitario sentimentalismo (cf. I, 247), la repugnancia por los procedimientos que aplicaban los colonos blancos de ambos sexos (II, 10) y un innegable sentido común: "Vous me demandez quel usage je pense que les nègres feraient de la liberté si on la leur rendrait... Tous ce que je sais des peuples de l'Afrique me prouve qu'ils y végètent plus au moins sous un despotisme absurde, ou dans la plus déplorable anarquie. Je crois donc, Monsieur, que tout peuple que l'éducation n'aura pas élevé pour la liberté, abusera nécessairement de celle qu'il devra à un concours fortuit de circonstances extraordinaires. Voyez ce que vous faites de la vôtre, vous peuple éclairé, civilisé, habitué à réfléchir sur une faculté dont l'usage ne vous a été ni toujours ni totalement étranger" (II, 50).

[7] ¿Procede de Fleuriot de Langle (61) la grafía del apellido utilizada por Carpentier (*R*, 106)?

[8] Mary Hassall, quien tuvo oportunidad de observar a Paulina durante su estada en Saint-Domingue, afirma rotundamente: "She hates reading" (11). Georgette Ducrest, en *Mémoires de l'Impératrice Joséphine*, la considera "dépourvue de toute instruction" (*apud* Nabonne, 64). Augustin-Thierry (57) asegura que, al volver de Bretaña, Leclerc "découvre Paulette bien... ignorante"; más adelante, sin embargo, añade que, antes de partir a Saint-Domingue, "*La Chaumière Indienne...*, des images à la Bernardin de Saint-Pierre la bercent et l'illusionnent" (70). Con todos estos informes, Carpentier hizo su propia composición de lugar y cargó a la cuenta de Paulina lecturas sentimentales relativamente fáciles: *Pablo y Virginia* y *Atala* (*R*, 105 y 107).

y fidedignas,[9] de las trágicas circunstancias y de las preocupaciones de su marido, "seguía enterneciéndose con *Un negro como hay pocos blancos,* la lacrimosa novela de Joseph Lavalée" (106). Bastante más probable es la contribución que procede de un largo párrafo, que he recortado un tanto, donde de Wimpffen, metido a propietario y cultivador, habla de los productos obtenidos en sus tierras:

> Presque tout a reussi au-delà de mes esperances. Des legumes, jusqu'alors étranges à Saint-Domingue, ont germé et crû... Au lieu du buis... on emploie ici l'hipécacuanha, dont les tiges... ne servent point d'asyle à la race avide des insects... Il faut cependant observer que ce fléau n'est que local, car Saint-Domingue produit, presque pendant toute l'année, d'assez bon raisin, et de délicieux melons... Les artichaux viennent ici excellens et beaucoup plus gros qu'en France... Les asperges ne demandent que le même soin qu'on leur donne ailleurs, et ne se font pas attendre aussi long-tems (I, 186ss).

Carpentier selecciona la referencia a la abundancia de melones en la isla, aludida sarcásticamente por Blanchelande: "era muy fácil imaginarse a Santo Domingo como el paraíso terrenal de Pablo y Virginia, donde los melones no colgaban de las ramas de los árboles, tan sólo porque hubieran matado a los transeúntes al caer de tan alto" (84). Carpentier toma también otros aspectos de la enumeración, modificándolos a veces y redistribuyéndolos convenientemente, primero para indicar el florecimiento a que ha llegado la hacienda de Lenormand de Mezy "con sus caminos bordeados de ipecacuana, con sus vides que ya daban un vino en agraz" y luego para evocar lo que había sido cuando Ti Noel contempla la arruinada propiedad: "Los pinos, las parras,

---

[9] Cf.: "Los primeros días se distrajo... hojeando las memorias del cirujano Alejandro Oliverio Oexmelin, que tan bien había conocido los hábitos y fechorías de los corsarios y bucaneros de América, de cuya turbulenta vida en la isla [la Tortuga] quedaban las ruinas de una fea fortaleza" (*R,* 109). Alexander Olivier Oexmelin, Exquemelin o Esquemelig (Flandes, ca. 1645-1707), barbero-sangrador y aventurero, estuvo en la Tortuga desde 1666, a partir de 1669 navegó con los bucaneros y filibusteros del Caribe y fue su cronista en *De Americaens Zee Roovers* (Amsterdam, 1678). La relación de los hechos, de los que a veces fue testigo o para los cuales se apoyó en documentación vivaz y segura, es digna de crédito, verosímil, pero necesariamente un tanto repetitiva. El libro se tradujo a todas las lenguas europeas y cada traductor añadió lo que creyó conveniente para mantener la reputación militar de su propia nación (Burney, 81-82; Élie, II, 52; Gosse, VIII). Tanto la versión inglesa (1684) como la francesa (1686) contienen la descripción del fuerte construido en la Tortuga (Parte I, cap. II). Es posible que Carpentier sólo consultara a Élie (II, 36-37), quien registra la poca usual grafía Oexmelin y resume lo dicho por él acerca del fuerte (52).

los árboles de Europa, habían desaparecido, así como la huerta donde, en otros tiempos, había comenzado a blanquear el espárrago, a espesarse el corazón de la alcachofa" (74, 124).[10]

Fuera del epígrafe que encabeza la segunda parte de *El reino*, la duquesa de Abrantès (1784-1838) sólo aporta tres breves fragmentos alusivos a la vestimenta de Paulina. Dos de ellos, la pregunta con que Mme. Leclerc reacciona ante los consuelos de su amiga —"Et tu crois donc, Laurette,... que je serai jolie, plus jolie que je ne suis, avec un madras mis à la créole, un petit corset, une jupe de mousseline rayée?" (IV, chap. 13, 192-193) — y el burlón comentario del general Junot a los consejos de su mujer —"Tu lui a parlé de toilette à la Virginie" (*ibid.*, 201) — se funden en un párrafo irónico: "En banastas lacradas se guardaban pañuelos traídos de la Isla Mauricio, los corseletes pastoriles, las faldas de muselina rayada, que iba a estrenarse en el primer día de calor, bien instruida como lo estaba, en cuanto a las modas de la colonia, por la duquesa de Abrantés" (*R*, 103). El tercer pasaje, donde la duquesa considera factible una ocurrencia de la frívola Paulina —"il serait possible que Mme. Leclerc, tenant peut-être à son projet de parcourir les Mornes en jupon de mousseline rayée et en corset de madras" (*ibid.*, 202) — se realiza y amplía en la novela: "Sintiéndose algo ave de paraíso, algo pájaro lira, bajo sus faldas de muselina, descubría la finura de helechos nuevos, la parda jugosidad de los nísperos, el tamaño de hojas que podían doblarse como abanicos" (*R*, 106). Proyectando los sentimientos de Paulina y las relaciones que a través de ellos se establecen, Carpentier acentúa la inconsistente ligereza y la infantil arrogancia de la mujer de Leclerc, y, mostrándola en pleno descubrimiento de la flora haitiana por el contacto con su piel, subraya su tan comentada sensualidad.

En el prólogo a *El reino*,[11] que sí admitía mencionar autores más recientes y agregar notas de pie de página, Carpentier sólo incluye una útil pero equivocada referencia. Según ella, el dato de que Mackandal permaneció en tradiciones haitianas y en cantos del vudú correspondería a *Le sacrifice du tambour assotor* de Jacques Roumain (15). En realidad, parte de la noticia está

---

[10] También Moreau de Saint-Méry pondera los alcauciles, los espárragos y los melones que se producían en Saint-Domingue (II, 635, 689, 897-898) y señala que "la vigne embellit aussi quelque fois une tonnelle [¿pérgola?], quoique son fruit soit âpre" (II, 635).

[11] La introducción sólo figura como tal en las ediciones mexicanas; pero reaparece modificada en las páginas finales de "De lo real maravilloso" (*TD*, 107-112).

en Price-Mars: "[la leyenda] ilustra des glosses tragiques la vie
des precurseurs... de notre nationalité... Dom Pèdre, Mackandal, Romaine-la-Prophétesse, ont fourni d'immenses matériaux à
la legende" (*APO*, 16). La otra parte está registrada en una obra
posterior a *El reino*: "un chant [que anacrónicamente considera
a Mackandal consejero de Dessalines], encore assez souvent utilisé
dans les céremonies voudoesques, en est resté: «Tous le'jous Mackandal apé palé Dessalines...»" (Rigaud, 62). ¿Había Carpentier
conversando con dicho autor en Haití y luego recordó errónea-
mente la procedencia de su información? No sería improbable.
Pero es prácticamente imposible que olvidara a Price-Mars, cuyo
Ainsi parla l'oncle (1928) pudo haber leído en Francia, Cuba o
Venezuela desde entonces hasta 1946, puesto que intercala su nombre entre los de varios antropólogos igualmente serviciales: "por
un proceso de sincretismo, ampliamente estudiado por Ramos,
Fernando Ortiz..., Price-Mars, el Mayor Maximilien, y otros,
muchas divinidades cristianas fueron a enriquecer el panteón africano" (*MC*, 39). Los tres autores haitianos traídos a colación por
Carpentier —Price-Mars, Roumain, Maximilien—, al igual que
mucho otros de diversas nacionalidades, se mencionarán con frecuencia a lo largo de este libro. Ni a unos ni a otros se los aco-
gerá, sin embargo, en el presente capítulo con carácter de informantes, sino sólo cuando sus obras aporten textos precisos que, re-
elaborados o no, han pasado a formar parte de *El reino de este
mundo*.

En el sentido indicado, la contribución de Jean Price-Mars es
mínima. A él le debe Carpentier el punto de partida para caracterizar las peculiaridades narratorias de Mackandal, quien *salmodiaba* sus relatos (27): "...les plus grand nombre de ces récits ne
sont, en dernière analyse, que de longues mélopées" (*APO*, 18).
A él le debe igualmente la oración que finaliza y resume el comportamiento de los refugiados franceses en Santiago de Cuba
—"Todas las jerarquías burguesas de la colonia habían caído"
(95)—, la cual condensa una afirmación de Price-Mars acerca de
la situación iniciada por los acontecimientos de 1791: "Evidement,
les classes d'autrefois ont été solennellement abolies. A la lueur de
l'immense incendie qui a embrasé l'ancienne colonie, les cadres en
on été rompus, disloqués" (*APO*, 109).

Jacques Roumain (Port-au-Prince, 1907-México, 1945), antropólogo, pensador, poeta, novelista, fundador y director del Bureau
d'Ethnologie, encargado de negocios en la embajada de su país
ante México (1943-1945), perseguido a veces por sus tendencias

políticas y sociales, amigo de Nicolás Guillén y posiblemente del propio Carpentier, ha dejado rastros en *El reino* con su estudio sobre el rito consagratorio del *assotor* y, si bien más sutilmente, con su novela *Gouverneurs de la rosée* (1944). En el primero se originan quizá los "tambores gigantescos" que dormían "bajo cobijas de palma" (*R*, 34) —"Les tambours sont amenés devant l'arbre et couchés" (*STA*, 31) [12]—, instrumentos que Carpentier enriquece con "semblantes humanos" (v. ilust. núm. 8), reminiscentes de algo visto en algún libro sobre África o en el Museo del Hombre de París.[13] Quizá se origina también la idea del "chivo negro con ascuas en los cuernos", uno de los disfraces licantrópicos de Mackandal según sus partidarios (*R*, 56): "On entoure le taureau d'un autre cercle magique de bougies allumées et on en plante deux à la pointe de ses cornes" (*STA*, 52).[14] Roumain había dicho que el toro propiciatorio no puede ser sacrificado si éste no lo acepta voluntariamente; si la víctima se queja en el momento del degüello, la ceremonia debe interrumpirse porque "une plainte signifierait qu'elle n'y consent point et continuer... serait convertir le sacrifice en meurtre et s'exposer à la terrible vengeance du loa" (*ibid.*, 39, 52). Evidentemente, los sacrificadores de los toros con cuya sangre iba a hacerse invulnerable la Ciudadela ignoraban el requisito o habían decidido no ajustarse a él, pues por dos veces se dice al lector que se escuchaban los bramidos de los animales degollados y por degollar (*R*, 133, 137); esto, sumado a ciertos delitos de Christophe, explica la venganza que contra él toma Ogún-Shangó (véase *infra* capítulo III). Además de proporcionar a Carpentier los versos iniciales de la invocación a Legba que pronuncia el acongojado Solimán (*STA*, 20; *R*, 180,[15] el autor haitiano aporta el comienzo de una letanía donde

---

[12] Hablando de los tambores vudúes en general, Rigaud informa que "doivent aller de temps en temps à Ifé [lugar sagrado en África] pour renouveler leur provision de forces magiques. On dit alors qu'on les couche... [Esto se lleva a cabo] sur le lit de feuilles de bananier qui est supposé réprésenter *lan Guinin* [la Guinea mística]" (385).

[13] Recuérdese que el desplazado dictador de *El recurso del método* se detiene largamente ante ellos durante su última visita a dicho museo (333).

[14] Cf. también: "Those who persist in regarding Voodoo as a form of sorcery read a satanic meaning in the lighted candles which are normally fixed on to the horns of goats; in fact these candles merely affirm the semi-divine nature of the victim" (Métraux, 169).

[15] De todas las versiones que he encontrado —Herskovits, *LHV*, 173; Courlander, *HS*, 75; Roumain, *STA*, 20— la última es la más semejante a la que incluye Carpentier quien sólo ofrece una diferencia: el uso de la forma pronominal *moin* en lugar del *mouin* que trae Roumain. A título de curiosidad para los que pueden leer música, v. ilust. núm. 9.

se enumeran varios Ogunes y advierte que el houngán oficiante citó a continuación "les noms de tous les Ogoun" (*STA*, 13-14). Creo que en lo último se encuentra el origen de la serie enumerativa que Carpentier intercala, durante la noche del Pacto Mayor, entre el canto a Ogún Fai y el dedicado a Ogún Badagrí —"Ogún de los hierros, Ogún el guerrero, Ogún de las fraguas, Ogún mariscal, Ogún de las lanzas, Ogún-Changó, Ogún-Kankanikán, Ogún-Batalá, Ogún-Panamá, Ogún-Bakulé" (*R*, 79) —, con lo cual se triplica el canto que según Bellegarde entonó la sacerdotisa en aquella ocasión: "une négresse d'une taille gigantesque, jusquelá inaperçue, fit brusquement son apparition... elle entonna un chant africain qui fit répeté en choeur" (*PHH*, 48-49). Aparte de añadir por su cuenta epítetos y atributos más o menos auténticos que se inspiran tanto en Roumain como en Maximilien,[16] Carpentier elimina de la lista del primero a Ogún Ferraille y a Ogún Badagrí, que figuran en las canciones rituales enmarcadoras, deja a Ogún-Shangó y a Ogún-Batalá, e incorpora otros tomados de diversas procedencias, algunos de los cuales tienen trazas de ser posteriores a 1791.[17]

Los detalles principales de la anacrónica y en parte caprichosa decoración del *houmfort* visitado por Mackandal y Ti Noel parecen provenir de Louis Maximilien cuando éste se refiere al de Ogún:

Les drapeaux, objects indispensables aux cérémonies, se retrouvent sur ce Pé... Et devant ce Pé, un sabre, vestige émouvant des temps héroïques et symbole de suprématie, est fiché en terre (*VH*, 21).

Varios sables colgaban de las paredes, entre banderas encarnadas..., herraduras, meteoritas y lazos de alambre que apresaban cucharas enmohecidas, puestas en cruz (*R*, 39).

[16] Para los dos Ogunes invocados primero por Carpentier, los complementos provienen sin duda de Roumain: "J'insiste sur cette couleur parce qu'elle est l'attribut du dieu, d'Ogoun forgeron et guerrier" (13). De la letanía registrada por Maximilien entresaco algunos ejemplos ilustrativos: "Ogoun Ferraille nègre fer, nègre ferraille... Ogoun achade bocor... Jupiter tonerre..." (*VH*, entre páginas 42 y 43).

[17] Ogún-Kankanikán (Marcelin, *MV*, II, 78); Ogún-Panamá (*ibid.*, y Courlander, *HS*, 40-41 y "LH", 439); Ogún-Bakulé (Marcelin, *MV*, II, 77). Como salvo el libro de Courlander, todos los demás trabajos son posteriores a *El reino* debo sospechar que existieron consultas orales o epistolares. Más adelante, y bastante anacrónicamente, Carpentier hablará de "un viejo canto oído a Mackandal" donde Ogún Fai se identifica con Santiago el Mayor (*R*, 98-99); veremos luego el porqué de mi afirmación, pero por ahora nos limitaremos a decir que en la actualidad la fusión es un hecho (Seabrook, 292-293; Herskovits, "AG", 638, *LHV*, 280; Roumain, 13; Courlander, "LH", 438; Métraux, 325). Refiriéndose simplemente a Ogún, Marcelin

Mientras las meteoritas corresponden a la "pierre-loa" o fragmento de pedernal oscuro que se considera morada de dioses en Haití, se asocia con las divinidades del trueno en el África Occidental (Courlander, *HS*, 27-28, "LH", 425; Marcelin; *MV*, II, 45) y en Cuba es residencia y arma de Shangó (Cabrera, *M*, 246-247, 249), mientras las cucharas enmohecidas atadas con alambre quizá sean una variante personal de las tijeras en cruz utilizadas para protegerse de los zombis (Élie, II, 123) o contra fuerzas maléficas (Bramly 159), las herraduras, que yo sepa, no se relacionan con el vudú, pero sí constituyen un viejo procedimiento europeo para ahuyentar a las brujas —"One principall waie is to naile a horsse shoo at the inside of the outmost threshhold of your house, and so you shall be sure no witch shall have power to enter thereinto"—,[18] aunque en este caso particular quizá reemplacen el pedazo de hierro forjado del cual habla Marcelin (*MV*, II, 46) o la cadena del mismo metal que simboliza a Ogún (Courlander, *HS*, 37, "LH", 437). "Los tres hermanos Pongué", esclavos de Lenormand de Mezy y seguidores de Mackandal también se deben a Maximilien, quien recoge una letanía donde se incluye el nombre del loa Jean-Pierre-Marie pongoué (*VH*, 104). Carpentier no sólo modificó el supuesto apellido, sino que, influido por los tres nombres de pila, creó tres personajes distintos; muy probablemente además, y ateniéndose a su procedencia, los asoció intencionadamente en el mismo párrafo a una Romaine, "cocinera de los barracones", y a Marinette, la exconcubina mulata de Lenormand de Mezy, las cuales recuerdan inmediatamente a Romaine-la-Prophétesse, aunque fuera hombre,[19] y a la terrible Marinette-Bois-Sèche (Menesson-Rigaud y Denis), dando a entender que con el tiempo se convertirían en objeto de culto.[20] De Maximilien combinado con Roumain, Courlander y Herskovits nació el pasaje

("GD", 88) apunta que "est assimilé à saint Jacques le Majeur" en El Cabo. V. ilust. núm. 10.

[18] Reginald Scot, *The Discoverie of Witchcraft* (1584), Dover Publications, New York, 1972, p. 151.

[19] "Romaine-la-Prophétésse... griffe espagnol, se disant le fils de la Vierge, mêlant aux idées réligieuses les superstitions de l'Afrique", influyó enormemente sobre los insurrectos negros y puso en peligro a Léogane (Bonnet, 12). Su actuación dio lugar a cantidad de tradiciones legendarias (Price-Mars, *APO*, 16).

[20] La transformación en loas de personajes que han demostrado ascendiente y autoridad es uno de los conceptos del vudú: "The crucial word of Voodoo is Power... This is why anyone alive or dead who can show himself to be a man of power may well come to be included by name in the list of loas when invocations are being made" (Williams, *VAH*, 10).

del yanvalú entonado durante la noche de la reaparición de Mackandal:

> Pero había tantas interrogaciones en el ambiente que, de pronto, sin previo acuerdo, todas las voces se unieron en un yanvalú solemnemente aullado sobre la percusión. Al cabo de una espera de cuatro años, el canto se hacía cuadro de infinitas miserias:
>
> Yenvalo moin Papa!
> Moin pas mangé q'm bambó
> Yenvalou, Papá, yanvalou moin!
> Ou vlai moin lavé chaudier,
> Yenvalo moin?
>
> ... Como salidas de las entrañas, las interrogaciones se apretaban, cobrando, en coro, el desgarrado gemir de los pueblos llevados al exilio (*R*, 61-62).

Para lograr su texto, Carpentier aceptó el concepto de que el "yamvalloux... est une véritable prière en action", pero abandonó el de que se trata de "une action de grâces" (Maximilien, *VH*, 33) en favor exclusivo de su carácter de súplica o llamado (Herskovits, *LHV*, 263; Courlander, "LH", 440) recordado también por Roumain (*STA*, 21), e intercaló la letra del yanvalú que recoge Courlander en *Haiti Singing* sin respetar la puntuación y dando tres formas distintas de la danza-canción.[21]

Aunque la obra del antropólogo cubano Fernando Ortiz fue copiosa fuente informativa para *Ecue-Yamba-O* y *La música en Cuba*, muy poco encontramos de ella en *El reino de este mundo*. Puede, acaso, haber proporcionado las referencias que se amalgaman en la "fiesta de tumbas y catás en el Cabildo de Negros Franceses" a la que acude Ti Noel (*R*, 125).[22] Indudable, en cambio, aunque Carpentier se tome extrañas libertades, es la pro-

---

[21] A título de inventario transcribo el texto de Courlander, cuya puntuación es más apropiada que la de Carpentier y donde, a diferencia de lo que ocurre en *El reino*, se repite consistentemente la forma yenvalo: "Yenvalo moin, Papa! / Moin pas mangé q'm bambo! / Yenvalo, Papa, yenvalo moin! / Ou vlai moin lavé chaudier, / yenvalo moin?" (105).

[22] Cf.: "Los negros procedentes de una misma tribu constituyeron en cada ciudad una asociación así llamada [cabildo]... Pichardo en su diccionario dice lo que era...: «Reunión de negros y negras bozales en casas destinadas al efecto los días festivos, en que tocan sus atabales y tambores y demás instrumentos nacionales, cantan y bailan en confusión y desorden con un ruido infernal...» ...Cada cabildo... lo formaban los compatriotas africanos de una misma nación... de un mismo origen... El concepto general y claro de los cabildos cubanos tal como el pueblo lo conocía lo expresa el siguiente párrafo [tomado de Pedro Antonio Alfonso, *Memorias de un matancero*, 1854, n. 39]: «Por cabildo de negros se entiende la reunión de los

cedencia de los diez mil corceles de Ogún que, haciendo resonar los cielos con sus atronadores cascos de bronce, acudirán en auxilio de Haití merced al rito propiciatorio de los toros degollados (*R*, 137). Su punto de partida es un texto de Ortiz que se refiere a Shangó: "reside en un gran reino, viviendo en un palacio de bronce y con diez mil caballos" (*NB*, 32). Dicho texto es uno de los que fascinan a Carpentier y transmigran de libro en libro pasando por diversos avatares, y si en *Ecue-Yamba-O* "Santa Bárbara" —el Shangó de la santería— "y sus diez mil caballos con cascos de bronce galopan sobre un rosario de islas desamparadas" (30), en *La consagración de la primavera* "después de prender las fraguas de arriba y de echar a galopar —con herraduras de bronce clavadas por Ogún— los diez mil caballos de Shangó lanzaban un huracán de madre por todo el Caribe" (209).

La principal aportación del antropólogo brasilero Arthur Ramos es... un error. Resultado de una equivocación ajena, pero error al fin. Lo curioso es que los mejores pasajes de *El reino* relacionados con la serpiente de Damballah procedan de él (cf. *infra* capítulo III). Un año después del inspirador viaje a Hai-

de cada nación en los días festivos para bailar a usanza de su país...»... Pero si no el alma de los cabildos, su corazón era el baile. Los domingos se reunían... y tenían sus horas de diversiones" (Ortiz, "CA", 5-6, 15-16, 20). Además, Carpentier debió de consultar otras fuentes y había realizado directamente sus propias investigaciones, pues escribe en *La música* que los esclavos llevados por los colonos fugitivos de Haití "fueron... los abuelos de los negros que todavía llaman «franceses» en Santiago y que conservan un cierto número de cantos y bailes elaborados en Santo Domingo. Cada sábado se reúnen a bailar en una de las dos asociaciones que subsisten en la ciudad, entregándose a las danzas genéricamente agrupadas bajo el título de *rumba* [¿*tumba*?] francesa, fiel reflejo de tradiciones *créoles* del siglo XVIII" (129-130). Entre sus tambores, agrega, hay un "idiófono de madera llamado *catá*", aludido también muy al comienzo del libro (69) y cuyo nombre registran para Haití tanto Seabrook (300) como un folleto para turistas recientemente publicado en la isla (*Haití*, 17). Ortiz, por su parte, había mencionado en dos de sus obras la existencia de la *tumba*, tambor usado por los negros brujos y por los esclavos de la provincia oriental en sus bailes religiosos y profanos (*NB*, 82; *NE*, 232-233), dato que repite Castellanos (18). Carpentier se explaya sobre él en *La música* y nos proporciona el apodo del *iyá*, que se aplica sin especificación en *El reino* (34): "En 1861, Gottschalk organizó un monstruoso festival... para estrenar una sinfonía suya... titulada *Una noche en el trópico*... para ocuparse de la percusión se hizo venir de Santiago al rey del cabildo de negros franceses, con todo un arsenal de tambores. Uno de éstos, una tumba gigantesca, ocupaba el centro del escenario... Los tambores afrocubanos constituyen todo un arsenal" de los cuales el "iyá... es «la madre de los tambores». Además deben citarse la tumba y la tahona, que se destinan a diversos usos profanos y religiosos" (202-203, 298-299).

tí,[23] Carpentier fue a México (González Echevarría, 97), donde el Fondo de Cultura Económica le encargó la preparación de *La música en Cuba* y posiblemente le regaló un ejemplar de la versión española de *As culturas negras no Novo Mundo* de Ramos.[24] En su obra original, éste cita un texto de Fernando Ortiz, donde se utiliza la palabra culebra referida a un antiguo baile de los negros habaneros, baile al que se atribuye carácter religioso y cuyo origen es remontado a un rito procesional que se celebra en Whydah.[25] Muy apropiadamente en portugués, Ramos traduce culebra por cobra (ed. brasilera, 140-141); pero muy inapropiadamente la autora de la versión del Fondo se limita a repetir el vocablo utilizado por Ramos (118). Si bien en otras regiones de África las serpientes venenosas desempeñan un papel religioso destacado y la cobra suele servir de intermediaria entre el sacerdote y la divinidad,[26] en Whydah, el símbolo de Damballah es el pitón, la buena serpiente que carece de ponzoña.[27] Que Carpentier no se puso en contacto, o no tuvo oportunidad de hacerlo, con la obra de Ortiz mientras escribía *La música en Cuba* (1946), ateniéndose exclusivamente a la traducción española del libro de Ramos, lo prueba un texto del ensayo: "En el baile de la culebra... Fernando Ortiz ve una derivación del culto dahomeyano de la cobra, aún viviente en Haití" (292). No estamos tan seguros de que Carpentier no hubiera descubierto el error más tarde, cuando ya poseía abundantísima información sobre los cultos haitianos y se dedicaba a completar *El reino de este mundo* (1949). En él, sin embargo, nos dice lo siguiente: "En la urbe sagrada de Widah se rendía culto a la Cobra, mística representación del ruedo eterno" (35). No sería imposible que, por entonces, Carpentier hubiera renunciado a la exactitud para poder do-

[23] Cf.: "A fines del año 1943 tuve la suerte de poder visitar el reino de Henri Christophe" (*R*, 7; v. también *TD*, 107, y Leante, 26).

[24] Arthur Ramos, *Las culturas negras en el Nuevo Mundo*, versión de Ernestina de Champourcin, Fondo de Cultura Económica, México, 1943.

[25] En todas las ediciones de *Los negros brujos* que he consultado se habla de una culebra o de una boa (ed. de 1906, 154-155; ed. de 1973, 48-49).

[26] Cf. Williams, *VO*, p. 6n; Herskovits (*D*, II, 193) dice que "a poisonous snake stems for Glewe, the indigenous name of Whydah", pero que ésta "would seem to be a translation of the character of Aido Hwedo as it functions in the Xevioso pantheon, rather than of the cult of the non-poisonous Dangbe, which is of such importance in Whydah".

[27] Cf. Price-Mars, *APO*, 101; Williams, *VO*, 105; Herskovits, *D*, II, 245; Denis, 25; Parrinder, *WAR*, 50; Métraux, 361; Parrinder, *AM*, 22.

tar de sombrío dramatismo algunas de sus páginas más artística-
mente logradas (cf. *infra* capítulo III).

2. Fuentes involuntariamente declaradas

Un comentario de Carpentier publicado en 1931 conduce inesperadamente a otra fuente precisa: "William B. Seabrook, autor
de *La isla mágica* —uno de los libros más hermosos que se hayan
escrito en los tiempos actuales—, es uno de los pocos observadores
de hoy en quien puede hallarse una comprensión profunda de
las razas primitivas" ("LA", 46). Pero, si en 1931 la controvertida
obra del autor norteamericano[28] había merecido elogios por su
belleza, en 1949 Carpentier demostró que su entusiasmo no se limitaba ya a lo puramente estético, como bien lo demuestra el uso
que de ella hizo en *El reino de este mundo.*

Que la pregunta mental de los esclavos que asisten a la ejecución del mandinga —"¿Qué sabían los blancos de cosas de negros?" (*R*, 64) — se parezca notablemente a un dicho haitiano recogido por Seabrook —"Z'affai' nèg' pas z'affai' blanc" (102)—
quizá sea una mera coincidencia.[29] Que la primera mujer de Lenormand de Mezy se envenene con "una naranja particularmente
hermosa que una rama, demasiado complaciente, había puesto al
alcance de su mano" (*R*, 49-50) me recuerde que un yanqui ge-
rente de banco no corrió la misma suerte porque "deadly poison
was found inside an egg whose shell had apparently never been
broken" (Seabrook, 51) quizá se deba a mi calenturienta imaginación. Pero, de ser exacta la sospecha, vale la pena no olvidar que

[28] Con *The Magic Island* Seabrook provocó una tempestad de protestas
en Haití y fuera de él. Se le reprochó que faltara a la verdad en los distintos aspectos de que se ocupaba. Hubo, sin embargo, quien, sin aprobarlo
totalmente, le agradeció la obra: "To tell how Pierre and I wrote *The
Beast of the Haitian Hills,* as well as our two other novels, I have to go
back to an earlier time, and I must acknowledge my debt to a United States
writer, who, although he died many years ago, is still anathema to my
countrymen. For it all began in 1932 with *The Magic Island,* which I had
just read in the French translation and in which William Seabrook, while
painting a sensational and fanciful picture of the ruling class of Haiti, based
on gossip and snap judgements, nevertheless presented the peasantry of the
country and its religious beliefs in a human and sympathetic light... it was
Seabrook's work which changed my attitude by revealing to me that the
Vodoun cult constituted a rich mine of material in which humor and fantasy
blended with pathos and poetry, and by showing me the excellent use I
could make of it in the literary field" (Thoby-Marcelin, xv).

[29] Vandercook hace que Christophe manifieste algo parecido al almirante Home Popham: "we have nothing white men can understand" (145).

Carpentier echa mano una vez más de la sugerencia: "el veneno seguía alcanzando el nivel de las bocas por las vías más inesperadas. Un día, los ocho miembros de la familia Du Periguy lo encontraron en una barrica de sidra que ellos mismos habían traído a brazos desde la bodega de un barco recién anclado" (50). En otras ocasiones, sin embargo, la incertidumbre nos abandona totalmente.

Una etapa del itinerario de Ti Noel desde Saint-Marc hasta la Llanura del Norte lo muestra observando que "ya no se veían cementerios claros, con sus pequeños sepulcros de yeso blanco, como templos clásicos del tamaño de perreras. Aquí los muertos se enterraban a orillas del camino" (R, 120-121). Carpentier recibió ayuda para ello de una fotografía (v. ilust. núm. 11) y de la explicación que un haitiano dio a Seabrook: "Why do you suppose that even the poorest peasants, when they can, bury their dead beneath solid tombs of masonry?... Why so often do you see a tomb or grave set close beside a busy road or footpath where people are always passing? It is to assure the poor unhappy dead such protection as we can" (94). La idea de la primera pregunta se mantiene intacta en *El reino*. Pero, además de repartir las costumbres aludidas entre dos zonas diferentes, Carpentier transtrueca la idea de la segunda pregunta, que expresa otra forma de preocupación por el bienestar de los difuntos, convirtiéndola justamente en lo contrario. ¿Mala lectura? ¿Recuerdo erróneo? Mejor, intención de contraste. Ti Noel, a quien pocos renglones después impresionará el aspecto de los pocos hombres que encuentra porque ni responden a sus saludos ni levantan los ojos del suelo a diferencia de la alegre y comunicativa gente hallada al principio de su camino, ha pasado sin advertirlo del territorio gobernado por el benévolo Pétion al tiranizado por Christophe, para quien la vida vale poco y los muertos nada significan.[30]

Avanzando un poco más en su trayecto, Ti Noel descubre "un chivo, ahorcado" colgando "de un árbol vestido de espinas...", varios pollos negros, atados por una pata" meciéndose "cabeza abajo, a lo largo de una rama grasienta", y, finalmente, "un árbol particularmente malvado... rodeado de ofrendas" y "Muletas de Legba, el Señor de los Caminos" (R, 121). La confrontación con un pasaje de *The Magic Island* no dejará dudas acerca de la procedencia:

[30] Para establecer el contraste, Carpentier se ha desentendido de verdades geográficas. De Saint-Marc a la Llanura del Norte el camino no pasaba en ningún momento por la zona sudoeste de Haití perteneciente a la república.

On trails and roadsides in Haiti one frequently sees animal bodies, that of a chicken, sometimes of a pig or a goat, suspended from the limb of a tree, but these objects, though sometimes also connected with sorcery, are not always necessarily so. The Haitian Code Rural contains a curious provision which read as follows:

> Pourrant neanmoins être abattus les cochons et les cabrits qui auront été trouvés dans les jardins et les champs cultivés; dans ce cas les trois pieds et la tête de l'animal seulement appartienndront à celui qui l'aura abattu.

> ... The farmer... is not required to return [el resto del cuerpo]..., but hangs it up by its remaining foot on the roadside, where the owner may come and get it if he likes (331).

Carpentier, atraído no sólo por el comienzo del texto sino también por otras dos fotografías (v. ilust. 12-13), se desentendió de las minucias legales —anacrónicas, por otra parte, en la etapa vivida entonces por Ti Noel— y se concentró en la hechicería, que muy atinadamente relacionó con Legba, sus atributos y los sacrificios que se le ofrecen con la intención de propiciarlo. Para lograr su propósito, Carpentier mantuvo el espectacular y estremecedor chivo ahorcado de la fotografía número doce porque dicho animal es una de las víctimas aceptadas por Eleggua, equivalente de Legba en Cuba; multiplicó los pollos y les atribuyó el plumaje negro de los que se ofrecen al loa; los hizo colgar de una rama grasienta, porque en Haití se los rocía con aceite de oliva y en Cuba se los unta con tocino; finalmente, identificó a la deidad con la muleta o el bastón que es su atributo.[31] El conjunto resultante sirve para introducir al exesclavo en la tierra de los Grandes Pactos; deja, sin embargo, entender al lector, ya que no a Ti Noel, demasiado inocente para discernir en esos signos tanto como en "la cobija abandonada sobre cuatro horcones" otra significación que la que desea hallar (R, 121), que las ofrendas a Legba están allí no para propiciar la entrada en la antigua Provincia del Norte sino para franquear la salida a sus fugitivos.

De todo lo que Seabrook ha regalado a su admirador, el siguiente pasaje resultó singularmente rico en rasgos aprovechables:

> On May 9, 1920, General Benoît Batraville then commander of the caco revolutionary forces was killed... in an engagement between cacos and American marines...

[31] Cf. Ortiz, NB, 77; Herskovits, "AG", 637; Courlander, HS, 244; Marcelin, "GD", 58-60, MV, I, 18; González-Wimppler, 15, 49-51.

This caco leader had never been a papaloi or Voodoo priest, but was generally believed among his followers to be a bocor or sorcerer and was apparently a member of *the culte des morts*. He was also a devout Catholic. A booklet of secret formulas written by himself in créole was found upon the body. The following excerpts are translated literally: ... *"To preserve yourself from yellow fever.* Ere the fever comes to your house, plant a lemon tree at the gate of your property, bearing on it three nails in the form of a cross, and another cross made of twenty-one leaves of the grand mapou. Place at your front door a citron with seven pins set in the form of a cross about the citron. Place on each of your children one small citron, a piece of indigo, some incense, and these words, placed in a shroud: "Malo. Presto. Pasto. Effacio. Amen" (323-324, 329).

Lo primero que salta a la vista es la coincidencia con la cita de algunos de los "medicamentos" aconsejados a Paulina por Solimán durante la epidemia de fiebre amarilla y de los ritos a que se entregan ambos personajes:

Convencida del fracaso de los médicos, Paulina escuchó entonces los consejos de Solimán, que recomendaba sahumerios de incienso, índigo, cáscaras de limón... Se arrodilló [Paulina] a los pies de un crucifijo de madera oscura... gritando con el negro, al final de cada rezo: *Malo, Presto, Pasto, Effacio, Amén.* Además, aquellos ensalmos, lo de hincar clavos en cruz en el tronco de un limonero, revolvían en ella un fondo de vieja sangre corsa (*R*, 111).

Confrontados los textos, encontramos que Carpentier no transcribe literalmente. Transplanta el "small citron", que se convierte en cáscaras de limón,[32] y las pizcas de índigo e incienso que deben llevar los niños al comienzo de su propio párrafo, donde de ingredientes de amuletos se transforman en componentes de sahumerios. Las palabras escritas en la mortaja se dramatizan en las exclamaciones repetidas "al final de cada rezo". Los clavos se vuelven exclusivos en detrimento de los alfileres. El *mapou*[33] cede su lugar a un limonero de situación indeterminada. El hecho de que Batraville fuera hechicero y poseyera un cuadernillo de fórmulas

---

[32] *Citron* es la cidra, de forma semejante a la de una naranja pequeña, de piel muy fina, color amarillo, y de gusto más próximo al de la toronja que al del limón, por lo menos en lo que respecta a la variedad americana. Si Carpentier leyó la palabra en el original inglés quizá la pensó en francés, lengua en la cual *citron* significa exactamente limón; pero el cambio pudo provenir también de malas versiones al francés o al español. De cualquier manera, lo indudable es que el limón se usa mucho en hechicería (cf. Cabrera, *M*, 465).

[33] El *mapou* es un tipo de ceiba venerado por los adeptos del vudú (*Palabres*, 125 y 127). La ceiba es además el árbol sagrado de la santería cubana (Cabrera, *M*, y González-Wimppler, 88-90).

secretas[34] determinó muy probablemente que se añadiera al masajista Solimán la categoría de experto bocor, de lo cual algo hemos visto ya en el capítulo I y algo más veremos en el capítulo III.[35]

3. FUENTES CALLADAS, PERO INCONTROVERTIBLES

Como lo hemos probado ya en parte una de las más ricas minas explotadas por Carpentier es el libro de Leconte sobre Christophe, fuente no siempre respetada, sin embargo, a causa de evidentes diferencias de opinión, de propósitos y de intención artística entre ambos autores.

Mientras Leconte describe pesadamente los estandartes de la caballería ligera del príncipe real —"étaient en taffetas vert, ayant un des côtés les armes du prince surmontées d'une couronne, parsemmées de dauphins" (256) —, Carpentier simplifica e introduce dramáticamente un estandarte único cuando Christophe contempla el comienzo de la rebelión en Sans Souci: "Un abanderado laceró el estandarte de coronas y delfines del regimiento del Príncipe Real" (155); es posible que con ello Carpentier intentara mostrar un odio generalizado contra el sistema dinástico impuesto por Henry y anticipara de esta manera la rápida mención de la muerte del príncipe Víctor y de su medio hermano (171 y 173), que fueron ejecutados bárbaramente.[36] La lista de Bombo-

---

[34] La costumbre de registrar en *libretas* leyendas, prácticas y ensalmos, fue característica de los cabildos negros de Cuba y hoy se mantiene en la santería (González-Wimppler, 12-13).

[35] Es posible también que *The Magic Island* proporcionara a Carpentier la letra del canto dedicado a Ogún-Badagrí que se intercala en la ceremonia de Bois Caïman (74; *R*, 80); ambos textos difieren, sin embargo, en algunos detalles. Carpentier nos ofrece otra posible pista en su reseña de los *Cuentos negros de Cuba* de Lydia Cabrera. Quizá del "Sapo guardiero" (276) proviene uno de los ingredientes —la pólvora— de la medicina aplicada a Christophe (*R*, 151), ingrediente que no figura en las referencias a la que se utilizó durante la enfermedad del rey (cf. Ardouin, VIII, 98-99; Bonnet, 291; Marcelin, *ChH*, 35; Léger, 175-176; Vandercook, 191; Leconte, 424), si bien aparece entre los del mágico Baño de Marinette (Menesson-Rigaud y Denis, 18).

[36] Por lo que parece, el príncipe Víctor gozaba de las simpatías del pueblo y del ejército y fue sacrificado a intereses políticos —se temía que, vivo, invocara sus derechos dinásticos para restaurar la monarquía —que iban abiertamente contra el sentir popular (v. cartas de Saunders a Thomas Clarkson, 2 y 19 de mayo de 1823, en *Ch*, 250 y 252; Harvey, 405; Ardouin, VIII, 100). Eugenio, duque de la Môle, corrió suerte semejante por las mismas razones. Es a él a quien se refiere Carpentier cuando cuenta que Solimán se hacía "pasar por un sobrino de Henry Christophe, milagrosa-

nes Reales, que tan sucintamente, pero manteniendo el orden exacto, introduce Carpentier en "Ultima ratio regum" (157), procede también de Leconte: "Nous avons pu recueillir quelques noms des filleuls de Christophe parmi des Africains nouveaux venus: Délivrance, Valentin, La Couronne, John et Bien-aimé" (397); pero, haciendo caso omiso de su informante —"Certains de ces nouveaux sujets furent faits pages, d'autres étaient engagés dans la compagnie privilégiée des Royal-Bonbons" (397)—, Carpentier les atribuye simultáneamente las dos categorías como si éstas fueran equivalentes.[37] Hablando de las actividades de los rebeldes en Haut-du-Cap el 7 de octubre de 1820, Leconte registra un pintoresco y sugerente detalle: "Le peuple y dressait des tonnelles [cobertizos] où des femmes aubergistes faisaient la cuisine à tant le plat. On buvait, on chantait, on dansait" (423); esto dio a Carpentier, enfrentado a la posibilidad de ampliar a base de temas predilectos —comidas, dotes rítmicas de los negros, gusto africano por la danza—, una tentadora oportunidad que aprovechó al máximo: "En las esquinas había grandes calderos llenos de sopas y carnes abucanadas, ofrecidas por cocineras sudorosas que tamborileaban sobre las mesas con espumaderas y cucharones. En

mente escapado de la matanza del Cabo, la noche en que el pelotón ejecutor hubo de ultimar a uno de los hijos naturales del monarca a la bayoneta, porque varias descargas no acababan de derribarlo" (R, 173). Su versión, que procede de informaciones conflictivas y/o referentes a otro personaje, es una elaboración muy personal. Brown (II, 242) sostiene sin precisar que uno de los hijos del rey "called scornfully upon his murderers to advance, and pierce with their bayonets the son of their king —a request which it is unnecessary to say was readily obeyed"; Franklin (230), en cambio, atribuye algo parecido al príncipe Víctor, quien, "defended himself with great heroism, killing several of the soldiers, but was at last cut down and shockingly mangled"; Leconte (427) y Marceau (427), por su parte, consideran que quien desafió al pelotón de fusilamiento fue Louis Achille, conde de Laxavon, contra el cual, porque "refussa de se laisser tuer froidement et se battit férocement contre les assassins", se cargó a la bayoneta. La "matanza del Cabo" se refiere simultáneamente a la ejecución de los dos vástagos de Christophe y de otros personajes de la corte (cf. carta de George Clarke a Thomas Clarkson, 4 de noviembre de 1820, en Ch, 211; Harvey, 405; Brown, II, 243; Ardouin, VIII, 100; Leconte, 427).

[37] Es posible que la decisión de Carpentier provenga de Harvey: "an English slave dealer..., having disposed of the chief part of the cargo in the other islands, brought a number of young negroes to Hayti, and offered them for sale to Christophe. However strongly he reprobated the traffic, he readily purchased the youths and, selecting the finest, he placed them among his pages, and carefully provided for the rest" (238-239).

un callejón de gritos y risas bailaban los pañuelos de una calenda" (153-154).[38]

Si en los ejemplos anteriores informante e informado de alguna manera han coincidido, los siguientes demostrarán que puede haber entre ellos choques originadores de divergencias. Reverentemente, Leconte dice que el director de los trabajos en la ciudadela, durante la noche de la insurrección "coupa au cadavre [de Christophe] le petit doigt de la main droite et le remit à la Reine, comme souvenir à conserver" (426), y, luego, que "le couvent des Capucins de Florence possède dans une chapelle l'un des pieds de Mme. Christophe conservé dans un bain d'esprit-de-vin" (436). Carpentier, a quien semejantes cultos necrófilos repugnan e insistentemente le provocan comentarios sarcásticos —"una sala donde se flagelaban las profesas... frente a la horripilante reliquia de la lengua de un obispo, conservada en alcohol para recuerdo de su elocuencia" (*PP*, 66); "se envanece ese pariente tuyo de poseer... un colmillo del corso, sacado en un día de mal dolor" (*CPL*, 19) —, inicia en *El reino* el camino de censura: "[el gobernador de la fortaleza] de una cuchillada cercenó uno de sus [de Christophe] dedos meñiques, entregándoselo a la reina, que lo guardó en el escote, sintiendo cómo descendía hacia su vientre, con fría retorcedura de gusano" (167). Y no limitándose a recoger la referencia al pie donado por María Luisa (189-190), duplica la situación haciendo que el famoso dedo de Christophe se perpetúe en respetuosa conserva: "De su persona prodigiosa sólo quedaba, allá en Roma, un dedo que flotaba en un frasco de cristal de roca, lleno de agua de arcabuz" (189).

Pero cuando Carpentier se propone contradecir de veras a su fuente no se para en barras, sobre todo si la contradicción de

---

[38] Carpentier (*MC*, 61) indica que en su niñez vio "bailar la *karinga* o *calinga* (calenda) en el campo de Cuba", pero no la describe. Moreau de Saint Méry (I, 63-64), en cambio, registra algunas peculiaridades: "Le danseur tourne sur soi-même ou autour de la danseuse qui tourne aussi et change the place en agitant les deus bouts d'un mouchoir qu'elle tient". Es interesante observar que la acción de las cocineras en *El reino* es un esbozo anticipatorio de pasajes en otras obras: "Filomeno había corrido a las cocinas, trayendo una batería de calderos de cobre... a los que empezó a golpear con cucharas, espumaderas, batidoras, rollos de amasar, tizones, palos de plumeros, con tales ocurrencias de ritmos, de síncopas, de acentos encontrados, que, por espacio de treinta y dos compases lo dejaron solo para que improvisara" (*CB*, 43-44); "una madre anciana, ahora atareada frente a sus anchos fogones..., que la tenían andando a lo largo y ancho de la cocina, a paso de baile, añadiendo percusiones de cucharón sobre cazuelas y sartenes a la concertante batería que afuera se estaba organizando" (*CP*, 258).

alguna manera favorece sus propósitos. Hablando del castillo de la Petite-Rivière de l'Artibonite[39], Leconte apunta: "Nous sommes obligés de nous mettre en désacord avec la tradition qui prétend que Christophe avait résolu d'avoir dans cette construction 365 overtures, répondant aux 365 jours de l'année" (337), Carpentier, quien convierte el edificio en símbolo de la inútil megalomanía de un rey ansioso de perdurar y de la intranquilidad de sus súbditos, se aferra retadoramente a lo descartado por Leconte asegurando que "tenía tantas ventanas como días suma el año" (140). Si el autor haitiano dice sencillamente que Christophe hizo observar a su familia que la guardia estaba a punto de insurreccionarse porque sus hombres "battent le Mandoucouman" (424), Carpentier cambia por completo la situación y la actitud del rey: el toque de retirada de los tambores provoca un estallido de rabia solitaria en el monarca de la novela, rabia que se concentra en una exclamación acompañada de gestos violentos, gritos y gestos que condicen muy bien con el carácter atribuido a Christophe (R, 155).[40] Aunque Carpentier acepte el "marbre gris, veiné de blanc" (Leconte, 419) de la iglesia de Limonade y hable de sus "mármoles grises delicadamente veteados" (R, 148), rechaza la afirmación de que "le clocher se trouvait derrière le mur d'enceinte de l'abside" (Leconte, 419) y lo coloca en contacto directo con el edificio, de modo que éste pueda derrumbarse sobre la iglesia al caer sobre la torre el rayo de un vengativo loa (R, 150). Mientras Leconte afirma que Christophe "avait fait venir d'Amerique deux dames qui furent leurs [de las princesas] préceptrices durant quelque temp" pero que "ne purent pas se faire trop longtemps au régime" y "quittèrent le pays" (269), Carpentier, aprovechando que no se establece la fecha de partida,[41] decide mantener por lo menos una de las damas hasta el comienzo de la enfermedad de Christophe para que Atenais y Amatista lloren "en el escote de la institutriz norteamericana"

[39] Este castillo o palacio construido de ladrillos nunca fue terminado y sólo subsiste de él el primer piso (Aubin, 283-284; Bellegarde, *PHH*, 102). V. ilust. núm. 3.

[40] Según Duncan Steward, en los últimos años de Christophe, "his impatience became quite insupportable to all around him" (carta del 8 de diciembre de 1820, en *Ch*, 222). Harvey (389-390) lo afirma en general de su carácter: "Christophe had long ceased to restrain himself from those sudden bursts of passion to which his temper was naturally subject" y añade que "the violence of his temper could not always be checked" (403). Madiou (III, 369) agrega que sus furores sólo se calmaban ante la sangre.

[41] Tampoco Harvey, posible fuente de Leconte, precisa la fecha de llegada y de partida de las profesoras norteamericanas (255ss.).

(151) y así subrayar grotescamente las tendencias extranjerizantes de la corte. Leconte informa que nada serio ocurrió en la ciudadela inmediatamente después que el cadáver de Christophe entró en ella, salvo que un soldado un tanto hablador formuló las palabras "Messieurs, aux pays des blancs, quand un chef meurt, on coupe la tête a sa femme et à ses enfants", acalladas rápidamente por el gobernador de la fortaleza (426) ; Carpentier, en cambio, convierte al soldado en prisionero, describe su vestimenta acaso siguiendo una sugerencia de Harvey,[42] le añade un gesto y limita lo dicho por él —"Un preso, tan harapiento que llevaba el sexo fuera del calzón, alargó un dedo hacia el cuello de la reina: —En país de blancos, cuando muere un jefe se corta la cabeza a su mujer"—, desechando además su silenciamiento y agregando que "al comprender que el ejemplo dado casi treinta años atrás por los idealistas de la Revolución Francesa era muy recordada ahora por sus hombres, el gobernador pensó que todo estaba perdido" (R, 166). Y si Leconte sostiene que "le gouverneur, ayant liberé les prisonniers dont le nombre n'était pas considérable, ... ces infortunés descendit du fort" y que "il n'y eut aucun autre incident à la Citadelle cette nuit-là" (426-427), Carpentier nos pone frente a un verdadero motín de presos y soldados movidos por el odio y la codicia, cuya significación se resume al final del cuadro, indicando la debilidad intrínseca de toda prepotencia: "El ejército de Henri Christophe acababa de deshacerse en alud" (R, 167).[43]

La contradicción, a veces, no se limita a la fuente que Carpentier está utilizando sino a toda una serie de posibles informantes. Fréderic Marcelin (ChH, 50), Léger (176n.), Vandercook (201), Leconte (426), concurren en que el cadáver de Christophe fue colocado en un montón de cal viva y cubierto con parte de ella. Carpentier, sin embargo, se deja atraer por un insignificante detalle de Leconte —"Jusqu'à la mort du rois certains travaux s'effectuaient encore dans la forteresse, comme l'atteste un morceau de mortier sur la place, derrière sa tombe, lequel ayant durci,

---

[42] Hablando de un soldado de la república del sudoeste, prisionero en tierras de Christophe, Harvey se fija en su atuendo: "with the exception of a ragged and filthy piece of cloth tied about his middle, he was destitute of clothing" (100).

[43] Cuadro semejante al de Carpentier, pero menos vivaz y más limitado, es el que ofrece Ardouin (VIII, 99): "à la vue de ces restes d'un homme qui leur avait fait tant de mal, qui avait périr tant de victimes dans la construction de la forteresse, la garnison, les nombreux ouvriers, les cultivateurs et les cultivatrices..., les prisonniers délivrés de leurs chaines, tous s'ameutèrent".

est devenu aussi résistant que le roc" (372) — que le da más sólido pie para la situación semigrotesca y semigrandiosa de la unión final de Christophe con su fortaleza y con la montaña sobre la cual se eleva (*R*, 167-168).[44]   ,

Carpentier puede ir todavía más lejos. Admiradores y detractores coinciden, con mayor o menor detallismo, en que Christophe, al enterarse de que los insurrectos se habían detenido en Haut-du-Cap para preparar el ataque a Sans Souci, se vistió de uniforme, ordenó que le trajeran un caballo y bajó a arengar a las tropas que permanecían fieles, pero que, cuando intentó montar, los efectos de la enfermedad más o menos controlada hasta entonces se manifestaron de nuevo impidiendo su propósito;[45] muchos coinciden también en que, antes de suicidarse, Christophe pidió agua para lavar los vestigios de las fricciones recibidas y un ropaje blanco con el que intentaba simbolizar su inocencia y sus buenas

[44] La idea de convertir la ciudadela en mausoleo puede haber sido sugerida por diversas lecturas. Si bien Leconte comenta que a pesar de las conmociones del momento el cadáver de Christophe recibió "les honneurs d'une sépulture triomphale" (426), antes que él Marcelin había dicho: "Christophe dort bien là... comme un Pharaon d'Egypte sous sa pyramide" (*ChH*, 50). Antes aún, el maestro William Wilson (carta a Thomas Clarkson, 5 de diciembre de 1820, en *Ch*, 218) expresó que el rey "was interred in the bastion Henri, no doubt by his own desire".

[45] Cf.: "He had not yet recovered from his malady, but his unconquerable energy of soul had not been paralyzed by disease, for he leaped immediately from his bed, demanded that his arms should be brought to him, and that his horse should be ordered to the door. But if his bold spirit did not quail before the calamities which were impending over him, his bodily frame proved unequal to the activity of his mind" (Brown, II, 239); "Après s'être habillé militairement et avoir fait venir son cheval, il sortit de sa chambre. Mais une grande stupéfaction lui était réservée au-dehors: frappée comme d'un coup de foudre au grand air, Sa Majesté s'affaissa et tomba sur les genoux en présence de toute sa garde. Elle semblait demander pardon à Dieu de tous ses crimes. Il fallut enfin emporter cette personne sacrée sur son lit où elle fut déshabillée" (Ardouin, VIII, 99); "On a toujours soutenue qu'il se fit frictionner le corps d'une mixture composée de rhum et de piment, afin de se remonter et de se donner la force voulue pour aller, disait-il, montrer son panache au Haut-du-Cap et d'en disperser les insurgés. L'effet momentané de la friction le trompa au point qu'il se crut capable de monter à cheval, mes ses efforts furent vains" (Leconte, 424); según Vandercook, Christophe vistió "his most splendid blue-and-white-and-gold uniform", se hizo bajar en un sillón, y luego trató de montar a caballo, pero cayó "like an empty bag" —¿sugirió esto último la imagen que usa Carpentier cuando el rey paralizado vuelve a Sans-Souci: "Cayó en la cama como un saco de cadenas"? (*R*, 151)— y quedó con la cara "against the earth" (191-192); y según Vaval (36): "Il se fait préparer un bain the rhum et the piments pulvérisés. Cette mixture rendit immédiatement de

intenciones.[46] Es sorprendente comprobar lo que resuelve Carpentier. El caballo que Christophe no pudo montar se muestra en la pintura ecuestre que adorna su cámara (*R*, 153), alusión a una de las varias que se pintaron en la Academia de Arte fundada por él (Vaval, 7-8, 26) y que contribuyeron a halagar su delirio de supervivencia a todo trance [47] tanto como su convicción de que, a caballo, su aspecto adquiría mayor majestad.[48] Carpentier, además, abandona el simple lavado con agua y la vestimenta blanca en favor de "ropa limpia y perfumes", para luego presentarnos al monarca vistiendo "su más rico traje de ceremonias", terciándose "la ancha cinta bicolor, emblema de su investidura" y "anudándola sobre la empuñadura de la espada" (*R*, 161). Es evidente que Carpentier no quiso dejar a Christophe ni un resquicio por donde salvarse y acentuó en él hasta el final la egolatría y la petulancia desmesuradas del dictador nato.[49]

l'élasticité à se membres. Le Roi commende qu'on lui amène son cheval. En présence de sa Maison militaire qui l'acclame pour la dernière fois, il met noblement le pied à l'étrier. Avant d'avoir pu se mettre en selle il s'affaissa sur lui-même".

[46] Según Ardouin (VIII, 99), "pars ses ordres, ceux [sus criados] lui donnèrent de l'eau pour se laver les mains et les bras, puis du linge blanc", y agrega en nota: "par cette ablution et ce linge blanc, il semble que Christophe croyait se laver de tous ses crimes et paraître devant Dieu avec la costume de l'innocence". Léger (176) es más parco en detalles: "he ordered his servants to bring him fresh water, and after a bath he put on a spotless white suit". Leconte (425) se extiende algo más: "Christophe se fit apporter de l'eau, opéra la toilette de ses membres supérieurs que le frictions humides despuis la maladie ténait dans un état d'onctuosité... s'habilla du linge frais qu'il avait commandé à son chambellan de lui apporter". Vaval añade otro detalle: "Il invita un de ses domestiques à lui apporter du linge propre et de l'eau. Il se lava la main comme pour se purifier et se couvrit la tête d'un mouchoir blanc" (36). V. también Vandercook, 197-198.

[47] Una de ellas la describe Vaval (7); Leconte incorpora otra a su libro y nosotros la incorporamos al nuestro (v. ilust. núm. 14).

[48] Según las palabras de un oficial de la flota inglesa que visitó Haití en 1818, "on horseback", Christophe "certainly looks his best" (R. Coupland, *Wilberforce, a Narrative*, Oxford, 1923, p. 467, citado en *Ch*, 38).

[49] Carpentier llega a escamotear datos mutilando así una noticia y yendo más lejos que los tradicionales adversarios de Christophe. Ardouin dice, por ejemplo, que "Mme. Christophe... reçut, dit-on, des philanthropes de ce pays [Inglaterra]... le conseil de s'y rendre, en même temps que des négociants anglais, établis au Cap-Haïtien, l'y engageaient" (XI, 15). Leconte acoge la misma información: "Sur le conseil, dit Ardouin, des philanthropes d'Angleterre et de certains commerçants anglais du Cap, Mme. Christophe se décida à passer aux Iles Britanniques" (431). La afirmación queda confirmada por una carta de la época dirigida por el filántropo Thomas Clarkson al presidente Jean-Pierre Boyer, el 25 de mayo de 1821: "I hope that the widow

El 11 de abril de 1943, Lorimer Denis leyó en el Ayuntamiento de Port-au-Prince una conferencia publicada al año siguiente en el *Bulletin du Bureau d'Ethnologie*. Dicho trabajo, titulado "L'evolution stadiale du Vôdou", aunque breve, proporcionó a Carpentier gran cantidad de materiales informativos y otros, no menos numerosos, que le sirvieron de fuentes para diversos pasajes de *El reino*.

Dos detalles de Lorimer Denis se aprovechan en la portentosa visión de las ciudades de Guinea desplegada por Mackandal ante los ojos atónitos del joven esclavo. "L'usage des vins de Madère, des Canaries, d'Espagne, de France", comunes en la mesa del rey de Juda (Denis, 19-20), da lugar a una reducción transformadora: "los vinos de Andalucía" que llegan "de reino en reino" gracias a productivas transacciones comerciales (*R*, 34); y si la gente de Juda "met en oeuvre les métaux" (Denis, 19), una ampliación en la novela habla de "artesanos... diestros en ablandar los metales" y forjar espadas que muerden "como navajas sin pesar más que un ala en la mano del combatiente" (*R*, 34).

La exhortación contenida en un poema épico bambara citado por Denis ordena a los guerreros: "Trempez vos mains dans le sang des ennemies" (17); Carpentier la convierte en acto cuando la rebelión negra estalla en la propiedad de Lenormand de Mezy y hace que los esclavos, después de matar al contador, se mojen "los brazos en la sangre del blanco" (85), el enemigo por excelencia. Un texto más extenso, vinculado también con la insurrección de Boukman y redactado o reproducido confusamente, ofreció materiales a Carpentier para la noche de Bois Caïman: "Avant d'entreprendre la guerre sainte, les ancêtres songèrent à solicitar des divinités tutélaires leur collaboration. Evidement il ne peut s'agir ici des Radas surtout braves et guerriers redoutables. Alors sous les auspices de Pétro, un pacte fut conclu entre les pères et les mystères d'Afrique" (Denis, 29). Carpentier concentra y redistribuye. Sólo toma de la primera oración la palabra *guerra*, refuerza el valor religioso del pacto y desplaza el sentido de *auspicios* para el final de su propio párrafo: "[Boukman] declaró que un Pacto se había sellado entre los iniciados de acá y los grandes loas del África, para que la guerra se iniciara bajo los sig-

and daughters of the late King Henry, who are now under your care, feel themselves comfortable and happy. Many people in England are interested in their fate" (*Ch*, 225). Carpentier, sin embargo, sólo habla de la ayuda prestada por quienes habían tenido negocios con el monarca: "desde la salida de Port-au-Prince, propiciada por comerciantes ingleses, antiguos proveedores de la familia real" (*R*, 171).

nos propicios" (*R,* 78). Por otra parte, contradice la imposibilidad de que la ceremonia se celebrara según el rito Radá e
identifica con él a la sacerdotisa oficiante (79), aunque, además
de Denis, otros autores consultados enfáticamente indican que no
pudo ser así a causa del tipo y el color del animal que se sacrificó
esa noche: "On immole le taureau comme la poule ou le boue
dans presque toutes les céremonies vaudouesques, mais la victime
propre au Pétro est le porc" (Price-Mars, *EEH,* 162); "If the god
is Rada, his sacrifice will be white, red, or varicolored; if he is
Petro, he will wish black or gray animals" (Leyburn, 153).

Cuando Ti Noel, de regreso a Haití, entra en la antigua Provincia del Norte, recuerda, en medio de su júbilo, una noción adquirida en Cuba, la de que

> el triunfo de Dessalines se debía a una preparación tremenda, en la
> que habían intervenido Loco, Petro, Ogún Ferraille, Brise Pimba, Ca-
> plaou-Pimba, Marinette Bois-Seche y todas las divinidades de la pól-
> vora y del fuego en una serie de caídas en posesión de una violencia
> tan terrible que ciertos hombres habían sido lanzados al aire o gol-
> peados contra el suelo por los conjuros. Luego, la sangre, la pólvora,
> la harina de trigo y el polvo de café se habían amasado hasta consti-
> tuir la Levadura capaz de hacer volver la cabeza a los antepasados,
> mientras latían los tambores consagrados y se entrechocaban sobre una
> hoguera los hierros de los iniciados. En el colmo de la exaltación, un
> inspirado se había montado sobre las espaldas de dos hombres que re-
> linchaban, trabados en piafante perfil de centauro, descendiendo como
> a galope de caballo, hacia el mar que, más allá de la noche, más allá
> de muchas noches, lamía las fronteras del mundo de los Altos Pode-
> res (*R,* 121-122).

El pasaje de Carpentier combina y adapta dos que en Denis aparecen independientemente uno de otro:

> Je tresaillis de stupéfaction quand,... au cours d'un service en l'hon-
> neur du Tout-Puissant Pétro, le dynamisme émotionel parvennue à son
> paroxysme, la personnalité du Houngan chavira dans l'hypnose et que
> surgit des profondeurs de sa conscience: Dessalines l'Imperator..., il
> enfourcha deux hommes comme mieux cambrer dans sa pose de Che-
> valier sans peur et sans reproche et que contemple l'Afrique Immor-
> telle. Lors, les Hounsis sonnent la charge en martelant le sol sacré
> de leurs semelles dures, les Hounguénicons téméraires de leurs sabres
> recourbés "battant guerre".... Et l'Imperator retourna dans l'éternité en
> laissant après lui un relent de salpêtre et de gloire (28)...
>
> Dessalines qui fut désigné pour mener les armées au combat devait
> être l'objet d'une préparation spéciale. Nombreux ils accoururent pour le
> protéger et inspirer, Loco, Pétro, Ogoun Ferraille, Brisé Pimba, Ca-
> plaou Pimba, Marinette Boi-chèche, toutes divinités de la poudre et du
> feu. D'abord, il sera rendu invulnérable, puisque le sang qui a été versé
> à la cérémonie du Bois-Caïman, la figue symbole de Loco, la poudre

celui des Pimba et des Brisé ajoutés à la farine du froment devaient componer le migan magique qui seul aura la vertu d'épargner... de la morsure des balles (29).

Carpentier comienza la presentación de lo que Ti Noel y "todos los negros franceses de Santiago de Cuba" conocían tan bien con la referencia a la preparación de que fue objeto Dessalines. Refunde la primera oración y reemplaza el débil *spéciale* por el más expresivo *tremenda*. Apoyado en el *nombreux* que encabeza la segunda oración y en la enumeración abierta de las deidades del Petro, transforma la aposición en segundo término de un sujeto compuesto, y termina la oración pluralizando la posesión del *houngan* mencionado en la p. 28 del artículo y reforzándola con algo acaso sugerido por Roumain: "Des possessions... sont d'une extreme violence. Le possedé fait de grands bonds" (*STA*, 13). Carpentier vuelve inmediatamente al texto con que ha iniciado el suyo propio para referirse a los ingredientes de la mezcla mágica, de los cuales conserva tres y cambia "le figue symbole de Loco" por "el polvo de café", reminiscente de "l'essence de café amer" usada en el baño de Marinette (Menesson-Rigaud y Denis, 18). Sustituye, además, el demasiado técnico *migan* [50] a raíz, quizá, de una afirmación de Price-Mars —"à la faveur de la crise révolutionnaire leurs croyances ancestrales [las de los esclavos] furent le *levain* de la révolte contre l'odieuse oppression" (*APO*, 112)—, la cual debe de haber provocado también la inclusión de la frase que complementa a Levadura. Carpentier regresa nuevamente a la descripción del servicio Petro presenciado por Denis y, basándose en el martillar de los pies en el suelo —que deja, referido a Solimán, para "La noche de las estatuas": "tanto golpearon sus talones en el piso, haciendo de la capilla de abajo cuerpo de tambor" (178)— y en el toque de guerra logrado por el entrechocar de los sables, construye una proposición temporal de simultaneidad con la cual cierra su segunda oración. Lo que sigue es una libérrima adaptación de las acciones del *houngan* poseído por Dessalines, cuya desaparición posterior envuelto en vahos salitrosos, debe haber traído a la mente de Carpentier la idea del mar que separa a Haití de África o de la Guinea mística.

[50] Según Maximilien, esta palabra se usa particularmente en los servicios del rito Petro: "Dans une petite gamelle, le sang des animaux est recueilli et l'on y ajoute du sucre, de la cannelle, de l'aneth-étoilé, de la muscade, puis le sang est battu. Cette composition s'apelle le «Migan»" (*VH*, 156).

4. Fuentes ínfimas, pero útiles

Carpentier no le hace ascos a la mala calidad de una obra si ésta lo surte de materiales. Son ejemplos típicos de tal actitud el partido que ha sacado de *Mackendal*, el drama histórico de Isnardin Vieux, y de dos deplorables ensayitos de Louis Marceau: "Marie-Louise d'Haïti" y "De Sans-Souci à la Citadelle".

Además de ser fuente parcial para el nombre y el personaje de Ti Noel (cf. cap. I), de *Mackendal* arranca la idea de dos situaciones de *El reino* donde también interviene dicho esclavo: la de la muerte del perro (40) y la de la violación y la muerte de Mlle. Floridor (86); su embrión está en un parlamento del mandinga: "Il faut prendre tout le monde: lui [Lenormand de Mézy], *sa femme...*, *son chien...*" (64). Las palabras de la ultrajada Marie-Rose, mujer legítima del personaje de Vieux, —"Pétit Noel... nous vengera" (120)— son el germen significativo de la elevación del esclavo a futuro castigador de agravios y casi redentor en el desenlace de la novela (v. capítulo III), razón por la cual Carpentier transforma su eliminación en un serio peligro de ser ejecutado: "El amo llegó a tiempo para impedir que Ti Noel y doce esclavos más, marcados por su hierro, fuesen amacheteados en el patio del cuartel" (89).

No son éstas las únicas contribuciones de Vieux. Si su Lenormand de Mézy "est allé conférer avec le gouverneur" (60), el de *El reino*, antes de la insurrección de Bouckman, va a visitar a Blanchelande (83). Si su hacendado exclama, un tanto contradictoriamente, "Ah! ces nègres... Je voudrais bien pouvoir les exterminer tous" (82),[51] reflejando una menos contundente proposición del Consejo de Port-au-Prince —deportar a las montañas a cuantos estuvieran por debajo del grado de *métis*, 'hijo de blanco y tercerona' (James, 40)—, la primera autoridad de la colonia en *El reino* se inclina por "el exterminio total y absoluto de los esclavos, así como de los negros y mulatos libres. Todo el que tuviera sangre africana en las venas, así fuese cuarterón, tercerón, mameluco, grifo o marabú, debía ser pasado por las armas" (90).[52]

[51] La exclamación resulta contradictoria porque "the property of St.-Domingue was founded on the production of sugar, which in turn depended on slave labour. Therefore slavery was the basis of both the economic and social life of the colony" (Davis, 29); pero, por otro lado, la desconfianza aterrorizada de los blancos "explains the unusual spectacle of property-owners apparently careless of preserving their property; they had first to ensure their own safety" (James, 12).

[52] La lista de Carpentier se basa principalmente en la clasificación de Moreau de Saint-Méry (I, 98); pero el tercerón *(tierceron)* debe provenir de De Wimpffen (I, 79, n.1), aunque en español fue común.

Si Petit Noël completa la afirmación de su caudillo —"Il [Lenormand] s'est caché quelque part"— con una serie de posibles refugios —"Dans un puit, entre les branches d'un arbre" (120) —, al oír la amenazadora llamada de los caracoles el rico hacendado de *El reino* se oculta "detrás de un macizo de buganvilias" y luego cambia de escondrijo permaneciendo dos días "en el fondo de un pozo seco" (85 y 87). Pero, contrastando con la tacha de cobardía que Carpentier le adjudica cuando nos lo muestra "pálido de hambre y de miedo..., aterrorizado, sin atreverse a salir de la casa" (87 y 88), Vieux, más generoso, le había concedido "une certaine témérité" (113).

Como ya hemos visto, algunos de los cañones instalados en la ciudadela proceden de navíos mencionados por Moreau de Saint-Méry (cf. *supra*). Otros —"un cañón español, en cuyo lomo se ostentaba la melancólica inscripción de *Fiel pero desdichado*, y varios... marcados por el troquel del Rey Sol..., pregonaban insolentemente su *Ultima Ratio Regum*" (133) — tienen como fuente "De Sans-Souci à la Citadelle" de Louis Marceau. Allí se lee que en los cañones españoles de un ala de la fortaleza "est gravée la devise «Fiel pero desdichado»", y, en los franceses de una terraza, "la devise insolente de Louis XIV «Ultima ratio regum»" (65-66 y 68). ¿Encontraremos algún día los de los barcos llamados *Libertad* e *Igualdad*? ¿Acaso en un texto tan deslucido como el de Marceau o en otro tan importante como el de Moreau de Saint-Méry?[53]

"Marie-Louise d'Haïti" del mismo autor aporta el dato de que la exreina y sus hijas habían visitado a Roma en 1828, aunque su residencia habitual era Pisa "où elles se fixèrent définitivement" y donde "elles menèrent une existence paisible... et retirée" (49). Después, Marceau da rienda suelta a su imaginación y se lanza a describir algo que sitúa en la última ciudad: "Des fois aussi le passant étonné et charmé, s'arrêtait, prêtait l'oreille pour écouter l'écho d'une voix pure, accompagnée par une main experte, qui lui arrivait par la fenêtre entr'ouverte. C'était Améthyste qui chantait et Athenaïs qui tennait le piano, tandis que Marie-Louise assise dans une berceuse près de la cheminée, les regardait avec tendresse et émotion" (*ibid*). Ni corto ni perezoso, Carpentier

---

[53] A título de inventario, y para mostrar que mi conjetura dista mucho de ser imposible, trascribo el siguiente texto: "I deciphered with difficulty the lettering embossed on the metal. On one twenty-four pounder it read: «Georgius IV Rex ; another bore the «N» of the great Napoleon; and yet another was christened «El Sabio»" (Loederer, 219). Pero, ¿hasta qué punto no sería conveniente cederle a Carpentier un margen de creación personal?

echó mano de las dos oportunidades. Transportó a Roma a la familia de Christophe y a Solimán, circunstancia muy conveniente para "La noche de las estatuas", capítulo que inició con una cruel paráfrasis amplificatoria de la fantasía sentimental, pero afectuosa, de Marceau:

> Pulsando, con retinte de ajorcas y dijes, el teclado de un pianoforte recién comprado, Mademoiselle Atenais acompañaba a su hermana Amatista, cuya voz, un tanto ácida, enriquecía de lánguidos portamentos un aria del *Tancredo* de Rossini. Vestida de bata blanca, ceñida la frente por un pañuelo anudado a la usanza haitiana, la reina María Luisa bordaba un tapete destinado al convento de los capuchinos de Pisa, enojándose con un gato que hacía rodar las pelotas de hilo..., las princesas conocían, por primera vez en Europa, un verano que les supiera a verano (172).

No fue ésta la única vez que un autor haitiano proporcionó con sus tendencias evocativas situaciones para la novela. "Le Roi Henri" de Frédéric Marcelin ofreció a Carpentier un resurgimiento a la manera del despertar de la Bella Durmiente y una consideración:

> Le château [Sans-Souci] nous fait face; la vaste cour d'honneur s'étend à nos pieds... Pourquoi ne se réveillerait-il pas le palais endormi?... Où sont les pages, les amazones, les Royal-Dahomey familiers de ce lieux?... Ne vous semble-t-il pas qu'-au grand escalier la foule des courtisans s'est inclinée jusqu' à terre et que, debout sur les marches, un peu corpulent déjà, le roi Henri est apparu...? La pensée, aidée de l'histoire, dans une multiplication rapide et instantanée de ses scènes, accomplit ce miracle de reconstruction, de resurrection. Et la suggestion est si vive, qu'à volonté on évoque les differents événements qui s'accomplirent ici, comme si on disposait d'un merveilleux kinetoscope photographiant, à mesure qu'elles se présentent, nos idées mêmes en images sensibles (*ChH*, 20-21).

¿No se reconoce en lo transcrito el punto de partida de la vivaz y dramática impresión que Ti Noel recibe al observar por primera vez los esplendores de la morada predilecta de Christophe?:

> ... Sobre un fondo de montañas estriadas de violado por gargantas profundas se alzaba un palacio rosado, un alcázar de ventanas arqueadas, hecho casi aéreo por el alto zócalo de una escalinata de piedra. A un lado había largos cobertizos, que debían ser las dependencias, los cuarteles y las caballerizas. Al otro lado, un edificio redondo, coronado por una cúpula asentada en blancas columnas, del que salían varios sacerdotes de sobrepelliz. A medida que se iba acercando, Ti Noel descubría terrazas, estatuas, arcadas, jardines, pérgolas, arroyos artificiales y laberintos de boj. Al pie de pilastras macizas, que sostenían un gran sol de madera negra, montaban la guardia dos leones de bron-

ce. Por la explanada de honor iban y venían, en gran tráfago, militares vestidos de blanco, jóvenes capitanes de bicornio, todos constelados de reflejos, sonándose el sable sobre los muslos. Una ventana abierta descubría el trabajo de una orquesta de baile en pleno ensayo. A las ventanas del palacio asomábanse damas coronadas de plumas, con el abundante pecho alzado por el talle demasiado alto de los vestidos a la moda. En un patio, dos cocheros de librea daban esponja a una carroza enorme, totalmente dorada, cubierta de soles en relieve. Al pasar frente al edificio circular del que habían salido los sacerdotes, Ti Noel vio que se trataba de una iglesia, llena de cortinas, estandartes y baldaquines, que albergaba una alta imagen de la Inmaculada Concepción.

Pero lo que más asombraba a Ti Noel era el descubrimiento de que ese mundo prodigioso... era un mundo de negros. Porque negras eran aquellas hermosas señoras...; negros aquellos dos ministros de medias blancas, que descendían, con las carteras de becerro debajo del brazo, la escalinata de honor; negro aquel cocinero... que recibía un venado de hombros de varios aldeanos conducidos por el Montero Mayor; negros aquellos húsares que trotaban en el picadero; negro aquel Gran Copero... que contemplaba, en compañía del Gran Maestre de Cetrería, los ensayos de actores negros en un teatro de verdura; negros aquellos lacayos de peluca blanca, cuyos botones dorados eran contados por un mayordomo de verde chaqueta; negra, en fin, y bien negra, era la Inmaculada Concepción que se erguía sobre el altar mayor, sonriendo dulcemente a los músicos negros que ensayaban una salve... Junto a un busto de Paulina Bonaparte... las princesitas Atenais y Amatista... jugaban al volante. Un poco más lejos, el capellán de la reina —único semblante claro en aquel cuadro— leía las *Vidas paralelas* de Plutarco al príncipe heredero, bajo la mirada complacida de Henri Christophe, que paseaba, seguido de sus ministros, por los jardines de la reina. De paso, Su Majestad agarraba distraídamente una rosa blanca, recién abierta sobre los bojes que perfilaban una corona y un ave fénix al pie de las alegorías de mármol (*R*, 125-127, 129).

Lo anterior es una de las ampliaciones más logradas de la novela y su riqueza se debe tanto a los recursos estilísticos como a detalles propios y ajenos oportunamente introducidos en un animado cuadro donde se aprovecha al máximo lo propuesto por Marcelin.

La primera oración da rápida y precisamente el efecto que el mismo Carpentier pudo experimentar cuando llegó a Sans-Souci, palacio que, aunque hoy en ruinas, todavía resulta imponente (v. ilust. núm. 2). Y poco importa si la coloración que se le atribuye difiere de apreciaciones como la de Leyburn, para quien la piedra es amarilla (294), puesto que Carpentier, literariamente hablando, no necesitaba ajustarse a la realidad y la luz del momento en que vio el edificio pudo verdaderamente imponerle la tonalidad que menciona.

La referencia a los cobertizos cuyas funciones se dejan libradas a la no tan simple suposición del esclavo, quien, a diferencia del autor, nada sabía exactamente de ellas, está probablemente inspirada en las palabras, y sobre todo en el plano, de Leconte (339 e ilust. núm. 15). La iglesia redonda todavía existe, pero desprovista de colgaduras y de la imagen de la Virgen, que procede, nuevamente, de Leconte: "Elle [la iglesia] était sous l'invocation de l'Immaculée Conception... Karl Ritter nous apprend avoir vu sur le maître-autel, un tableau où la Vierge Marie était représentée en noire" (340). Lo que nadie pudo haber contemplado, sin embargo, es la salida de "varios sacerdotes", a no ser que ese día se hubieran reunido en el templo los dos o tres que existían por entonces en Haití.[54] La voluntaria contradicción contribuye a acentuar uno de los propósitos caros al rey —la total catolización de su corte—, sobre lo cual Carpentier hace hincapié insistente para mostrar que este serio error de Christophe fue una de las causas, y no la menor, de su caída:

> Ahora comprendía que los verdaderos traidores a su causa, aquella noche, eran San Pedro con su llave, los capuchinos de San Francisco y el negro San Benito, con la Virgen de semblante oscuro y manto azul, y los Evangelistas, cuyos libros había hecho besar en cada juramento de fidelidad; los mártires todos, a los que mandaba encender cirios que contenían trece monedas de oro (R, 161).[55]

La introducción del sol negro reduce, estilizándola, una pesada descripción: "Deux lions en bronze, assis sur un socle de chaque côté du bassin, semblait garder le passage; au dessus du jet d'eau était un Soleil en bois, peint en noir" (Leconte, 343).[56] Los "mi-

---

[54] Según Harvey (307-308), "few of the Romish clergy were found in Hayti and during a part of Christophe's reign, a Spanish priest... was the sole ecclesiastic in his dominions". Leconte (318) agrega que el país era "très pauvre en prêtres" a pesar de que "Christophe avait fait un appel à tous les ecclésiastiques des bonnes moeurs de venir exercer le sacerdoce en Haïti". De acuerdo con Leyburn (121), "in 1814... the kingdom was served by only three priests, one of whom Christophe had named archbishop".

[55] Según Leconte (264), durante la ceremonia de la coronación de Christophe, "la princesse du Limbé, accompagnée du comte de la Marmelade, tenait un cierge dans lequel treize pièces d'or avaient été incrustées; la princesse des Gonaïves, accompagnée du comte des Cahos, emportait un autre orné d'autant de pièces d'or", pero no dice a quién o a quiénes se ofrecieron.

[56] Leconte (343) y Loederer (213) agregan que por encima del sol aparecía la siguiente leyenda: "Je vois tout et tout vait par moi dans l'universe". Este rasgo de la egolatría y del complejo de superioridad de Christophe quizá dejó rastros en el pasaje de la fortaleza (R, 136).

litares vestidos de blanco" corresponden a los de la guardia personal de Christophe, cuyo uniforme, de acuerdo con Leconte, tenía "l'habit blanc, pantalon et gilet blancs" (255), uniforme que se suma ahora al de la caballería ligera visto por Ti Noel en el camino (R, 124; Leconte, 255-256).[57] Más que de Leconte —"Les carosses... portaient des deux côtés latéraux les armoiries du Rois... Les harnais étaient montés avec de boucles d'or ou d'argent" (342)—, la descripción de la única carroza real añadida al cuadro parece provenir de Davis: "a number of royal carriages still remains; the panels of each, gilded and emblazoned by the royal arms" (111); pero Carpentier somete su aspecto a cambios imprevistos, reemplazando con soles el verdadero escudo del monarca, acaso porque iba a utilizarlo parcialmente al final del capítulo y luego más o menos completo durante la última noche de Christophe: "Se detuvo frente al dosel que ostentaba sus armas. Dos leones coronados sostenían un blasón, el emblema del Fénix Coronado, con la divisa: *Renazco de mis cenizas*. Sobre una banderola se redondeaba en pliegues de drapeado el *Dios, mi causa y mi espada*" (158).[58]

Si hasta ahora lo que vemos a través de los ojos de Ti Noel se ha concentrado relativamente más en los aspectos del palacio y sus jardines o anexos, de pronto el enfoque cambia totalmente para destacar con un recurso señalativo otro paso en la ascendente sorpresa del viejo exesclavo, quien por primera vez nos deja conocer la coloración de la piel de los personajes que observa. El cambio permite la introducción de nuevos detalles: la presencia de un Montero Mayor y un Gran Copero, cargos palatinos que

[57] En esta oportunidad, Carpentier se había explayado sobre la extravagante riqueza de los uniformes, criticada por algunos de los que han escrito sobre tal peculiaridad del ejército de Christophe: "All the officers... were fond of dress to an extravagant degree... in the expense of their garments and the ornaments with which they were decorated, they far exceeded the desire of their sovereign and often rendered their appearance ridiculous" (Harvey, 185); "The uniforms of the officers were extravagantly colorful" (*Ch*, 49).

[58] Más que el texto del edicto del 1ro de abril de 1811 —"Il [el blasón de Christophe] portait d'azur au Phénix de gueules, couronné d'or, accompagné d'étoiles de même; autour du Phénix ces mots: je renais de me cendres"— y el de Leconte "La devise royale était inscrite sur une banderole en ces termes: *Dieu, ma cause et mon epée;* elle était placée sous l'écusson, léquel était soutenu par deux lions; une couronne royale surmontait le centre de l'écu, et tout autour de ce dernier des petits médaillons entrelacés où figurait un phénix à chacun. Au dessous de la banderole était suspendue la croix de Saint-Henry" (249-250)—, la fuente de Carpentier fue una fotografía incluida en la obra de Leconte (v. ilust. núm. 16).

registra el *Almanaque Real de Haití* y citan tanto Harvey (126) como Leconte (25), aunque nada dicen acerca del Gran Maestre de Cetrería, probable invento de Carpentier inspirado en el Gran Maestre de Ceremonias (Leconte, 264; Vaval, 31).[59]

La información de que el rey prodigaba las representaciones teatrales y de que éstas, a falta de local especializado, se celebraban "dans les grandes salles du palais" (Leconte, 326, 349; Vaval, 32), se dramatiza en "los ensayos de actores negros en un teatro de verdura". El gusto por la música atribuido a Christophe, la frecuente interpretación de conciertos patrocinados por él y la existencia de una orquesta que ejecutaba también durante los bailes [60] determinan el desdoblamiento de ésta en dos activos conjuntos, de los cuales el de la iglesia reaparecerá ante los ojos de un Christophe asomado a la ventana de su habitación e ignorante todavía de los acontecimientos que barrerán con su poder: "De pronto, Christophe observó que los músicos de la capilla real atravesaban el patio de honor, cargando con sus instrumentos. Cada cual se acompañaba de su deformación profesional. El arpista estaba encorvado, como giboso, por el peso del arpa; aquel otro, tan flaco, estaba como grávido de una tambora colgada de los hombros; otro se abrazaba a un helicón. Y cerraba la marcha un enano casi oculto por el pabellón de un chinesco, que a cada paso tintineaba por todas las campanillas" (*R*, 154). El párrafo interesa por dos motivos: incorpora una observación de Carpentier que vuelve en *Los pasos perdidos* —"ese mimetismo singular que suele hacer flacos y enjutos a los oboístas, jocundos y mofletudos a los trombones" (92) —; elude o posterga los violines, las flautas, los clarinetes, los bajones, los cornos, la trompeta y los timbales que verdaderamente compusieron la única orquesta de Sans-Sou-

[59] En capítulos subsiguientes se introducen nuevas referencias a cargos palatinos: "ciertas palabras de la Lección litúrgica... aludían a perfumes conocidos cuyos nombres se estampaban sobre los potes de porcelana del *apotecario* de Sans-Souci" (*R*, 147; cf.: "The number of his Household corresponded with the magnificence of his palaces. This consisted of... a great number of physicians, surgeons and *apothecaries*", Harvey, 128); "una tormenta, cuyo vórtice era, en aquel instante, el trono sin *heraldos* ni maceros" (*R*, 160; cf.: "the monarch of Hayti appeared seated upon the throne... surrounded by... his ministers, grand almoner, grand marshal of the palace, chamberlains and *heralds at arms*", Brown, II, 214; "Christophe adopta l'attirail de la monarquie: garde de corps, *hérauts d'armes*", Vaval, 30).

[60] Cf.: "He also frequently entertained himself with music, of which he was passionately fond" (Harvey, 137); "Non obstant les corps de musique militaire, Christophe forma une musique philarmonique destinée aux concerts et aux bals de la Cour" (Leconte, 326); v. también Vaval, 32 y 34.

ci,[61] en favor de cuatro instrumentos que nunca formaron parte de ella: el arpa, la tambora, el helicón y el chinesco.[62] ¿Quiso Carpentier añadir con ellos un rasgo más a la ostentación de Christophe, gran admirador, por otra parte, de reyes prusianos y emperadores rusos, o simplemente se dejó llevar por un impulso de musicólogo, como el que muestra a los chiquillos de la plebe romana "armando murgas de mirlitones y arpa judía" (R, 173)?[63]

La visión de Ti Noel se interrumpe bruscamente con el palo que lo saca de su pasmo, con su breve encarcelamiento y con su inclusión entre quienes acarrean ladrillos a la ciudadela. Esto último, sin embargo, permitirá a Carpentier reiniciar la descripción justamente con un clímax: el retrato de la familia real reunida en el jardín de la reina.[64] Los pocos renglones que se le dedican son por demás interesantes. La presentación de los hijos de Christophe contradice abiertamente, con el apositivo *princesitas* aplicado a Amatista y a Atenais y con el hecho de que el heredero del

[61] Cf.: "Elle était composée de... violon, clarinettes, flûtes, basson, trompette, timbale" (Leconte, 326); Vaval (34) sólo se refiere a violines, flautas, clarinetes y bajones.

[62] A título de curiosidad, y porque me consta que no es fácil encontrarlos fuera de obras especializadas, resumo aquí lo que de los últimos dice Curt Sachs (430-431 y 437-439). El *helicón* es una variante de la tuba, cuya forma imita la de una espiral circular lo suficientemente ancha como para que el ejecutante pueda pasar el instrumento por la cabeza y llevarlo suspendido del hombro; fue inventado en Rusia y copiado por Ignaz Stowasser en Viena hacia 1849. El *chinesco, creciente, pavillon chinois* o *chapeau chinois* es una vara vertical rematada en la parte superior por una caprichosa y semioriental pieza metálica compuesta de una luna en cuarto creciente —adquirida en Turquía— y otros símbolos, de los cuales cuelgan campanillas, cascabeles y dos largas colas de caballo; se originó en el Asia Central de donde pasó a China y a Turquía, donde se convirtió en insignia de los altos dignatarios. Algunos de estos instrumentos fueron capturados por los europeos en las guerras contra los turcos y adoptados no antes del siglo XVIII, aunque el interés que despertaron —recuérdese "Le secret de l'ancienne musique" de Villiers de l'Isle-Adam— duró poco, salvo en Rusia y Alemania.

[63] Por las mismas razones expuestas en la nota anterior, me referiré a estos dos instrumentos. El *mirlitón* es un membranófono que se hace sonar proyectando el aliento o el tarareo en su interior (Diagram Group, 141). El *arpa judía* es un idiófono constituido por una lengüeta flexible adherida a una estructura de metal o bambú que se mantiene en la boca; uno de los extremos de la lengüeta queda libre y se lo hace vibrar con el dedo o con un cordel (*ibid.*, 132).

[64] Cf.: "Behind [del palacio] there is a terraced garden filled with fruit-trees of different kinds, and admirably supplied with water, in which the females of Christophe's family are said to have spent much time" (Mackenzie, I, 174-175). V. además ilust. núm. 15, referencia 19.

trono esté escuchando la lectura de las difíciles *Vidas paralelas,* las verdaderas edades de los vástagos del rey, quienes respectivamente habían nacido en 1798, 1800 y 1104 (Harvey, 24). La infantilización de las hijas quizá prepare para el pasaje en que ambas lloran "en el escote de la institutriz norteamericana" (*R,* 151) y el atribuir a Víctor más edad que a sus hermanas posiblemente intente reducir en el lector todo sentimiento piadoso en relación con su muy temprana muerte. "El capellán de la reina —único semblante claro en el cuadro—" introduce la siniestra figura de Juan de Dios González, de quien ya hemos hablado en "La Gran Historia" (cf. *supra*). Y quizá el distraído gesto de Christophe simbolice la simpatía que sintió por ciertos blancos y su civilización,[65] lo que me hace sospechar que nada tiene de accidental el hecho de que Carpentier finalizara el capítulo con las níveas alegorías de mármol a cuyo pie se encuentran detalles del escudo del monarca (v. ilust. 16-17).

5. Fuentes posibles

Otras obras podrían añadirse a las ya indicadas en los capitulillos precedentes; muchas veces, sin embargo, es difícil o imposible precisar de cuál proviene exactamente el préstamo, pues lo utilizado por Carpentier se repite en dos o más de ellas. Valgan algunos ejemplos. Después del estallido rebelde en Sans-Souci, y como

---

[65] Comparado con otros jefes negros, especialmente Jeannot y Dessalines, Christophe se destacó por su mesura y benevolencia en relación con los blancos. Aun cuando amenazó masacrarlos en El Cabo si Leclerc osaba desembarcar (1802), "to his credit be it said, he did not put it in execution", y, si bien conservó muchos en calidad de rehenes, "it is not recorded that he treated them with any barbarity, or that he executed any of them... he had no aversion for... the whites (unless they were French...)" (Franklin, 141 y 197). "Christophe had the perspicacity to see that the country could benefit from the contribution of the whites. Englishmen he specially welcomed" (Leyburn, 43). Véanse también Brown, II, 163, 207 y 213; James, 371-374. Por otra parte, me gustaría saber hasta qué punto una anécdota recogida por Seabrook influyó en el gesto que Carpentier atribuye a Christophe, aunque sea justamente el reverso de la medalla: "When we returned to the veranda, Mme. Baussan [una dama de color perteneciente a la *élite* haitiana] spread out the multicolored roses in her lap, and began removing thorns from their long stems. Katie said: «Oh, but that is too much!». Mme. replied: «No, only these white ones have thorns; all the other varieties are *sans épines*». Was she being amiably matter-of-fact, or was this the quintessence of a subtlety, cynical and barbed, yet elusive as the musk of the plucked roses? Mme. was smiling, and we could not guess" (137). El texto es lo suficientemente sutil como para haber atraído la atención de Carpentier.

contraste, "fue la calma del atardecer, con la remota queja de un pavo real" (*R*, 155-156); esto, que parece un rasgo más de la ostentación de Christophe o acaso uno de sus símbolos, puede provenir tanto de Moreau de Saint-Méry —"Depuis quelques années on a crée une ressource de plus pour la table en élevant des paons, qui réussissent très bien" (III, 1403)— como de Johnston: "Peacocks are fairly abundant throughout the island" (491). Entre los elementos utilizados por Carpentier para subrayar la soledad en que Christophe se encuentra en las últimas horas de su vida figura el Salón de los Espejos donde lo único que se refleja es la patética imagen del rey (*R*, 156). Harvey (134), Vandercook (127) y Leconte (344) coinciden en mencionar la magnificencia de los espejos que abundaban en el palacio. Vandercook, por su parte, los aplica a una situación también referida, curiosamente, a los últimos momentos de Christophe:

> Running feet sounded on the stairways. The first of the looting rebels were already in the palace.
> A great crash of broken glass was heard.
> —"They are breaking even the mirrors that have imaged me!" said the king (199).

Pero ninguno de los tres autores precisa un lugar donde los espejos estuvieran reunidos como en la famosa galería de Versalles. Cualquiera de ellos pudo haber sido el punto de partida de Carpentier; es éste, sin embargo, quien verdaderamente los ha cargado de sentido e intención.

Y aunque hayamos encontrado estrechísimas semejanzas entre lo dicho por ciertos autores y lo expresado por Carpentier, a veces hemos preferido proceder cautelosamente y concederle el beneficio de la duda. Con todo, y por lo que pueda valer, registramos esas coincidencias. El "corpiño moteado de plata" (*R*, 108) que Carpentier considera manifestación externa de la fiebre amarilla, ¿se inspira imaginativa y libremente en la descripción de Gilbert, médico del ejército expedicionario francés: "un bleu fétide sillonait irrégulièrement le jaune répandu sur la surface du corps"? (Métral, 106). El párrafo "Mientras que aquí la muerte de un negro nada costaba al tesoro público: habiendo negras que parieran —y siempre las había y siempre las habría—, nunca faltarían trabajadores para llevar ladrillos a la cima del Gorro del Obispo" (*R*, 135), ¿procede de la conjunción reelaborada de una afirmación de Loederer y otra de Korngold: "Thousands died [en la construcción de la ciudadela], but there were still thousands more to take their place. Life was not object" (224); "The

negroes are a prolific race. With or without encouragement they
continued to breed"? (33) ¿procede en cambio de alguna simple
observación hecha por Carpentier en la vida diaria cubana? El
atribuir a Christophe un "tórax un tanto abarrilado" (*R*, 135),
¿proviene de una descripción de Bedford-Jones, quien habla de
"his great barrel of a chest" (124) o de la observación de los
retratos del monarca? "Los gansos de los antiguos corrales de
Sans-Souci" (*R*, 193), ¿son oportuna metamorfosis de los patos
que Christophe deseaba contar entre sus posesiones, según cuenta el autor arriba nombrado: "You know, I like ducks. Some day
I'm going to have a whole flock of them"? (44). El título de *El
reino*, ¿se inspiró en el poema con que se concluye el *Babouk*
de Endore —"This is the world of men and of women and of
children./This is the world. The only world. The WORLD of
ALL" (297) — y/o en lo que expresa un personaje de Roumain:
"Parce que, chaque nègre pendant son existence y fait un noeud:
c'est le travail qu'il a accompli et c'est ça qui rend la vie vivante
dans les siècles des siècles: l'utilité de l'homme sur cette terre"?
(*GR*, 129 y 216) Podría ser, posiblemente lo sea, pero ¿y si fué-
ramos demasiado lejos?

6. CARPENTIER EN CARPENTIER

Que Carpentier preparara más o menos simultáneamente *La
música en Cuba* y *El reino de este mundo* influyó en el último
y convirtió circunstancialmente a su autor en fuente de sí mismo,
aunque su información proviniera de obras ajenas y tanto aquélla como algunas consideraciones propias cambiaran explicablemente de aspecto, intención y tono al transvasarse de un libro al
otro.

Ciertos datos sirvieron principalmente a Carpentier para precisar la cronología interna de *El reino* con diversas manifestaciones culturales. Rasgos pertenecientes a la década del sesenta del
siglo XVIII en Saint-Domingue, de la cual dice en *La música* se
había caracterizado por haber acudido entonces a la isla "sastres,
peluqueros, costureros, impresores y músicos" (123), se dividen
en dos vertientes. Una de ellas subraya los intereses superficiales
de los colonos —"Había más sastres, sombre[re]ros, plumajeros,
peluqueros" (*R*, 71) —, y la otra, preocupaciones más valiosas,
centradas en el hecho de que se leyera la *Gazette de Saint-Domin-*

gue [66] y existiera "un teatro de drama y ópera... inaugurado en la calle Vandreuil *(sic)*", donde "se cantaban arias de Juan Jacobo Rousseau" y "se escandían... los alejandrinos trágicos" (72-73).[67]

Carpentier recuerda en *La música* que "ocho días después" de la reunión en Bois Caïman "volaba sobre las montañas la voz ronca de los grandes caracoles" (127), acontecimiento confirmado por Bellegarde, quien precisa el tipo usado como bocina: "Le 22 août 1791, c'est-à-dire huit jours après la fameuse cérémonie du Bois-Caïman, vers 10 heures du soir,... on entendit soudain et partout résonner le son rauque, mystérieux et lugubre du lambi" *(PHH,* 49). Casi al comienzo del ensayo y hablando de los instrumentos de los indígenas precolombinos, Carpentier había mencionado otro caracol: "los taínos usaban el *guamo* o *fotuto,* la trompa de caracol conocida por muchos pueblos marítimos" (29).[68] Tales son los antecedentes no sólo del nombre del capítulo

[66] Cf.: "En 1764 aparece el primer número de la Gazette de Saint Domingue" *(MC,* 123). Según Moreau de Saint-Méry, dicho periódico "fut un des premiers bienfaits produits par l'etablissment d'une imprimerie dans la Colonie" y su primer número salió el 1ro. de febrero de 1764; pero en agosto del mismo año debió cambiar su nombre por el de *Avis divers et Petits Affiches Américains,* y, de nuevo, en enero de 1766, fecha en que quedó reducido a *Affiches Américains* (I, 493).

[67] Cf.: "El mismo año [1764]... se abre en la Ciudad del Cabo, Rue Vaudreuil, un teatro que inaugura sus actividades con una representación del *Misántropo* de Molière" *(MC,* 123). Carpentier añade una anécdota, referente a *El adivino de la aldea* de Rousseau, reveladora de que en El Cabo había habido funciones de ópera *(ibid.,* 123-124). Pero, mientras el segundo dato se recoge fielmente de Moreau de Saint-Méry (I, 344n), el primero parece resultar de una confusión, pues las cosas no ocurrieron exactamente como las presenta Carpentier. Según Moreau de Saint-Méry, "A l'angle Nord-Est des rues Vaudreuil et Saint-Pierre, est une grande et belle maison à étage, qu'on connaît encore sous le nom d'ancienne comédie. Un peu avant 1740, quelques personnes eurent l'idée de se réunir pour jouer la comédie... aussi Melpomène"; después de un tiempo, "le spectacle vint dans la maison de la rue Vaudreuil... où il a été jusqu'en 1764 qu'il a été mis dans le local où il se trouve maintenant... Le spectacle du Cap, le plus ancien de la Colonie, était encore dans la rue Vaudreuil, en 1764, lorsqu'il devint en théâtre public. Il s'ouvrit en payant, le 13 Octobre 1764, par une représentation du *Misanthrope* et des *Trois Gascons*" (I, 342 y 356).

[68] Pedro Henríquez Ureña (630 y 723n) había ya mencionado dubitativamente el guamo y aseverativamente el lambí como instrumentos con los cuales se llamaba a la guerra. Autores recientes parecen confirmar la función guerrera del lambí. Según Lubin (20), "l'associé de nos efforts, de nos luttes, de nos batailles heroiques, fut le *lambi.* A cet égard, on n'a pas suffisament mis en relief le rôle qu'a joué le lambi dans les guerres de l'Indépendance. Sorte de **téléphone destiné à informer à** distance, il a été

donde la situación aparece —"La llamada de los caracoles"— sino también de un pasaje incluido en él donde, con técnica de aproximación progresiva y con enriquecimiento de adiciones, se indica que al levantamiento se habían sumado oprimidos de otros tiempos:

> Muy lejos había sonado una trompa de caracol... Lo que resultaba sorprendente... era que al lento mugido de esa concha respondían otros... Era como si todas las porcelanas [69] de la costa, todos los lambíes indios, todos los abrojines [múrice comestible] que servían para sujetar las puertas, todos los caracoles que yacían, solitarios y petrificados, en el tope de los Moles,[70] se hubieran puesto a cantar en coro. Súbitamente otro guamo alzó la voz en el barracón principal de la hacienda. Otros, más aflautados, respondieron desde la añilería, desde el secadero de tabaco, desde el establo (R, 84-85).

Buena parte de "Santiago de Cuba" (93-99) tiene puntos de contacto con La música (127-131). Como los que no pudieron "alcanzar un barco de tránsito", Lenormand de Mezy y sus compañeros buscarán refugio en la isla próxima. Como muchos fugitivos, el exhacendado llevará consigo a Ti Noel en calidad de esclavo doméstico. Durante el viaje, a "una cantante... sólo" le quedaba "por vestimenta el traje de una Dido Abandonada", ópera de Metastasio representada en La Habana en 1776, y un músico alsaciano toca en su clavicordio tiempos de sonata de su comprovinciano Juan Federico Edelman, "autor de quince volúmenes de sonatas, cuartetos y conciertos", que abandonó el clavecín para "consagrarse por entero al arte del nuevo pianoforte" y murió guillotinado en 1794 (MC, 127, 129, 93, 169, 179).

En abierta contradicción consigo mismo, Carpentier hace que Lenormand de Mezy, recién desembarcado en Santiago de Cuba, vaya "directamente al Tívoli, el teatro de guano construido... por los primeros refugiados franceses" (R, 96), puesto que en La

---

surtout un instrument de ralliement". Un poema del escritor antillano Léon Laleau expresa algo semejante: "J'ecoute en moi glapir, certains soirs, le lambi / qui ralliait mes ancêtres sur la montagne./ Je les vois, membres fourbus, couteau fourbi,/ avec le meurtre aux yeux et du sang sur leur pagne": la nota explicativa correspondiente dice que el lambí se tocaba para indicar la rebelión (Palabres, 127).

[69] Labat asegura que las hay de distinto tipo y describe la que considera más hermosa, pero no indica ningún uso especial para ellas (IV, Septième partie, Chap. X, 122).

[70] Moreau de Saint-Méry habla varias veces de caracoles fósiles tanto en el morne de El Cabo como en las montañas de Plaisance (II, 582 y 636). Por lo que Carpentier afirma, también los hay en Cuba, pues, acercándose bastante a lo expresado en El reino, dice en La consagración de la primavera: "coro, tal vez, de las miriadas de caracoles petrificados" (552).

música ambos locales quedan perfectamente diferenciados: "un teatro provisional, de guano, donde se representaban dramas, comedias y óperas cómicas" y "un café concierto" —el Tívoli— donde "se ejecutaba buena música" y las "hijas de los colonos cantaban bergerettes" (128). En el lugar resultante de la fusión se representan "un gran baile de pastores" y *El desertor* de Monsigny, mencionado dos veces en *La música* (100, 103) y, como en el Tívoli original, se cantan el Himno de San Luis y la Marsellesa (*MC*, 128; *R*, 97).

Si en el relato se mantiene la idea de que los colonos más avisados pasaron a Nueva Orléans (*MC*, 127; *R*, 94), el retrato de los que no tuvieron más remedio que establecerse en Cuba cambia radicalmente. Mientras en el ensayo "pensaron en rehacerse" y se dedicaron a diversas actividades para lograrlo (127),[71] en la novela, "los que nada habían podido salvar se regodeaban en su desorden, en su vivir al día, en su ausencia de obligaciones, tratando, por el momento, de hallar el placer en todo" (*R*, 94-95) y provocando con su actitud "un viento de licencia, de fantasía, de desorden" (96). No es raro, pues, que un brevísimo detalle, repetido casi textualmente en ambas obras —"el modo de presentar el pie para lucir primoroso el calzado" (José Mena Callejas, *Historia de Santiago de Cuba, apud MC*, 127); "Ciertas damas cubanas ., a hurtadillas de sus confesores, ... se adiestraban en el arte de presentar el pie para lucir primoroso el calzado" (*R*, 96)— adquiera en la novela un sentido muy diferente.

Es interesante observar también que, mientras en *La música* los colonos huyen de "los machetes de la gente de Toussaint" (128), quien por entonces no era caudillo manifiesto y nunca aparece como tal en *El reino*, huirán en el relato "ante los machetes afilados con melaza" (94), cuya intención impresionista elimina a jefes y subordinados para destacar únicamente la temible arma de las hordas negras. Más interesante aún es que un pasaje redactado para mostrar la ambivalencia íntima en que se debatía la educada gente de color en Saint-Domingue —"al toque de tambor en la montaña" respondía "el corazón más enternecido por el dolor de Fedra o la muerte de Hipólito" (*MC*, 125) — sirva de base para indicar problema semejante entre las damas de Sans-Souci unos treinta años después: "No acababa de saberse si realmente sonaban tambores en la montaña. Pero, a veces, un

[71] Cf. Ortiz (*NE*, 87): "Nuevas circunstancias históricas dieron otro impulso notable a la riqueza cubana... la revolución de Haití... hizo emigrar a Cuba a muchos e inteligentes colonos" lo cual favoreció "nuestro adelanto económico".

ritmo caído de altas lejanías se mezclaba con el Avemaría que las mujeres rezaban en el Salón de Honor, hallando inconfesadas resonancias en más de un pecho" (*R*, 151-152).

Dos pasajes del ensayo que hablan de la música antillana están estrechamente relacionados con *El reino*. Uno menciona "La insular", "publicada en París, a fines del siglo XVIII" y llegada "a Cuba por el camino de Port-au-Prince" (*MC*, 131). Dicha contradanza resulta ser en *El reino* el solo conocimiento musical de Paulina Bonaparte (105-106), quien, a pesar de su ignorancia, advierte en ella un "ritmo extraño", debido a que es ajeno al de la contradanza común y "parece una notación torpe e inexacta, pero con la misma colocación de valores breves, del cinquillo" (*MC*, 131). El segundo texto es la larga referencia al compositor Esteban Salas y Castro (Santiago de Cuba, 1764-1803), a quien Carpentier recordará en *El reino* como un "anciano... renegrido", combinando así sus costumbres indumentarias y su posible ascendencia africana,[72] y como cultivador de un estilo y una técnica incomprensibles para Ti Noel, porque "se empeñaba en hacer entrar a sus coristas en el canto general de manera escalonada, cantando los unos lo que los otros habían cantado antes, armándose un guirigay de voces capaz de indignar a cualquiera" (*R*, 97-98).[73]

A diferencia de lo que le ocurre con la música de Esteban Salas, Ti Noel empieza a encontrar en las iglesias de Santiago "un calor de vodú que nunca había hallado en los templos sansulpicianos del Cabo" y a reconocer en las imágenes católicas "presencias, símbolos, atributos y signos" de los dioses africanos, mostrando así la realización de un proceso de sincretismo que se había producido ya mucho antes entre los negros de Cuba: "La iglesia cristiana ejerció, desde el primer momento, una poderosa atracción sobre los negros traídos a América. Los altares, los accesorios del culto, las imágenes, los hábitos religiosos, estaban hechos para seducir un tipo de humanidad muy solicitado por el mundo fáustico de los ritos y los misterios. Claro está que no se renegaba, en el fondo, de los viejos dioses de África... Pero el africano, transplantado al Nuevo Mundo, no estimaba que esto y aquello no

---

[72] Cf.: "siempre vestía de negro... Es posible que corriese un poco de sangre negra en sus venas, ya que... su tez era muy morena" (*MC*, 76).

[73] Cf.: "El estilo de Salas procede directamente de la escuela napolitana... También hay algo de Pergolesi en ciertos pasajes de sus villancicos... —completamente ajenos a la tradición del villancico polifónico español—... Se vale del canon y de la fuga, pero no abusa gratuitamente del juego contrapuntístico" (*MC*, 83-84 y 86).

pudiesen convivir en buena armonía. Al fin y al cabo, todas eran Potencias" (*MC*, 39). Sea o no sea tardío el sincretismo en Haití,[74] es sin duda hermoso y oportuno que Ti Noel experimente lo mismo que habían sentido sus hermanos de Cuba; pero es curioso que recite a Ogún Fai, el mariscal de las tormentas, "un viejo canto oído a Mackandal: —Santiago, soy hijo de la guerra:/ Santiago,/ ¿no ves que soy hijo de la guerra?" (*R*, 98-99; v. ilust. 10 y 20) —, porque éste no es muy antiguo,[75] y más curioso aún que lo haga en español y en forma simplificada, aunque esto se explique por las dificultades del texto en *créole*.

7. PROCEDIMIENTOS

Como hemos visto a lo largo del capítulo, cuando Carpentier se asimila materiales ajenos o se sirve de fuente a sí mismo echa mano de diversos procedimientos de adaptación —reducción, ampliación, desmembramiento, redistribución, combinación, contradicción, cambio de intención y de tono— que podrían reducirse a uno fundamental: alteración constante y libérrima, aunque nunca gratuita ni injustificada. Con todo, se esperaría que

[74] Aunque Simpson sostiene que "it would appear that the new cult took on definitive form about 1790... at this point the Catholic elements in the ritual were practically non-existent" ("B", 494), las observaciones del abate Raynal (*Du régime spiritual de Saint-Domingue*, 1785) demuestran que el proceso de sincretismo en algunos aspectos estaba ya bastante avanzado: "Les nègres de Saint-Domingue sont l'espece humaine la plus superstitieuse. Ceux qui sont baptisés et qui fréquent les églises n'ont aucune idée de la réligion; ils ne connaissent que les prêtres et les images; ils leurs croient en général une puissance, une vertu magique; ils mêlent à cette croyance toutes les extravagances d'un culte idolâtre" (*apud* Élie, II, 126-127).

[75] Ogoun Fai, patrón de los guerreros por antonomasia, llamado a veces Saint Jacques le Majeur o simplemente Saint Jacques, se representa en los cromos populares a caballo y blandiendo un sable (Courlander, *HS*, 40, 79-80 y "LH", 438; Roumain, 13; Marcelin, *MV*, II, 41; v. ilust. núm. 10). Hablando en general de las canciones de los esclavos en Haití, Price-Mars afirma: "Je ne crois pas qu'il soit parvenu jusqu'à nous une seule des chansons qui durent apaiser la cruauté des heures de la servitude coloniale" (*APO*, 20); sin precisar demasiado, Métraux asegura, en cambio, que "judging by their wide diffusion most of the songs heard during ceremonies belong to a repertoire of long ago" (187). En cuanto a la canción citada, una versión sencilla aparece en Courlander (*HS*, 80, y v. ilust. núm. 20) y otra mucho más difícil en Marcelin (*MV*, II, 43). Aunque lo más probable es que el punto de partida de Carpentier fuera Courlander, la traducción no es textual. Por otra parte, Courlander da a la canción una fecha aproximada —"it is a song known at least as early as the middle of the nineteenth century" (*HS*, 80)— que dista un siglo del momento en que la sitúa Carpentier.

por lo menos se conservaran intactos los documentos en sentido estricto.

De los dos correspondientes a la última categoría sólo se respeta con ligerísimas excepciones, la fórmula introductoria de las actas públicas usada durante la monarquía de Christophe:

Henry, par la grâce de Dieu et la Loi constitutionnelle de l'Etat, Roi d'Haïti, Souverain des îles de la Tortue, Gonâve et autres *îles* adjacentes, Destructeur de la tyrannie, Régénérateur et bienfaiteur de la nation haïtienne, Créateur de ses institutions morales, politiques et guerrières, Premier monarque couronné du Nouveau-Monde, Défenseur de la foi, Fondateur de l'ordre royal et militaire de Saint-Henry, à tous présents et à venir, *salut* (Leconte, 250).

Henri, por la gracia de Dios y la Ley *C*onstitucional del Estado, Rey de Haití, Soberano de las *I*slas de la Tortuga, Gonave y otras adyacentes, Destructor de la *T*iranía, Regenerador y *B*ienhechor de la *N*ación *H*aitiana, Creador de sus Instituciones *M*orales, Políticas y *G*uerreras, *P*rimer *M*onarca *C*oronado del Nuevo Mundo, Defensor de la *F*e, fundador de la *O*rden *R*eal y *M*ilitar de Saint-Henry, a todos, presentes y por venir, *saludo* (*R*, 159).

La supresión de *îles* se explica por sí misma: evita una repetición innecesaria. No sé, en cambio, si Carpentier intentó mantener el valor del *salut* francés con el *saludo* que cierra la enumeración —la expresión adecuada habría sido *salud*— o lo convirtió, torturando sintácticamente el párrafo, en la primera persona singular del indicativo presente. De ser lo último, el trueque tendería a destacar la egolatría de Christophe, que la proliferación de mayúsculas acentúa, y se sumaría a una clara indicación previa, sugerida inocentemente por Leconte:

El rey Christophe subía a menudo a la Ciudadela.... Y siempre terminaba por hacerse llevar una butaca a la terraza superior... Entonces, sin nada que pudiera hacer sombra ni pesar sobre él, más arriba de todo, erguido sobre su propia sombra, medía toda la extensión de su poder (*R*, 136).[76]

¿Por qué incluyó Carpentier la presuntuosa fórmula de encabezamiento? Por concentrar los delirios megalómanos del monarca, su introducción contrasta violenta y sarcásticamente con la hora que aquél está viviendo —la del derrumbe inminente de su régimen— y se transforma en eco del vanidad de vanidades.

[76] Cf.: Souvent il [Christophe] montait à la citadelle inspecter les travaux de cette fortification"; "De sa chambre à coucher [en la ciudadela] il pouvait observer la terre et la mer dans leur grandeur, et le ciel dans son infini" (Leconte, 349-350 y 362).

Quizá porque las "palabras sacramentales" de Boukman (Price-Mars, *APO,* 41) tienen todas las trazas de algo transmitido oralmente y por lo tanto pueden considerarse susceptibles de alteraciones, o por influencia de Endore, que las había parafraseado muy libremente,[77] Carpentier se ajusta mucho menos a ellas que a la fórmula anterior:

Le bon Dieu qui fait le soleil
qui nous éclaire d'en haut,
qui soulève la mer,
qui fait gronder l'orage,
le bon Dieu là, entendez vous,
caché dans les nuages,
là, ils nous regarde
et vois tout ce que font les blancs.
Le Bon Dieu [de los blancos]
                commande le crime,
et veut pas des bienfaits pour nous.
Mais ce Dieu [de los negros] *qui est*
                        si bon
nous ordonne la vengeance.
Il va nous conduire.
Il va nous donner assistance.
Jettez les images du Dieu des blancs
qui a soif de nos larmes.
Ecoutez la liberté qui est dans tous
nos coeurs (apud Price-Mars, 41-
42).[78]

—El Dios de los blancos ordena el crimen. Nuestros dioses nos piden venganza. Ellos conducirán nuestros brazos y nos darán asistencia. ¡Rompan la imagen del Dios de los blancos, que tiene sed de nuestras lágrimas; escuchemos en nosotros mismos la llamada de la libertad! (*R,* 79).

[77] Cf.: "The god of the whites is thirsty for the water of our eyes, must we blacks then weep forever to satisfy that thirsty god?/ Is there no other god in heaven?/ Who is then the god who gave the sun its warmth?/ Who is then the god who lent the sea his anger and the storm his rage?/ It is the black men's god! The black men's god, who, from behind the cloud where he lies hidden, has seen the evil of the whites./ Rise up!, rise up! and tumble the god of the whites out of his heaven! The thirsty god of the whites shall die!" (Endore, 254-255).

[78] A título de curiosidad transcribo el texto en *créole:* "Bon Dieu qui fait soleil/ qui clairé nous en haut,/ qui soulevé la mer,/ qui fait l'orage gronder,/ Bon Dieu là, z'autres tendez,/ caché dans son nuage,/ et là li gardé nous,/ li vouai tout ça blancs fait./ Bon Dieu mandé crime,/ et pas nous vlé bienfaits./ Mais Dieu là qui si bon / ordonné nous vengeance./Li va conduit nous./ Li baille nous assistance./ Jetez portraits Dieu blanc,/ qui soif d'leau yeux nous./ Coutez la liberté/ qui nan coeur à nous tous" (*apud* Price-Mars, *APO,* 41-42). Tanto en el texto en *créole* como en la versión al francés he regularizado la puntuación. Me he tomado la libertad, además, de enmendar la traducción del verso diez, sin duda incongruente en Price-Mars; según él debía leerse "le nôtre sollicite de bienfaits", que nada tiene que ver con "et pas nous vlé bienfaits".

Confrontados los textos, lo primero que advertimos es la eliminación drástica de los ocho versos iniciales, la cual puede obedecer a varias razones: no coincidir con Endore, quien se había concentrado más en ellos; evitar la inclusión de un molesto dios único en una ceremonia donde Carpentier hace invocar a casi todos los Ogunes o a Ogún bajo formas tan múltiples (Roumain, STA, 14) que casi resultan deidades independientes; concentrarse en los argumentos básicos de Boukman que respondían al sentir profundo de los esclavos, quienes deseaban vengarse de las injurias recibidas, injurias de las cuales no era la menor el haber tenido que aceptar una religión extraña [79] y ansiaban conquistar la libertad. Todo esto explica también los cambios a que se han sometido los versos restantes. Al Bon Dieu —que muy oportunamente reaparece en la lista de mueras proferidos por los incipientes rebeldes (R, 85)— se prefiere una repetición del Dios de los blancos, francamente contrapuesta a la pluralidad de las deidades africanas. Se suprimen el verso décimo —¿por considerárselo superfluo o porque ofrecía dudas? (v. n. 78)— y la relativa que nada agrega a la divinidad invocada y hubiera debilitado el énfasis puesto en ella. Habiéndola purificado del lugar común, Carpentier redondea la proclama con la inducción a un acto introspectivo que trae a la memoria una afirmación de Du Tertre: "Sus cuerpos podían estar sujetos a la terrible prueba de la esclavitud; pero sus almas habían permanecido libres" (apud Korngold, 37).

---

[79] Cf.: "Ne serait-ce pas la condensation de telles rancunes qui explosèrent plus tard dans la curieuse cérémonie du serment du sang, le 14 août 1791?" (Price-Mars, APO, 41-42).

III

VUDÚ Y...

El interés de Carpentier por las culturas negras de Cuba, con alguna referencia a las de Haití, quedó expresado tempranamente en *Ecue-Yamba-O* (1933). Su interés por las creencias populares haitianas se revelaría en una película documental —*Le Vaudou*— para la cual preparó "el texto, el montaje y la sincronización" y fue realizada entre 1939 y 1943 en París (Bueno, "AC", 162; retrotrae la fecha a 1936 en "Carpentier, etc.", 18). La segunda aventura de Carpentier en el mismo terreno fue *El reino de este mundo*. Pero las primeras lecturas de la novela sólo parecen ofrecer una por demás escueta y arbitraria evolución del vudú, la fuerza político-religiosa que sostuvo a los esclavos en su lucha y a los ya no esclavos en sus esperanzas y empeños por tiempos mejores.[1]

[1] Los orígenes coloniales del vudú no se conocen bien (Comhaire, 9; Simpson, "B", 491). Puede considerarse que su historia se inicia con las primeras remesas de esclavos que llegaron a Saint-Domingue en la segunda mitad del siglo XVII (Métraux, 25). Como la cultura dahomeyana fue la predominante, debe de haber constituido un núcleo de acercamiento y unificación (Ramos, 172, 216; Herskovits, *LHV*, 25; Courlander, *HS*, 5; Denis, 22; Métraux, 27-28). El vudú empezó a tomar forma más o menos definitiva entre 1740 y 1790 (Price-Mars, *APO*, 48; Simpson, "B", 491). Hacia 1785, los negros atribuían ya a las imágenes del catolicismo poderes y virtudes mágicas (Raynal, *Du régime spirituel de St. Domingue, apud* Élie, II, 126-127), lo cual establece una fecha aproximada de la aparición del sincretismo. Hacia 1790, sin embargo, los elementos rituales católicos todavía no se habían asimilado al vudú (Simpson, "B", 494). Es evidente que, "when negroes felt in need of religious consolation they turned to the African religion, known as voodoo or *vodun*" (Korngold, 39). Constituido éste en una especie de sociedad secreta de intenciones políticas, dio

Parecen ofrecer también una apresurada y casi desnuda mención de sus dioses, tan apresurada y desnuda que éstos provocan la engañosa impresión de estar incluidos por razones de color local. El vudú, sin embargo, se entrelazan estrechamente en *El reino* con los hechos y las circunstancias. Las divinidades no están para decoración sino como presencias activas, cuyos secretos molinos —lentos, eficaces, implacables— funcionan sin cesar hasta la hora apropiada. Todo esto comienza a imponerse cuando el lector se adentra en las creencias del vudú y en el carácter y atributos de los loas. Sólo entonces se llega al plano más profundo y significativo de la obra. A pesar de ello, las sorpresas acecharán continuamente al lector, aguardándolo a veces en una sola palabra o una sola alusión desconcertante, pues no es puro vudú lo que se le pone ante los ojos.

1. ALUSIONES AISLADAS, PERO SIGNIFICATIVAS

Hay en *El reino* referencias que parecen agotar instantáneamente su valor. Aunque carezcan de la importancia de otras, ni son gratuitas ni siempre tan fugaces como podría suponerse al principio.

En una de las visitas de Mackandal y Ti Noel a la mamaloi, ésta, "respondiendo a una orden misteriosa", corre a la cocina y hunde "los brazos en una olla llena de aceite hirviente". El joven esclavo observa sorprendido la "tersa indiferencia" de su cara y que sus brazos, una vez fuera del aceite, no tienen "ampollas ni huellas de quemaduras" (*R*, 40). La experiencia pertenece al ritual vudú y a ella se someten los neófitos en trance de iniciación; los ya iniciados conservan el poder de soportar intolerables temperaturas y de empuñar barras de hierro al rojo blanco.[2] Su inclusión en el pasaje aludido no se limita a indicar las

---

pie a la insurrección de 1791, a las guerras que siguieron y a la expulsión final de los franceses en 1804 (Price-Mars, *APO*, 44, 48-50, 112, 145; Bellegarde, *PHH*, 48; Dorsainvil, *VN*, 33-34; James, 85ss.; Denis, 27; Rigaud, 53, 61). A partir de ese momento el vudú experimentó transformaciones progresivas y evolucionó libremente (Ramos, 180; Métraux, 40). Cuando Sheldon Williams pregunta un tanto retóricamente "what does voodoo for the people?", responde a renglón seguido: "the short answer is everything" (*VAH*, 9).

[2] Cf. Price-Mars, *EEH*, 174-175; Herskovits, *LHV*, 30; Courlander, *HS*, 9, 13-14. Este último autor agregó años después ("LH", 424) que, cuando el loa Ogún Shangó "monta" al adepto, "his 'horse' may trample in glowing coals, plunge his hands in boiling oil, or play with red-hot iron bars". Fenómeno semejante se observa en la santería cubana (González-Wippler, 108).

cualidades extraordinarias que se obtienen a través del vudú, sino que anticipa el triunfo sobre el fuego atribuido a Mackandal, prepara a Ti Noel para aceptar lo increíble y en cierto modo le promete resistencia especial en sus diversas tribulaciones.

Otros dos ejemplos no se relacionan con las capacidades logradas por los adeptos del vudú, sino con las que poseen los bocores o brujos.[3] Según los fieles a Mackandal, éste podría transformarse "hasta en cocuyo de grandes luces" (*R*, 65). El *hasta* no es un término vacío. Para los haitianos, los insectos fosforescentes son sobrenaturales y los malos espíritus se revisten de ellos cuando quieren satisfacer su sed de sangre (Marcelin, "FH", 5; Métraux, 303). Lo que pasma a los esclavos es, pues, que Mackandal domine también los procedimientos de la magia malévola, con la que logrará burlarse aún mejor de los blancos y castigarlos. Años después, durante la irrupción de los rebeldes en Sans-Souci, el recuerdo de los cocuyos simultáneamente maléficos y vengadores volverá espectacularmente: "De pronto, muchas luces comenzaron a correr dentro del edificio. Era un baile de teas que iba de la cocina a los desvanes, colándose por las ventanas abiertas, escalando las balaustradas superiores, corriendo por las goteras, como si una increíble cocuyera se hubiese apoderado de los pisos altos" (*R*, 164). Entre las sarcásticas suposiciones de los colonos a que da lugar la desaparición del mandinga después de que se ha descubierto el origen real de los envenenamientos, figura la de que éste, "llevado en una goleta, estaba operando en la región de Jacmel, donde muchos hombres que habían muerto trabajaban la tierra, mientras no tuvieran oportunidad de probar la sal" (*R*, 55). Jacmel es famosa, desde el siglo pasado al menos, por actos de canibalismo ritual y de hechicería (St. John, 240; Herskovits, *LHV*, 244 y 246); pero mucho antes los esclavos creían ya en *ombies* o espectros (Peytraux, 189). De los ombies africanos a los zombies nativos de Haití el paso debe de haber sido mínimo y rápido. Lo cierto es que actualmente la creencia en los muertos vivos está muy extendida. Hasta el Código Penal se ocupa de ellos y castiga a quienes, valiéndose de maleficios,

---

[3] Tanto el *bocor* de Haití como el *bocú* de Cuba deben de haberse originado en los *boconos* dahomeyanos, hombres de gran ciencia que dominan el arte de curar (Courlander, *HS*, 245), o tomaron su designación de la palabra yoruba *bo-okú*, que significa enterrador, comedor o adorador de cadáveres (Ramos, 149). El bocor es un houngan que "sirve con las dos manos" y se le considera "hombre de dos caras" que compra a los dioses (Herskovits, *LHV*, 222; Métraux, 267). Mientras el houngan honorable suele sufrir una muerte lastimosa, el bocor la padece casi siempre (Herskovits, *LHV*, 223).

perturban a los difuntos —o a los considerados tales— para medrar a su costa, pues, según se dice, la esclavitud a que los someten es peor que la soportada por los vivos en la antigua colonia de Saint-Domingue.[4] La inclusión de los zombies en el pasaje de Carpentier, que a primera vista sugiere más un pretexto que una necesidad, cala hondo a causa del sarcasmo punible que la acompaña. Pero, ¿a qué apunta en realidad? ¿A las prácticas que se atribuían a Mackandal? ¿A burlarse de una nueva aventura liberadora del mandinga, quien, habiendo perdido una batalla en el norte, estaría tratando de librar otra en el sur, esta vez en favor de un tipo distinto de esclavos? De ser así, quizá Carpentier esté recordándonos que perder una batalla no es perder una guerra, como bien se encargaron de comprobarlo acontecimientos ulteriores.

La introducción de los Padres de la Sabana casi inmediatamente después de la derrota final de los franceses (R, 116) tampoco carece de valor. Carpentier intentó mostrar con ella una nueva etapa en la evolución del vudú, aunque los padres de la sabana no pertenecen estrictamente a sus jerarquías y ni siquiera sabemos con exactitud cuándo aparecieron.[5] Más importante es ver a uno de ellos instalado junto a Ti Noel, quien por entonces se da humos de realeza, durante el baile que se organiza en su patio. El "representante de la iglesia cimarrona" (R, 185) y el andrajoso veterano de Vertières que se encuentra al otro lado de Ti Noel I parodian sin duda con su presencia aspectos de la corte de Christophe, donde había actuado un arzobispo casi cimarrón [6]

---

[4] Cf. Seabrook, 93ss.; Herskovits, *LHV*, 346; Hurston, 189-209; Leyburn, 163-164; Métraux, 281-282.

[5] No parece haber sobre ellos referencias anteriores a nuestro siglo. Los *pères-savannes* —catequistas o sacristanes que no se sujetan a restricciones y han conseguido memorizar muchísimas plegarias y cánticos en francés y en latín— desempeñan en relación con el vudú un papel semejante al del cura y, hasta cierto punto, representan en aquél a la iglesia romana (Métraux, 76, 333-334; cf. también Herskovits, *LHV*, 272-273; Leyburn, 168). Los *pères-savannes* participan activamente en los *manger-morts* o comidas para los muertos; cuando encabezan procesiones a las encrucijadas, tratan de convencer a los difuntos de que no se aparezcan a los vivos (Métraux, 264). Hay una referencia a ellos y a sus funciones en Thoby-Marcelin, 155-157.

[6] Ya hemos visto en el capítulo II lo que ocurrió en general con el clero durante el reinado de Christophe. Conviene agregar aquí la siguiente manifestación de Leyburn (121-122): "The king was preoccupied with form, and having created a nobility he needed a church to lend dignity to his realm. Consequently in 1811 he reorganized the clergy. . ., establishing an archiepiscopal see and three bishoprics. The reorganization, except for the archbishop, remained a paper plan because the Pope refused to coöperate

y donde abundaban los militares resplandecientes. ¿O el tiro va contra la tendencia de ciertos gobernantes haitianos a erigirse en reyes y emperadores?

El caso siguiente es ejemplo de las filtraciones de lo cubano en *El reino*. Un senil delirio de grandeza determina que el ex-esclavo de Lenormand de Mezy distribuya órdenes entre sus complacientes súbditos, aunque menos pomposas que la de Saint-Henry, puesto que lo que les impone son flores. "Así —informa Carpentier— habían nacido la Orden de la Escoba Amarga, la Orden del Aguinaldo... y la Orden del Galán de Noche. Pero la más requerida de todas era la Orden del Girasol, por lo vistosa" (*R*, 184). Ignoro si estas plantas existen en Haití y, de existir, qué nombres y funciones tienen allí; pero todas ellas crecen en Cuba, donde se las designa de la manera expuesta y se las utiliza en curas mágicas, razón por la cual son muy apreciadas. La escoba amarga alivia la fiebre y las enfermedades de la piel. El aguinaldo blanco se usa contra la tosferina, y el morado, contra múltiples dolencias: "despoja" de influencias nocivas, purifica, normaliza las palpitaciones del corazón, sirve para emplastos y acelera los alumbramientos. El galán de noche se emplea en "despojos",[7] flexibiliza los músculos, calma los nervios y los ataques epilépticos. El tan codiciado girasol, por fin, beneficia los lugares que lo poseen, aleja los espíritus, ablanda tumores y desinflama vaginas (Cabrera, *M*, 293-294, 419-423, 429-430). ¿Puede reprocharse a Carpentier que introdujera tales nombres, bastante poéticos por cierto, en un ambiente cuyas creencias no difieren demasiado de las de algunos sectores del pueblo cubano?

Significativo por muchas y variadas razones es el caso que comentaremos a continuación. La captura de Mackandal ocurrió una no especificada noche en diciembre de 1757 durante una calenda a la que había acudido imprudentemente (Moreau, II, 630; Bellegarde, *PHH*, 46, *NH*, 64). Carpentier, por su cuenta, estable la noche precisa para una impresionante y apoteósica reaparición, cuyos rasgos sólo coinciden con los registrados en la

by giving the schismatic church his approval... Christophe thought to present His Holiness with a *fait accompli*. Having in his kingdom a Spanish [sic] Capucin named Brelle,... Christophe made this friar head of his reorganized church as «archbishop of Haiti and grand almoner to the king»... This achieved he asked papal approval, but had sorrowfully to announce: «Le roi d'Haïti eut la douleur de ne pas même recevoir une réponse de Sa Saintteté»".

[7] El "despojo" es un baño preparado con hierbas que sirve para librarse de la mala suerte y las influencias nocivas (González-Wippler, 171).

cantidad de ron que el mandinga consume, y se limita a mostrar los preparativos de su captura (*R*, 61-62). La noche que elige Carpentier no podía ser otra que la de vísperas de Navidad, por la sencilla razón de que entre los esclavos de las Antillas francesas la fecha tenía singular valor —una hechicera había profetizado que entonces conquistarían la libertad— y solían aprovecharla para masacrar a los blancos (Eyma, 142; Peytraud, 184). Es verdad que los asistentes a la calenda no logran su libertad, aunque ya están en camino para ello; pero la inquietud y el terror que acompañan los preparativos de los blancos, si bien teñidos de la burla de Carpentier, están lejos de ser injustificados.

Llegamos ahora a un ejemplo incomprensible si se ignora todo el alcance de una sola palabra. Del interés de Ti Noel por las mujeres pocas noticias teníamos (*R*, 60) y ninguna de su potencia máscula o de su capacidad fertilizadora. Pero, al regresar de la ejecución del mandinga, en la que no cree, el joven esclavo, embaraza "de jimaguas a una de las fámulas de cocina, trabándola por tres veces" (67). Si el resultado de su acto es un premio a su fe y una bendición del futuro loa Mackandal, Carpentier se guarda muy bien de revelar el secreto. Estamos en libertad de suponerlo, sin embargo, a causa de las peculiaridades atribuidas a los gemelos tanto en África como en Haití (marassas), Cuba (jimaguas) y Brasil (ibejis),[8] adonde los esclavos llevaron sus creencias. En Nigeria Occidental y en Dahomey se los considera al nivel de los dioses pues éstos habían nacido en parejas (Parrinder, *AM*, 51). Los fon y muchos yorubas les rinden culto, especialmente los últimos, quienes les atribuyen el don de traer buena o mala suerte a su familia. Pese a este aspecto negativo, su nacimiento siempre es bien acogido porque pueden mejorar la situación de sus padres. Divinizados, se transforman en patronos de los pobres, razón por la cual una canción dice de ellos que convierten al pobre en rico y visten al desnudo (Parrinder, *WAR*, 98-99; Courlander, *TAF*, 233-234). En Haití, el advenimiento de marassas honra a la familia, que se juzga privilegiada por esta prueba de la fuerza viril del progenitor (Aubin, 222). Pero, más importante aún, los gemelos poseen la facultad de *marrer* ('amarrar') a las personas, es decir, de causarles mala suerte por medio de la unión de sus voluntades (Faine, 254; Marcelin, "FH", 8).

---

[8] Cf. para Haití, Aubin, 222, Faine, 254, Marcelin, *MV*, II, 123 y "FH", 8, Métraux 146; para Cuba Ortiz *NB*, 41, 44; para Brasil (Bahía), Ramos, 137. A pesar de que Carpentier utiliza muchas palabras haitianas relacionadas con el vudú, para referirse a los gemelos curiosamente se decide por la expresión empleada en Cuba.

Aunque vengativos, son también capaces de ayudar en cualquier circunstancia (Marcelin, *MV*, II, 127 y 138). Divinizados y asociados al culto de los muertos los superan en poder; considerados a veces a nivel aun más alto que los loas mismos, se les invoca antepuestos a Legba, el dios más terrible y celoso del panteón, a los otros misterios y a los muertos (Marcelin, *MV, ibid.*, "FH", 4; Métraux, 146). El hijo que nace después de los marassas posee facultades todavía mayores y reúne en él las de los hermanos que le precedieron (Métraux, 147). El prolífico Ti Noel (*R*, 74) está, pues, bien protegido. Nada de raro tiene que, viejo ya, se haga acompañar por sus hijos de más edad —Carpentier no aclara si son dos o tres— cuando decide violar a Mlle. Floridor (86). Menos raro aún es que sobre Monsieur Lenormand de Mezy se precipiten las desgracias hasta convertirlo en la piltrafa humana que muere en la más absoluta miseria (119).

Aunque presente algunos puntos de contacto con los ejemplos anteriores el que analizaremos ahora carece de repercusiones, pero no de valor. Cuando la epidemia de fiebre amarilla trastorna la vida muelle y despreocupada de Paulina, cambian las actividades del masajista Solimán y sus relaciones con la atribulada mujer. De solícito curador de su belleza se convierte en defensor de su tranquilidad revelándose experto bocor. En estrecho paralelo con los progresos de la enfermedad de Leclerc, los procedimientos del brujo van ascendiendo en importancia. Los primeros pertenecen sobre todo a la superstición y a la hechicería:

> Convencida del fracaso de los médicos, Paulina escuchó entonces los consejos de Solimán, que recomendaba sahumerios de incienso, índigo, cáscaras de limón, y oraciones que tenían poderes extraordinarios como la del Gran Juez, la de San Jorge y la de San Transtorno... Se arrodilló a los pies del crucifijo de madera oscura, con una devoción aparatosa y un poco campesina, gritando con el negro, al final de cada rezo: *Malo, Presto, Pasto, Effacio, Amén.* Además, aquellos ensalmos, lo de hincar clavos en cruz en el tronco de un limonero, revolvían en ella un fondo de vieja sangre corsa... (*R*, 110-111).

Los ensalmos de que habla Carpentier y Solimán aplica se dividen en dos grupos: oraciones mágicas y "medicinas", sobre todo preventivas, cuya real eficacia raya en cero y de las cuales nos hemos ocupado ya en el capítulo de las fuentes. De las primeras sólo se da una enumeración, a diferencia de lo que había ocurrido con la del Justo Juez y la del Ánima Sola en *Ecue-Yamba-O* (78, 16-17), donde se incluyen. Poco sé de la oración de San Jorge, aunque poseo dos ejemplares de distinta procedencia,[9] fuera de que, según informes orales, es muy conocida en Cuba y Puerto Rico. La del Gran Juez —¿error voluntario por Justo Juez?— y la de San Transtorno, en cambio, han sido estudiadas ampliamente. La del Justo Juez es antigua y de gran difusión en Europa —España, Italia, Portugal— e Iberoamérica; los brujos negros la adoptaron y todavía goza hoy de popularidad especialmente en el mundo del hampa.[10] Africano de nación o ascendencia, hechicero por vocación, habitante de la parte francesa de una isla cuyo otro extremo dominaban los españoles con quienes el contacto no era infrecuente, Solimán bien podía haberse asimilado la plegaria para aplicarla en momentos oportunos. Menos conocida, pero quizá más interesante para la obra de Carpentier, es la oración de San Transtorno. Invocado con la intención de contrarrestar sus efectos,[11] el problemático santo da nombre a un capítulo que comienza con el terror de Paulina ante la amenazadora plaga, sigue con la enfermedad y la muerte de Leclerc, para terminar con el intolerable desgobierno de Rochambeau, que precipita el derrumbe moral, militar y político de los últimos restos de la colonia (R, 109-116). La oración de San Transtorno no es otra que la de Saint-Bouleversé, popular en Haití —recientemente al menos— donde se vende por las calles impresa en pliegos (v. ilust. núm. 21), denota un corrompido estado intermedio entre el vudú y la superstición más cruda, y es en realidad una maldición con la que se invoca el poder de perturbar para destruir a quien

---

[9] Iván Schulman me consiguió uno por intermedio de una alumna suya cuya familia reside en Miami, donde los cubanos abundan. Iris Zavala me consiguió el otro en Puerto Rico. Confrontados los dos textos, resultan idénticos, salvo una evidente errata en el segundo. Transcribo el texto por el valor que pudiera tener: "Poderoso Señor, ejemplo de los humildes, que de los vicios nos defendiste con tu lanza, del demonio, para transportarnos a la Gloria. Por la humildad de tu glorioso mártir, San Jorge, humildes te pedimos la eficacia de tu intercesión, y venciendo los peligros, que me acongojan, logremos feliz puerto en nuestras fatigas, y pasar salvos las zozobras de la muerte y después de la cual te alabamos en la Gloria. Amén".

[10] Cf. Ortiz, NB, 54-56; Américo Castro, notas al Buscón, I, 78-79 (Clásicos Castellanos, Madrid, 1927). Aparece aludida en la primera parte de La Vorágine de José Eustasio Rivera: "el viejo Mauco... masculló una retahila que se llamaba «la oración del justo juez»". Si la memoria no me falla, hacia fines de 1964 o comienzos de 1965 el suplemento literario dominical de Novedades (México) publicó una nota de alguien interesado en saber hasta qué punto era conocida la oración tanto en otras partes del país como en el resto de Hispano América.

[11] "Even more striking is the concept that the power capable of bringing reverses is to be worshipped" (Herskovits, LHV, 281, "AG", 639).

perturba.[12] La agonía de Leclerc determina un cambio en los procedimientos del ahora "dueño de la isla". Solimán, quien acaso por respeto no había recurrido aún al auxilio de los grandes poderes, trata de propiciar a un loa: "Para evitar que los miasmas malignos atravesaran el agua, el negro ponía a bogar pequeños barcos, hechos de un medio coco, todos empavesados con cintas sacadas del costurero de Paulina, que eran otros tantos tributos a Aguasú, Señor del Mar" (*R*, 111). No sé si el alejamiento de sus prácticas a que Solimán se había sometido o una confusión —¿acaso un capricho?— de Carpentier, han trastrocado al loa y su dominio. Aunque Aguasú figura en el panteón dahomeyano de donde pasó al vudú de Haití, tanto en África como en la isla es el dios de las costumbres y las tradiciones (Dorsainvil, *VN*, 160, 174-175; Ramos, 183; sin indicación de atributos, Dunham, 62). Otro nombre parecido es el de Agassou, príncipe engendrado por una pantera o un leopardo y fundador de la dinastía real de Abomey, de quien Carpentier tenía noticia, pues alude a él: "Allá... —en Gran Allá—, había príncipes que eran el leopardo" (*R*, 29. Cf.: Herskovits, M. y F., 93-94, 357-358; Courlander, "LH"; 432; *TAF*; 173; Métraux, 31); ascendido a loa por su carácter de rey y antepasado, Agassou se asocia en Haití con las aguas dulces, suele transformarse en cangrejo, es muy poderoso, envía las enfermedades pero también se ocupa de remediarlas (Marcelin, "GD", 117, *MV*. I, 127; Parrinder, *WAR*; 174-175; Métraux; 31; Courlander, *TAF*, 173). Un tercer nombre, el de Awésu Wandéou, hijo de Agwé, no nos ayuda en absoluto porque nada se dice de él (cf. Courlander, *HS*, 31, "LH", 432). Ahora bien; el verdadero dios del mar (li maît'la mer) y de todas las islas (nègre zilé) es Agwé, cuyo apelativo tiene diversas variantes y complementos; comanda el rayo, el trueno y el viento; protege a los navegantes y los pescadores; tiene por símbolo un barquito; pero, aunque cuando pasa aplasta todo con su furor desbordante, nada tiene que ver con las enfermedades, ni con sus curaciones. Las ofrendas que se le dedican se colocan en una especie de bandeja cuadrada de altos bordes

---

[12] Price-Mars, *APO*, 182-183. Este mismo autor la trae completa (183-184). Sólo transcribo la primera parte por ser lo único que interesa para *El reino:* "Saint-Bouleversé! vous qui avez le pouvoir de bouleverser la terre, vous êtes un saint et mois je suis un pécheur; je vous invoque et vous prends pour mon patron dès aujourd'hui. Je vous envoie chercher un tel, bouleversez sa tête, bouleversez sa mémoire, bouleversez sa pensée, bouleversez sa maison, bouleversez pour moi tous mes ennemis visibles et invisibles, faites éclater sur eux la foudre et la tempête. En l'honneur de Saint-Bouleversé, trois Pater". La incluyen también en francés Herskovits ("AG", 639-640) y Seabrook (309), y, sólo en inglés, Herskovits, *LHV*, 281-282.

(barque d'Agwé). Sus adeptos la transportan hasta cierta distancia de la playa en botes empavesados con banderitas y pañuelos, y, en medio del mayor frenesí místico, la arrojan a las aguas para que éstas la lleven a la morada del dios; pero, si flota hacia la costa, se considera que Agwé ha rechazado el sacrificio.[13] Fuera de una confusión o combinación de nombres y atributos, el pasaje de Carpentier parece encubrir otros propósitos. Al reducir la prolongada y elaboradísima ceremonia casi a un juego de niños, ¿quiso Carpentier sugerir que aquélla estaba en una etapa inicial de su desarrollo o sólo la imposibilidad material en que se hallaba el masajista brujo de celebrarla con la conveniente pompa? El hecho de que las navecillas construidas por Solimán estén hechas de medios cocos añade un problema. En Cuba, el coco es tributo necesario ofrecido a los orishas (loas) y su alimento ritual. Destrozado, sirve para "romper enfermedades" y, en las casas donde hay dolientes, se echa a rodar un coco bien pulido y untado con manteca de cacao, después de acariciarlo y suplicarle por la salud de los enfermos (Cabrera, *M*, 379 y 401). Es evidente que la ceremonia celebrada por Solimán, que en última instancia para nada sirve porque quizá ha irritado al loa en lugar de propiciarlo, es otro producto de las diversas peculiaridades de Carpentier, entre las que la habilidad combinatoria no es la menor.

2.   Los núcleos de atención

Dejando a un lado el episodio de Bois Caïman con su evocación del dahomeyano pacto de sangre (Parrinder, *WAR*, 135-136) y su letanía de Ogunes, dejando a un lado también el texto donde se enumeran los dioses del fuego y de la pólvora, hay todavía en *El reino* tres importantes núcleos de atención. El primero de ellos figura entre las enseñanzas que de Mackandal recibe su discípulo Ti Noel y su función es ponerlo en contacto con los grandes antepasados:

> ... el mandinga solía referir hechos que habían ocurrido en los grandes reinos de Popo, de Arada, de los Nagós, de los Fulas... Conocía la historia de Adonhueso, del Rey de Angola, del rey Dá, encarnación

---

[13] Cf. Seabrook, 55, 293; Courlander, *HS*, 31, "LH", 432; Leyburn, 148; Maximilien, *VH*, invocación núm. 8; Marcelin, "GD", 72-77, *MV*, I, 103, 199; Rigaud, 51, 230, 383ss.; Métraux, 102-104, 325. Ceremonia semejante se celebra en Cuba para honrar a Yemayá, diosa del mar, identificada con la Virgen de Regla, y en Bahía (Brasil) para celebrar a Iemajá, *rainha do mar, mae d'agua*, asociada con la Virgen María (González-Wippler, 111, 130; Bramly, 106-108; Amado, *DF*, 105).

de la Serpiente, que es eterno principio, nunca acabar, y que se holgaba místicamente con una reina que era el Arco Iris, señora del agua y de todo parto. Pero sobre todo se hacía prolijo con la gesta de Kankán Muza, el fiero Muza, hacedor del invencible imperio de los mandingas... (R, 27).

Es interesante comparar la enumeración de Carpentier con la lista que incluye Denis en su artículo: "Adanhuéso, Roi Louange, Roi Angole. Enfin, Congo Moussandi ou Moussa. S'agit-il de ce Congo ou Kankan Moussa, prince légendaire dans les annales de l'Afrique pour sa sagesse et son génie d'organization et qui porta à son apogée la puissance de l'empire des Mandingues" (25). Carpentier reemplaza al rey Louange por el rey Da, mencionado también en el artículo y, como se verá luego, mucho más útil para los propósitos del autor cubano: "Cana, la Mecque du Dahomey... devait être gouvernée par une personnalité quasidivine: le tout-puissant roi Dâ, incarnation de la puissance mystique du serpent" (19). Adonhueso, ese personaje tan bien conocido por Ti Noel gracias a la extraordinaria erudición de Mackandal que ni se toma el trabajo de explayarse en detalles, en un principio fue para mí fuente de problemas. Cuando por fin me cayó en las manos el artículo de Denis descubrí que el nombre usado por Carpentier era una mala lectura o un recuerdo erróneo de Adanhueso, forma recogida también por otros autores (Dorsainvil, 174; Ramos, 183). Tengo mis dudas, sin embargo, acerca de cuánto sabía Carpentier sobre el elusivo personaje, con excepción de que fue el rey dahomeyano Adanhuso I (1650-1680), asimilado por el vudú a las filas de sus loas: "Un autre terme qui revient souvent dans les chansons vôdouiques est Adâhuso (prononcer Adanhuso). Il ságit tout simplement de deux monarques populaires du Dahomé, Adanhuso I et Adanhuso II, qui régnérent de 1650 à 1680 et de 1775 à 1780... Le premier surtout est vénéré à l'égal d'un vôdou" (Dorsainvil, 162). Por lo que he encontrado en estudios sobre Dahomey, Adanhueso, Adanhuso o Adanhoonzou, se llamó también Aho o Ouêgbadja; conquistador, amplió su territorio y consolidó su poder; héroe cultural, introdujo el arte de tejer y la costumbre de amortajar y sepultar a los muertos, protegiéndolos así de sus enemigos (Norris, XVI; Dalzel, 203; Herskovits, D, 11, 13, 16; Akinjogbin; 37). Si respecto a Adonhueso nada nos dice Carpentier, dejándonos entregados a nuestras buenas o malas prendas detectivescas, respecto a Kankán Muza la situación se complica, pues las peculiaridades que le atribuye no coinciden totalmente con las que le pertenecieron. "Kankán Muza, el fiero Muza, hacedor del invencible imperio de los mandingas", ni fue fiero, ni fundó el imperio, ni cargó "con su lanza a la cabeza de sus hordas". Kankán o Mansa o Kango Muza (v. ilust. núm. 22), se hizo célebre por una ostentosa y riquísima peregrinación a la Meca (1325), y por el apogeo intelectual, artístico y económico de su país mientras gobernó; si el imperio alcanzó también apogeo militar y su territorio aumentó gracias a él, no lo debió al esfuerzo personal de Kankán Muza, sino al de sus generales (v. ilust. núm. 23).[14] La verdad es que Carpentier parece haberle adaptado las hazañas de su antecesor Soundjata Keita (1230-1255), el verdadero fundador del imperio, quien todavía es considerado héroe nacional y que mereció de sus compatriotas un entusiasta canto épico (Bovill, 65, 68ss.; Davidson, 89-90; Clair; Shinnie, 55ss. Niane, 149-150, 152). Y si el lujo del ejército descrito por Mackandal podría corresponder al de Kankán Muza, el ímpetu bélico es atributo de Soundjata: "Los tam-tam de guerra comenzaron a resonar; sobre su soberbio caballo Soundjata caracoleaba ante sus tropas;... después de desenvainar el sable arremetió el primero lanzando su grito de guerra" (Niane, 94). Naturalmente, aunque la grandiosidad fastuosa del imperio de Kankán Muza despertara el orgullo de Ti Noel, esto solo no lo hubiera preparado para lo que Mackandal se proponía; sí podían exaltarlo, en cambio, las peculiaridades de Soundjata. ¿Por qué Carpentier no se decidió directamente por él? ¿Acaso porque Soundjata no parece haber sobrevivido en la memoria de los haitianos? Sería muy posible. Pero conquistador o no, fundador del imperio o no, lo cierto es que Kankán Muza ascendió a loa por su carácter de monarca benefactor. Y no estará demás agregar que, aunque ni él ni Adonhueso parecen haber dejado huellas en el ánimo de Ti Noel, su actitud cuando se erige en monarca de sus vecinos coincide con la de ambos antepasados: servir a su pueblo y hacerlo feliz.

El segundo núcleo de atención se nos presenta cuando Carpentier describe el humfort de la mamaloi, donde vemos cucharas enmohecidas puestas en cruz "para ahuyentar al barón Samedi, al barón Piquant, al barón La Croix y otros amos de cementerios" (R, 39). Estas sombrías y malévolas deidades, acaso recientemente incorporadas al panteón radá, forman la familia de los Guedé, se relacionan con la muerte, favorecen la magia que mata —sin su autorización, sin embargo, ni el brujo más experto

---

[14] Además de Denis, 16-17, 25, véanse Price-Mars, *APO*, 69-70; Bovill, 36, 60, 67, 71-74; Clair; Davidson, 71-72, 74, 82, 90-94, 96-98; Shinnie, 53-55.

puede aplicarla—, su símbolo es una cruz negra sobre un simu-
lacro de tumba, su residencia son los cementerios, y en la fiesta
de los muertos poseen a sus fieles allí reunidos.[15] A primera vista,
su aparición en *El reino* está limitada al párrafo citado. La verdad es otra. La presencia tan natural de los buitres durante los
estragos de la conspiración del veneno y de la fiebre amarilla (*R,*
48, 113), buitres que podrían desplegar sus alas en cruz como el
del último capítulo (198), indica evidentemente el triunfo de la
muerte sobre los opresores y sugiere con vehemencia una vincula-
ción con los temibles y temidos Barones. Hay, sin embargo, alusiones más precisas: "el crucifijo de madera oscura" ante el cual
reza la aterrorizada Paulina (111), la mariposa nocturna que
gira en la sala del consejo la noche del suicidio de Christophe
(156) —"Les papillons noirs que voltigent dans une maison sont
regardés avec effroi comme les messagers du Baron-la-Croix" (Marcelin, "GD", 124)—, el recuerdo de Solimán después de la noche
de las estatuas —"Le parecía que hubiera caído en trance como
ocurría a ciertos inspirados de allá, a la vez temidos y reveren-
ciados por los campesinos, porque se entendían mejor que nadie
con los Amos de Cementerios" (*R,* 179)—, el misterioso buitre
"aprovechador de toda muerte" con que se cierra la novela y del
cual nos ocuparemos detalladamente más adelante.

El tercer y último núcleo de atención ofrece lo que los esclavos están convencidos de que sucederá cuando el mandinga dé
"la señal del gran levantamiento": "los Señores de Allá, encabezados por Damballah, por el Amo de los Caminos y por Ogún de
los Hierros, traerían el rayo y el trueno, para desencadenar el
ciclón que completaría la obra de los hombres" (*R,* 56). Las tres
divinidades se encargarán de administrar justicia y de distribuir
castigos contra individuos y grupos. Los capitulillos siguientes
los mostrarán en acción.

3. Ogún-Shangó y Christophe

En relación con los reyes auténtica o atribuidamente guerreros, Mackandal comenta, para el buen gobierno de su discípulo,
que habían sido "hechos invulnerables por la ciencia de los Pre-
paradores, y sólo caían heridos si de alguna manera hubieran
ofendido a las divinidades del Rayo o a las divinidades de la

---

[15] Cf. Herskovits, *LHV,* 247; Courlander, *HS,* 32, 42, "LH", 433; Maximilien, *VH,* 24; Marcelin, "GD", 119-131, *MV,* II, 145ss., 153ss.; Rigaud,
197, 420; Métraux, 114, 267.

Forja" (R, 28). Un poema bambara —"Parez-vous de vos gris-gris qui rendent invulnérable" (apud Denis, 17) [16]— confirma para África la creencia en la invulnerabilidad obtenida por medios mágico-religiosos; pero nada he encontrado hasta ahora referente a la eficacia mantenida merced a una piedad sin desfallecimientos ni abjuraciones, si bien podría sobreentenderse. La existencia de las antiguas divinidades del Rayo y de la Forja, en cambio, está perfectamente documentada. Éstas son Ogún, deidad de la guerra y de los herreros, y Shangó, quien lo es además de las tormentas y muy particularmente del trueno, el relámpago y el rayo.[17] Como Adanhueso, como Kankán Muza, Shangó, antes de llegar a dios, fue en vida un rey: el cuarto, belicoso y temible rey de Oyo (Nigeria), ducho, según la leyenda, en poderosos encantamientos y capaz de aniquilar a los hombres con su rayo mágico o con el fuego que arrojaba por la boca (Ortiz, NB, 33; Ogumefu, 7-9; Parrinder, WAR, 12, AM, 72; Bastide, 533).

La idea de la invulnerabilidad existe también en Haití, donde Ogún protege de las balas a sus adeptos por lo menos desde las guerras que siguieron al estallido de 1791, durante las cuales cabecillas y soldados estaban convencidos de poseerla por especial concesión de los loas (Herskovits, LHV, 226-227, 317; Leyburn,

---

[16] Los gris-gris son amuletos protectores preparados por brujos y hechiceros (Peytraud, 189). Según Ortiz (NB, 53-54), "Algunos amuletos consisten en oraciones escritas que se llevan pendientes del cuello o se fijan en las paredes, detrás de las puertas, etc. Esta especie es el grado superior, por así decirlo, en la escala de los amuletos. Se basan en el mismo criterio que induce a ciertos pueblos mahometanos de África a considerar como gris-gris todo papel escrito por un marabú [Letourneau, La sociologie, París, 1892, p. 285; L'évolution religieuse, París, 1898, p. 118], y no es difícil que, especialmente por conducto de los mandingas, haya llegado a Cuba esta superstición. Por lo menos, al encontrar los brujos entre los blancos de Cuba tales escritos fetiches (evangelios, oraciones a ciertas imágenes, etc.) no vieron en ellos sino la expresión católica de su misma superstición africana. Analfabetos los sacerdotes del fetichismo, no pudieron trazar en el papel los versículos árabes, como hacían los marabús en África, y no dudaron en adoptar las oraciones castellanas. De éstas son la más aceptadas por los brujos: la oración de la piedra imán, del ánima sola (por representar a Eleguá), la de Santa Bárbara (o sea a Shangó), la de «Lázaro, sal del sepulcro» (o sea el orisha Babayú-ayé), y por su condición especial de talismán de los delincuentes, la oración del Justo Juez". En relación con la creencia en Europa, véase Rossell Hope Robbins, The Encyclopedia of Witchcraft and Demonology, Spring Books, New York, 1968, p. 86b, y, particularmente en Galicia, Jesús Rodríguez López, Supersticiones de Galicia y preocupaciones vulgares (1895), Editorial Nova, Buenos Aires, 1943, p. 64.

[17] Herskovits, LHV, 316; Courlander, HS, 40; Leyburn, 148; Parrinder, WAR, 12, 32, AM, 72; Courlander, "LH", 434.

139, 148; Marcelin, *MV*, II, 35; Métraux, 308). Pero como explica Dorsainvil (*VN*, 34), cuando "dans la melée... l'un de ces chefs qui se disaient invulnerables tombait, il y avait mille raisons pour justifier cette mort inattendue. Communément, un manquement aux rigoureuses prescriptions de la divinité protectrice, mais jalouse et tracassière, donnait la clé du mystère" (v. también Leyburn, 138). La referencia de Mackandal a la ayuda prestada por los loas y al castigo infligido si se los ofendía no es sólo una de las enseñanzas que Ti Noel recibe durante su adolescencia; es también una anticipación de la causa de heroicidades maravillosas que el antiguo discípulo aceptará con la fe del carbonero,[18] y de hechos que él, o el pueblo al que representa, verá como una prueba más de la impiedad condenable de Henri Christophe.

La historia, los documentos de la época y la información proporcionada por algunos viajeros coinciden en indicar que, en agosto de 1818, un rayo debido a las peculiaridades atmosféricas de la región provocó el estallido del polvorín en la ciudadela.[19]

[18] "como todos los combates que realmente merecen ser recordados porque alguien detuviera el sol o derribara murallas con una trompeta, hubo en aquellos días hombres que cerraron con el pecho desnudo las bocas de cañones enemigos y hombres que tuvieron poderes para apartar de su cuerpo el plomo de los fusiles" (*R*, 115-116). Cf. para diversos ejemplos Leyburn, 139; Denis, 29; Métraux, 47. Endore (282) había atribuido actos parecidos a su Babouk (Boukman).

[19] "un accidente... ocurrió en la Ciudadela Henry el 25 del último agosto. Un rayo cayó en un depósito y provocó la explosión de alguna pólvora y de cierta cantidad de cartuchos. La explosión destruyó gran parte de los apartamentos e incendió la estructura. Gracias a la heroica acción de Su Majestad, que se apresuró a acudir al lugar del hecho,... fue posible detener el avance del fuego... En pocas palabras, y gracias sean dadas a Dios, la Ciudadela todavía puede ofrecer firme resistencia" (carta del Duque de Limonade, Cap Henry, 14 de septiembre de 1818, en *Ch*, 118); "But on one of those peculiarly still calm evenings, which occur in tropical climates... the clouds suddenly gathered... collecting in wild and terrible confusion and assuming innumerable and ever varying forms, the thunders burst forth in terrific and rapid succession... the forked lightning... threw a dismal and appalling glare on every object. In a moment, the citadel on which so much labor and expense had been bestowed was a heap of ruins. The ammunition lodged in it had exploded... and out of three hundred soldiers a few only escaped, who hastened in wild amazement to Cape François, to tell the dreadful catastrophe... [Christophe] selected from the materials of the ruined structure such as were still fit for use, and, collecting others, caused it to be rebuilt without delay. Attributing the accident chiefly to the explosion of the ammunition, he now placed but a small quantity" (Harvey, 191-192). Debe advertirse que Harvey residió en la Ciudad de El Cabo "during the latter part of the reign of Christophe" (VIII); pero su información debe de haber sido de segunda mano, puesto

La tradición se apoderó del episodio e hizo exclamar al monarca mientras comprobaba los estragos causados: "Diable canaille! Saint Pierre voudrait-il me faire la guerre?" (Leconte, 370).[20] Como ocurre siempre en Haití, donde la proliferación de leyendas y atribuciones parece inagotable, las cosas no se detuvieron ahí, de lo cual son demostración los siguientes ejemplos: "Christophe did not like lightning and declared that it was an indication of hostility, and hostility without any motive, on the part of the King of Heaven. When a threatening storm came up, Christophe, the soldier, attacked first. «Diable canaille! Load Man-Pimba and chase away those cursed clouds. We shall return lightning for lightning» (Simpson-Cinéas, 176-177); "Il pleuvait à torrents; le tonerre grondait avec fracas. Le Roi que ce bruit agaçait ordonna de pointer contre le ciel la plus grosse de ses pièces: Man Pinba. Après quelques coups échangés d'une part et d'autre, la tempête s'apaisa. Le ciel avait capitulé" (Marcelin, ChH, 27). Más próximo de alguna manera a lo que encontramos en *El reino* se halla este último ejemplo, donde el misterio vudú Papa Sosih Baderre habla a Christophe por boca del houngan Louis Sangosse: "Vous aller tomber du trône, car vous croyez Dieu. Quand l'orage du ciel gronde, vous lui répondez en faisant tirer, par vos artilleurs, le canon Manman Pim'bha pointé sur le firmament" (Rigaud, 74).[21]

Con éstos u otros materiales apócrifos parecidos, sumados a las conjeturas y a las dudas acerca de la precisa relación de Chris-

---

que "Europeans were not permitted to ascend this mountain [el Gorro del Obispo], not even to approach very near it" (190). Cf. también Mackenzie, I, 176, y Ardouin, VIII, 84, quien sigue a Harvey.

[20] De acuerdo con una de las anécdotas tradicionales recogidas por Simpson y Cinéas (171), "Christophe did not let the elements interfere with his plans or his pleasures".

[21] El siguiente pasaje de Thoby-Marcelin (155) muestra contundentemente lo que los haitianos creen acerca de las venganzas y los castigos divinos cuando se abandona el vudú por otra religión: "Even the Protestants... can not turn away completely without danger from the worship of the spirits. I knew a poor woman once. Assefi was her name. One day... she joined the Adventist Church. She rejected the loas. But three months later, what do you think happened? A spirit entered her head and asked the family why it was that Assefi no longer left food for him. They told him that she had become a Protestant. —Aha, so that's it— the spirit said, in a rage. —So she did that without even asking my permission?— He had hardly finished speaking through her own mouth, that spirit, than he threw the woman violently to the ground. Then he took her head and bashed it against the walls of the house. And when he left the body, Assefi was dead, her skull crushed and her blood streaming out of her body like a river" (Véase también p. 43).

tophe con el vudú,[22] que le dejaban el campo abierto para una creación personal, y a una auto-cita modificada, Carpentier elabora un aspecto anunciador de la inevitable caída del monarca. Christophe hace sacrificar toros "para amasar con su sangre una mezcla que haría la fortaleza invulnerable" (*R*, 132).[23] Dichos animales han sido ofrendados sin duda a Ogún-Shangó, dios gue-

[22] "With all his strength of mind, he [Christophe] could not resist the temptation of encouraging a belief that he was protected by a tutelary demon, who would have instantly avenged any insult offered to him... It is also said that he had great faith in Obeah" (Mackenzie, I, 167); "Lui-même, armé de long-vue... épiai les figures et les gestes, observait foule de choses qu'il mettait au compte de ses conversations avec les dieux invisibles" (Vaval, 3); "What Christophe really believed, no one could say. He paid outward homage to Roman Catholicism... but rumor persisted of his great faith in magic and the power of African fetishes" (Leyburn, 140; v. también 161 y 248). Según la tradición, para no morir y dejar desvalido el país Christophe recurrió al "vodun", pero sin resultado (Simpson-Cinéas, 183). Sólo toleró al houngan Louis Sangosse (Simpson, "B", 515); cuando Christophe lo llamó para regañarle, Sangosse se convirtió en intermediario del misterio Papa So-Sih Baderre y le anunció su próxima caída por haber cañoneado las tormentas desencadenadas sobre la Ciudadela; aunque seguro de lo que iba a ocurrir, Christophe convirtió a Sangosse en su consejero y le autorizó a celebrar ceremonias vudúes en el houmfort de Nan-Campeche (Rigaud, 74-75). "King Christophe, and his brother-in-law President Pierrot (1845-1846), are said to have protected voodoo so long as it was pure Rada" (Comhaire, 9). "At Nan-Campeche, near the Citadel..., a dinner plate from the table service of Napoleon I... was a prize altar piece. Christophe was supposed to have eaten sacrificial food from this plate, and rumor has it that at Nan-Campeche his suicide was predicted" (Dunham, 114).

[23] Hasta hace relativamente poco, nada había yo encontrado acerca del extraño sacrificio. El artículo de Schatz sobre Haití (66) me proporcionó la información que necesitaba: "The guide who introduced me to the Citadel reported an act of engineering sorcery: Christophe substituted the blood of 1,000 calves for water in the fort's morter to make it into one solid, indestructible rock". ¿Oyó Carpentier la tradición de boca de ése o de otro guía? ¿De alguna manera los guías llegaron a enterarse de lo afirmado por Carpentier? Lo último no sería imposible dada la capacidad asimiladora y mitificadora de los haitianos. De todos modos, no parece que hayan faltado leyendas en torno a la construcción de la ciudadela. Hacia 1935 el curioso viajero Loederer recogió otra cuota de fantasía (210-211). Según el guía de turno, evidente admirador de Christophe, "the king sat on the terrace of Sans Souci, playing his bamboo flute. At every note that Christophe blew a block of stone loosed itself from the cliff side, grew wings and flew away to La Ferrière. Again at the king's command, each stone sank into its appointed place and shed its wings like an ant. Naturally, without their wings the stones couldn't move any more. You can still see them up there. La Ferrière still stands today!" Curiosamente lo anterior recuerda mucho la construcción de Tebas por Anfión.

rrero, dios de las tormentas y, además, patrón de las fortalezas.[24] Pese a la precaución de Christophe, sin embargo, se ha cometido un error imperdonable durante los sacrificios: se ha pasado por alto el bramido de los toros (cf. *supra* cap. II), del cual una creencia haitiana afirma, además, que presagia muerte donde se oye (Marcelin, "FH", 3). Por otra parte, Christophe "se había mantenido siempre al margen de la mística africanista de los primeros caudillos de la independencia" [25] y "había querido ignorar el vodú" (*R*, 157-158, 160-161). Negar el vudú, sin embargo, es peligroso —imposible, mejor— y la pena del rechazo es la locura (Williams, *VAH*, 7 y 9), como parece probarlo la transformación progresiva del carácter de Christophe, causa psicológica de su ruina final (Harvey, 387-390, 403-404; Mackenzie, I, 160-161). El dios, ofendido por todo ello, le envía severas advertencias dejando caer rayos en las torres de la ciudadela hasta que Christophe insulta insensatamente a San Pedro —que es Ogún en Cuba (Ortiz, *NB*, 32, 35)— "por haber mandado una nueva tempestad sobre su fortaleza" (*R*, 143).

El castigo se desencadena con una estruendosa manifestación atmosférica durante la misa del 15 de agosto de 1820, y su estallido coincide con el *Rex tremendae majestatis* del Dies Irae [26]

[24] Cf. Courlander, *HS*, 40, "LH", 434; Parrinder, *WAR*, 12, *AM*, 72; Marcelin, "GD", 95-96, *MV*, I, 81; Rigaud, 69.

[25] Se afirma que Boukman, Biassou y Jeannot recurrieron a la hechicería y al fetichismo para influir en sus seguidores (Madiou, I, 105-106; Ardouin, I, 51). Dorsainvil (*VN*, 33-34), Leyburn (137), Denis (29) y Rigaud (54, 62) consideran que Boukman fue un houngan y agregan que otros jefes fueron serios adeptos del vudú. Los tres primeros gobernantes de sangre africana —Toussaint L'Ouverture, Dessalines y Christophe—, en cambio, se opusieron a él. Toussaint lo hizo desde el comienzo de su carrera y el 4 de enero de 1800 ordenó la supresión del vudú por considerarlo una doctrina perturbadora. Dessalines y Christophe siguieron sus pasos con mayor ahínco en cuanto ascendieron al poder. Evidentemente todos ellos lo temían como a un enemigo en potencia, capaz de inspirar sediciones y de destruirlos (Ardouin, II, 76; Price-Mars, *APO*, 145, 165-166; Leyburn, 139; Simpson, "B", 515-516).

[26] Recuérdese que Christophe había obligado a Corneille Brelle a cantar el oficio de difuntos por Medina, enviado de Luis XVIII, mientras aún estaba vivo (cf. capítulo I), circunstancia que quizá inspiró a Carpentier. Éste, por otra parte, volvió a referirse al Dies Irae al describir el ambiente madrileño durante las revueltas del 2 de mayo: "Reinaba, en todo Madrid, la atmósfera de los grandes cataclismos, de las revulsiones telúricas —cuando el fuego, el hierro, el acero, lo que corta y lo que estalla, se rebelan contra sus dueños en un inmenso clamor de Dies Irae" (*SL*, 296). En *La consagración de la primavera* (335), nos ayudará a entender el sentido que le había dado en *El reino*: "el rayo —universal expresión del Dies Irae—".

que entona, por irónica decisión de Carpentier, la legendaria
aparición de Cornejo Breille, el arzobispo cuyos reproches había
padecido Christophe por no acabar de una vez con el vudú (Van-
dercoock, 168; Rigaud, 44-45): "En ese momento, un rayo que
sólo ensordeció sus oídos cayó sobre la torre de la iglesia, rajando
a un tiempo todas las campanas. Los chantres, los incensarios, el
facistol, el púlpito, habían quedado abajo. El rey yacía sobre el
piso, paralizado" (R, 149-150). La súbita apoplejía de Christophe es un hecho registrado,[27] y es un hecho lingüístico describir el
ataque apoplético con el adjetivo *fulminante*, que viene de la
palabra latina *fulmen*, 'rayo'. Las sugerencias proporcionadas por
los atributos de uno de los miembros del panteón vudú, por la
leyenda, por la historia y por el lenguaje se aprovechan así en la
orquestación de uno de los episodios culminantes de *El reino de
este mundo*.

Pero la venganza de Ogún-Shangó sólo ha empezado.[28] Con
un refinamiento de gato que juega con un ratón, deja vivir unos
días más al ya condenado monarca, le da una falsa ilusión de me-
joría durante la cual Christophe agota paso a paso y hasta las
heces la amargura de contemplar la soledad, la traición y el convencimiento del inevitable derrumbe de su reinado. Y cuando la
magnitud de la catástrofe es de una evidencia insoslayable, la
noche que envuelve el palacio se llena, no de hombres en rebelión —no se ve ni se menciona uno solo en todo el pasaje— sino
de tambores, que son dioses o pueden contenerlos.[29] Su estrépito,
descrito con vocablos referentes a los fenómenos que comanda el
inexorable loa, y el fuego invasor, que también es su atributo o
un efecto de él, dramatizan el momento del asalto a Sans-Souci:

[27] "The fête of the Queen [15 de agosto] was held in the palace at
Belle-Vue when he was seized with a fit of apoplexy in the chapel" (carta
de George Clarke a Thomas Clarkson, Le Cap, 4 de noviembre de 1820 en
Ch, 210); "It was here [en Belle-Vue le Roi, residencia real de Limonade]
that, whilst celebrating the fête of the Queen, and attending divine services... he was attacked by an apoplectic fit" (carta de William Wilson a
Thomas Clarkson, Cape Haytian, 5 de diciembre de 1820, ibid., 213-214). V.
también Harvey, 396, y Vaval, 35.

[28] Lo que Carpentier sugiere había sido claramente expresado por
Courlander (*HS*, 27): "[los loas] can be as relentless in anger as furies". La
verdad es que tanto en Haití como en Brasil hay que cuidarse mucho de
ofenderlos (Métraux, 97; Bramly, 89).

[29] "Ces tambours [del Radá] sont des dieux ou des réceptacles de dieux"
(Maximilien, *VH*, 26). Si sólo los tambores del Radá tienen la característica señalada, es evidente que Carpentier se tomó ciertas libertades muy
excusables desde el punto de vista literario.

... tronaban los tambores radás, los tambores congós, los tambores de Bouckman, los tambores de los Grandes Pactos, los tambores todos del Vodú. Era una vasta percusión en redondo, que avanzaba sobre Sans Souci, apretando el cerco. Un horizonte de truenos que se estrechaba. Una tormenta, cuyo vórtice era, en aquel instante, el trono sin heraldos ni maceros. El rey volvió a su habitación y a su ventana. Ya había comenzado el incendio de sus granjas, de sus alquerías, de sus cañaverales... El viento del norte levantaba la encendida paja de los maizales, trayéndola cada vez más cerca. Sobre las terrazas del palacio caían cenizas ardientes (*R*, 159-160).

Después de todo esto, nada puede sorprender a Ti Noel, al pueblo haitiano y hasta al lector que el impío monarca cuya muerte, según rumores, sólo podría ser causada por una bala de plata (Herskovits, *LHV*, 226; Leyburn, 161; Fagg, 124), muera de resultas de una herida de bala común que él mismo se ha disparado en la cabeza,[30] y que lo haga "de bruces en su propia sangre" (*R*, 162), frase con la cual acaso recuerda y parafrasea Carpentier los versos de Racine que comentan la muerte de la impía reina Athalie: "Jerusalem, longtemps en proie à ses fureurs,/ .avec joie en son sang la regarde plongée".[31]

4. Damballah y los franceses

El "Rey Dá, encarnación de la Serpiente, que es eterno principio, nunca acabar, y que se holgaba místicamente con una reina que era el Arco Iris, señora del agua y de todo parto" (*R*, 27) ofrece algunas dificultades. Éstas no consisten en que se le haya sometido a combinaciones disimuladas, como las que experimenta Kankán Muza, sino en la acaso intencionada ambigüedad o concentración excesiva de la construcción gramatical utilizada para presentarlo. De ello resulta una casi total imposibilidad para distinguir exactamente dónde Carpentier deja de hablar del monarca para caracterizar a la serpiente que éste encarna y que es manifestación de Da, Dan o Damballah, una de las deidades más importantes y populares en Dahomey, y, cronológicamente, quizá la primera de origen africano que se impuso en Haití (Hersko-

[30] "Suicide is not regarded as a truly voluntary act, but as the consequence of a state of mental alienation brought about by a sorcerer" (Métraux, 273).

[31] Jean Racine, *Athalie*, acto V, esc. VIII, vv. 1810 y 1812. Obsérvese que en *El reino* (86), Carpentier había recordado y usado parte de otro verso de la tragedia —"des ans l'irreparable outrage" (acto II, esc. V, v. 496)— para terminar sarcásticamente "La llamada de los caracoles" y anticipar la causa de la violación y la muerte de Mlle. Floridor.

vits, "AG", 638; Marcelin, "GD", 65-72; Parrinder, *WAR*, 53; Courlander, "LH", 434; Métraux, 104-391; Bastide, 532).

En cuanto al rey, sabemos de la existencia de uno sobre cuyo cuerpo sacrificado se construyó el palacio real del Dahomey naciente (Dalzel, 2-3; Parrinder, *WAR*, 183; Herskovits, M. y F., 366), y sabemos también, a través del artículo de Denis, que la dahomeyana ciudad de Cana "devait être gouverné par une personnalité quasi-divine: le tout-puissant roi Dâ, incarnation de la puissance mystique du serpent" (19),[32] la cual era, sin duda, la antecesora totémica de la familia reinante y símbolo de una divinidad (Price-Mars, *APO*, 45; Williams, *VO*, 38; Parrinder, *WAR*, 172-173). En cuanto al dios, el cual es una fuerza o un principio más que una deidad, expresa la eternidad cuando su serpiente forma un círculo cerrado por la unión de la cola con la boca[33] (v. ilust. núm. 24). Preside, además, todos los fenómenos celestes, trae la lluvia y es el rayo (Léger, I, 55; Herskovits, *LHV*, 315; Métraux, 105). Hecho no menos importante, representa "anything sinuous, which moves silently, undulates, and cannot be controlled" (Herskovits, *LHV*, 31) y tiene absoluto dominio sobre la vida (Métraux, 361). El animal elegido para que el dios se manifieste a los hombres es una culebra no venenosa —en África generalmente el pitón— llamada la buena serpiente.[34] Si Da es considerado puramente masculino, se le adjudica por compañera a Ayida Ouéddo, el Arco Iris,[35] con quien se une cuando ésta toca el mar (Marcelin, *MV*, I, 69), y el centro de su culto es la ciudad dahomeyana de Whydah.[36] Así, al hablar a su discípulo

[32] Según Bastide, "the king is compared to Dan Ayido Hwédo, the celestial serpent, for he is the support of society, just as the rainbow is the support of the world" (540).

[33] Herskovits, *LHV*, 31; Parrinder, *WAR*, 52, *AM*, 22; Métraux, 361; Bastide, 532.

[34] Price-Mars, *APO*, 101; Williams, *VO*, 105; Herskovits, *D*, 245; Parrinder, *WAR*, 50, *AM*, 22; Métraux, 361.

[35] Leyburn, 148; Marcelin, "GD", 71, *MV*, I, 69; Courlander, "LH", 433-434. Carpentier dice de ella, además, que es "señora del agua y de todo parto" (*R*, 27). Lo es, sí, de las aguas dulces (Marcelin, op. y loc. cit.); pero la diosa del mar es Maîtresse Ezili (Marcelin, *MV*, I, 79). A quien se relaciona con la fertilidad es a su marido (Courlander, "LH", 434) o a Fréda Dahomey, mujer de Agoué y principio de la fecundidad universal (Maximilien, *VH*, 200). Yemayá, la diosa del mar en Cuba, es objeto de ritos de fertilidad celebrados en favor de las mujeres que no pueden concebir y, además, es protectora de todos los asuntos femeninos (González-Wippler, 113).

[36] Williams, *VO*, 105; Herskovits, *LHV*, 31, *D*, II, 245, 247, 249; Leyburn, 148; Denis, 19, 25; Parrinder; *WAR*, 50; Courlander, "LH", 433.

del Rey Dá y de sus posibles asociaciones y conexiones, Mackandal agrega a los reyes elevados a dioses por sus virtudes, otro rey que, por descender de un dios, lo es por derecho natural.

Apuntando quizá a la actitud tan común en todas las latitudes de confundir la imagen con la divinidad o por influjo de una afirmación de Métraux en su introducción al artículo de Marcelin ("GD", 56), Carpentier llama a Damballah "Dios Serpiente" cuando Ti Noel contempla las figuras del culto católico en la catedral de Santiago y siente que emana de ellas "un calor de vodú" nunca sentido antes en las frías iglesias de Saint-Domingue (R, 98). Con tal circunstancia Carpentier intenta posiblemente anunciar el sincretismo a que se llegaría tanto en Haití como en su propia isla.[37] No es esto, sin embargo, lo que más le interesa en relación con la antigua, reverenciada y polifacética deidad. No debe sorprendernos, pues, que desde el comienzo del libro se haya hecho hincapié en que la serpiente simbólica es "mística representación del ruedo eterno" sin principio ni fin (R, 27 y 35). Menos debería sorprenderle años después a un Ti Noel ya impaciente por "ese inacabable retoñar de cadenas, ese renacer de grillos, esa proliferación de miserias" capaces de agotar la rebeldía (190). Pero aunque ésta sea la enseñanza de Mackandal y el tema aparente del libro, llegaremos a descubrir con Ti Noel que el círculo inflexible no sólo incluye repeticiones intolerables sino momentos de decisión y grandeza, pese a un tiempo humano con pies de plomo y a que los hombres que se arriesgan en sus desafíos caigan uno tras otro, pues tales hombres se transforman y sobreviven de algún modo para sostén de sus semejantes.[38]

En cuanto deidad que comanda los fenómenos celestes, el libro anuncia a Damballah como uno de los loas que encabezarán el ciclón cuya milagrosa intensidad ayudará a los hombres a completar sus designios de liberarse (R, 56). En cuanto divinidad tempranamente introducida en la isla, dará oportunidad a

[37] Hablando de los cabildos africanos, Ortiz (CA, 18) afirma que algunos de ellos "tenían también carácter religioso" y que "lo prueba el hecho de llevar fetiches en sus comparsas. Estas manifestaciones religiosas se prohibieron muy pronto, al menos en la vía pública, por creerlas perjudiciales a la religión católica. Entonces los negros resolvieron el problema... adoptando como patrono algún ídolo del santoral católico que fuese afín al africano, transmitiéndole todo el poder de su fetiche o confundiéndolo con aquél".

[38] Cf. el siguiente pasaje del poema bambara ya citado: "l'homme brave ne meurt jamais: son souvenir est l'héritage de la nation" (apud Denis, 17).

Carpentier de referirse a Moreau de Saint-Méry, el primero en recoger información sobre el culto africano en Saint-Domingue,[39] pero, sobre todo, de subrayar la incomprensión estúpida y arrogantemente despreocupada de los colonos franceses por las creencias íntimas de los esclavos, y el desprecio que éstos les producían:[40]

> ... El gobernador pronunció entonces una palabra a la que Monsieur Lenormand de Mezy no había prestado, hasta entonces, la menor atención: el Vaudoux. Ahora recordaba que, años atrás, aquel rubicundo y voluptuoso abogado del Cabo que era Moreau de Saint Mery había recogido algunos datos sobre las prácticas salvajes de los hechiceros de las montañas, apuntando que algunos negros eran ofidiólatras Este hecho, al volver a su memoria, lo llenó de zozobra haciéndole comprender que un tambor podía significar, en ciertos casos, algo más que una piel de chivo tensa sobre un tronco ahuecado. Los esclavos tenían, pues, una religión secreta que los alentaba y solidarizaba en sus rebeldías. A lo mejor, durante años y años, habían observado las prácticas de esa religión en sus mismas narices, hablándose con los tambores de calendas, sin que él lo sospechara. ¿Pero acaso una persona culta podía haberse preocupado por las salvajes creencias de gentes que adoraban una serpiente? (*R*, 90-91.

Muchos años antes de las reflexiones de Lenormand de Mezy, la última enseñanza de Mackandal a su discípulo había sido la de que "en la urbe sagrada de Widah se rendía culto a la Cobra, mística representación del ruedo eterno" (34-35), Cobra de cuyo

[39] "Selon les nègres Aradas, qui sont les veritables sectateurs du Vaudoux dans la Colonie, Vaudoux signifie un être tout-puissant et surnaturel, dont dépendent tous les événements qui se passent sur ce globe. Or, cet être c'est la serpent non venimeux, ou une espèce de couleuvre... Connaissance du passé, science du présent, prescience de l'avenir, tout appartient à cette couleuvre... Il est très naturel de croire que le Vaudoux doit son origine au culte du serpent, auquel sont particulièrement livrés les habitants de Juida" (Moreau, I, 64, 68).

[40] La despreocupación de los colonos —y del gobierno— no fue tan absoluta como Carpentier pretende. Por su parte, Moreau de Saint-Méry lo había señalado claramente al hablar de "les alarmes que ce culte mysterieux du Vaudoux cause dans la Colonie" y afirmar que "en un mot, rien n'est plus dangereux sous tous les rapports que ce culte du Vaudoux" (I, 68). Cf. también Herskovits, *LHV*, 60; Korngold, 41. Leyburn, sin duda consultado por Carpentier, difiere de la opinión corriente: "There is no evidence that during colonial times Vodun was ever considered important by the white ruling class —certainly not as a faith" (137). La misma actitud adopta Endore, quien añade un detalle que quizá Carpentier reelaboró: "Day after day the drums had announced this important meeting [el de Bois Caïman, cuyo nombre se calla]. But the whites were unaware. They considered the drum only the passion for rythm of a class of beings having not much more than this, the lowest conception of music" (243-244).

origen ya hemos hablado en el capítulo II. Inmediatamente después, y no por casualidad o imprudencia, el mandinga pierde un brazo entre los cilindros de un trapiche (35-36), mutilación que le proporciona el ocio necesario para buscar hongos venenosos y preparar así el modo de destruir a los colonos blancos (37-46). Es fascinante observar luego los efectos que Carpentier logra gracias al aceptado error y que resultan de una relación estrecha entre la cobra mencionada por Mackandal y el comportamiento de la ponzoña vengadora, la cual adquiere características sobrenaturales:

> El veneno se arrastraba por la Llanura del Norte. No se sabía cómo avanzaba entre las gramas y alfalfas, cómo se introducía en las pacas de forraje, cómo se subía a los pesebres... Pronto se supo, con espanto, que el veneno había entrado en las casas... el veneno acechaba, como agazapado para saltar mejor, en los vasos de los veladores, en las cazuelas de sopa, en los frascos de medicinas, en el pan, en el vino, en la fruta y en la sal, ... el veneno verde, el veneno amarillo o el veneno que no teñía el agua,[41] seguía reptando... como una incontenible enredadera que buscara las sombras para hacer de los cuerpos sombras (147-149).

La arremetida del veneno, propio de la temible y ubicua cobra africana o asiática pero no del inofensivo pitón reverenciado en Whydah, está descrita, sin embargo, de acuerdo con las peculiaridades atribuidas a la fuerza o el principio representado por la serpiente de Damballah, que, como se ha indicado, es la expresión de todo lo que es sinuoso, se mueve en silencio, ondula, no puede ser controlado y tiene absoluto dominio sobre la vida. Por lo demás, cuando se descubre la conspiración, la ponzoña detiene su ataque y vuelve a las tinajas (53) como las cobras amaestradas de los encantadores hindúes se aplastan en las cestas donde aquéllos las encierran.

Todo el capítulo en que se narra la pavorosa experiencia, llamado irónicamente "De profundis" en un doble juego alusivo a un texto religioso y al surgimiento del veneno de abismos ignorados y misteriosos, nos pone, por una parte, ante el terror que en realidad sintieron los blancos ante el caso más serio de enve-

---

[41] Aunque "la légende du poison secret fabriqué par les nègres eut toujours cours à Saint-Domingue,... il est reconnu... que le sublimé et l'arsenic colorés par différents sucs d'herbes" fueron "la base du poison" usado por los esclavos (Vaissière, 240). Éste cita, como documento confirmatorio, una carta de d'Estang y Magot, correspondiente al 10 de enero de 1766.

nenamiento colectivo intentado hasta entonces por los esclavos;[42] por otra parte, el capítulo nos muestra también la visión o la interpretación que del hecho pudieron tener los adeptos del vudú, aunque ellos mismos colaboraran con Mackandal, pues reconocen en él al "Señor del Veneno", "investido de poderes extraordinarios" por los dioses mayores (*R*, 50).

El círculo no se cierra, sin embargo, con el descubrimiento de la conspiración, la captura de Mackandal y su muerte —ni creída ni aceptada por sus seguidores— en la hoguera preparada por los blancos. La idea de que la culebra de Damballah es ponzoñosa resurge durante los horrores del gobierno de Rochambeau, paradójicamente unida a la de la buena serpiente. Usando a su placer un texto haitiano, único de todos los que he leído, que registra el episodio y a cuyo autor se le reprocha la utilización de tradiciones sin base histórica,[43] Carpentier intercala algunas modificaciones e incrusta la nueva referencia al dios:

> El día en que la nave vista por Ti Noel entró en la rada del Cabo, se emparejó con otro velero que venía de la Martinica, cargado de serpientes venenosas que el general quería soltar en la Llanura para que mordieran a los campesinos que vivían en casas aisladas y daban ayuda a los cimarrones del monte. Pero esas serpientes, criaturas de Damballah, habrían de morir sin haber puesto huevos, desapareciendo al mismo tiempo que los últimos colonos del antiguo régimen (*R*, 115).

El ciclo queda así terminado y logrado el propósito de Mackandal: "acabar con los blancos y crear un gran imperio de negros

---

[42] "le poison causa aux maîtres une terreur perpétuelle" (Peytraud, 323). "Plus d'une fois, un frisson de terreur passa sur la colonie. Des cas inexplicables d'empoisonnement semaient l'epouvante à la Grande Case comme dans les ateliers. Maîtres et esclaves tombaient, et malgré les sentences sanglantes rendues sous le moindre soupçon par les Conseils supérieurs, une main mystérieuse continuait à semer l'effroi sur les plantations" (Dorsainvil, *VN*, 34). "Le Pole, a celebrated veterinary at the Cap, wrote a monograph... in which he says: «It is not without reason that a million slaves whom their masters have entrusted with the care of cattle, have died under the lash or at the stake»... An official memorandum, adressed in 1776 to the Minister of Marine, says: «It would be impossible to believe to what extent the negroes make use of poison if there were not a thousand examples on every hand. There are few colonists who have not suffered loss and many have been ruined" (Korngold, 42-43). V. también Peytraud, 317-318.

[43] "Il [Rochambeau] avait chargé M. de Noailles... d'acheter... à la Havanne quelques centaines des chiens qu'il devait instruire à dévorer les indigènes [*sic*]. Dans l'entretemps, il importa de la Martinique des serpents qu'il fit jeter dans les lieux retirés de Saint-Domingue, mais ces reptiles venimeux, ne pouvant y vivre, disparurent sans qu'on ait signalé aucun tort d'eux" (Leconte, 140). Léon (169) dice a propósito de las fuentes del autor arriba mencionado: "s'appui surtout sur la tradition orale".

libres en Santo Domingo" (50). Y este desenlace parcial nos muestra hasta qué punto Carpentier se había asimilado el concepto de que la independencia de Haití se debió principalmente al influjo del vudú, el cual "realizó el milagro de 1804" (Price-Mars, *APO*, 165-166; Denis, 28).

5. Legba, Solimán y Paulina

En su apasionada y servil fidelidad por la mujer de Leclerc, Solimán, el bocor o houngan de dos caras, va demasiado lejos y da un paso en falso cuyos efectos advertiremos años después. Sin asegurarse de la firme convicción y la constancia de su protegida, y a causa de la encrucijada vital en que ella se encuentra, Solimán decide atrevidamente ponerla bajo el amparo de un loa en una ceremonia que sugiere ritos del Petro:[44]

> Una mañana, las camaristas francesas descubrieron con espanto que el negro ejecutaba una extraña danza en torno a Paulina, arrodillada en el piso, con la cabellera suelta. Sin más vestimenta que un cinturón del que colgaba un pañuelo blanco a modo de cubre sexo, el cuello adornado de collares azules y rojos, Solimán saltaba como un pájaro, blandiendo un machete enmohecido. Ambos lanzaban gemidos largos, como sacados del fondo del pecho, que parecían aullidos de perro en noche de luna. Un gallo degollado aleteaba todavía sobre un reguero de granos de maíz (*R*, 112-113).

Rasgos del pasaje parecen apuntar libremente a peculiaridades del "service de Marinette" (Menesson-Rigaud y Denis, 13-16 y 20). El taparrabo de Solimán, aunque blanco, recuerda el mandil que el houngan usa durante los sacrificios. El rojo y el azul de sus collares pertenecen a los de las banderas utilizadas cuando la ceremonia se celebra en honor de todos los misterios y a los del turbante de la Reine Boucan, quien participa activamente en la ocasión. Los saltos que aquélla ejecuta y la posición de sus brazos —"en arrière décrivant un demi-cercle"— pueden identificarse con la danza de Solimán, a la cual quizá se ha incorporado también el aspecto de los posesos por Marinette —"ses bras don-

---

[44] Según parece el rito Petro lo estableció Don Pedro (Dompèdre), houngan nacido en el lado español de la isla y que desplegó su influencia antes del período revolucionario. A diferencia del rito Radá, el Petro es singularmente violento y posee dioses particulares, aunque, con especiales designaciones, se le asimilen algunos del Radá. Las divinidades del Petro patrocinan la magia, sobre todo la malévola, y entre ellos se encuentran Marinette y el temible Legba Carrefour, dueño y señor de hechizos y maleficios (Herskovits, *LHV*, 344; Menesson-Rigaud y Denis, 13; Courlander, "GH", 60; Métraux, 38-39, 88, 266).

nent l'impression d'ailes tombantes"—, cuyo símbolo es "le ma-
fraisé" (tipo de lechuza). Y el machete enmohecido —¿por una
prolongada falta de uso?— reemplaza el machete nuevo empleado
durante el servicio. Se calla, sin embargo, el nombre de la divinidad en cuyo honor se realiza la ceremonia. El hecho de que se le
haya dedicado un gallo [45] nos permite pensar en Legba Carrefour,
quien preside la brujería, posee extraordinarias dotes mágicas y
es el más poderoso y temido de los loas: el señor de la cólera, fá-
cilmente susceptible a las ofensas y capaz de refinada crueldad
en los castigos.[46] Tiende a confirmar la suposición el que, cuando
la viuda de Leclerc abandona la isla, lleve en su equipaje "un
amuleto de Papá Legba,[47] trabajado por Solimán, destinado a
abrir a Paulina Bonaparte todos los caminos" [48] que la conducirán a Roma (R, 114). El loa queda así convertido en custodio

[45] Cf. Ortiz, NB, 77; Courlander, "LH", 436; Bramly, 188. Recuérdese además que en Ecue-Yamba-O (38), Carpentier había dicho: "El gallo
negro que picotea una mazorca de maíz ignora que su cabeza cortada por
noche de luna y colocada sobre determinado número de granos sacados de su
buche, puede reorganizar las realidades del universo".

[46] Cf. Price-Mars, APO, 102; Herskovits, LHV, 30, "AG", 637; Courlander, "LH", 436; Amado, DF, 446; Parrinder, WAR, 56; Métraux, 111,
266, 360. Es interesante relacionar un texto de Thoby-Marcelin (125) con
la actitud y la situación de Solimán: "Mast'Calfou never makes friends with
those who work only with their left hand".

[47] No sé si esto ocurre en Haití, pero en Cuba se preparan imágenes de
Elegguá —el equivalente de Legba— para proteger a los creyentes. De esta
tarea se encargan miembros destacados de las distintas sectas afro-cubanas
después de consultar los caracoles, el signo que corresponde al solicitante
y a su ángel tutelar, además de averiguar su temperamento y de tener muy
en cuenta su sexo. En la preparación entran variados ingredientes, de los
cuales es singularmente significativa la tierra de una encrucijada de cuatro
caminos (Cabrera, M, 88-89). Dicha preparación es larga y complicada. Si
ésta se ha realizado convenientemente, la imagen, una vez consagrada, no
sólo posee todos los poderes de Elegguá —proteger de la muerte, la enfermedad y los obstáculos; conceder vida, suerte y dinero— sino que es Elegguá (González-Wippler, 103-104). Por sus favores, el dios sólo exige que
se le sacrifique un pollo de cuando en cuando y se le dé sangre (Cabrera,
M, 19), a la cual se agregan en Brasil alcohol y tabaco (Bramly, 188-189).
De no satisfacerlo, se corre el riesgo de atraer su mala voluntad, pues sus
"maldades las sufre el moroso que no salda una deuda o descuida la atención que merece" (Cabrera, M, 79).

[48] Es atributo de Legba, especialmente en su carácter de benefactor, franquear puertas y barreras y abrir caminos (Price-Mars, APO, 152; Herskovits, LHV, 30, 314; Roumain, 10; Courlander, "LH", 436; Métraux, 101,
360-361). En una fórmula de invocación registrada por Maximilien (VH,
núm. 1) se llama a Legba "maître carrefour, maître grand bois chemin".
También en Cuba se considera que Elegguá "abre y cierra los caminos y
las puertas" (Cabrera, M, 76).

—es el Ángel de la Guarda en Cuba (González-Wippler, 105) —
de una francesa blanca, desmemoriada y poco afecta a las preocupaciones (R, 103, 106, 113). Legba cumplirá su cometido, como
veremos, poniéndola extraña y definitivamente a salvo de la
muerte, la enfermedad y los obstáculos.

Paulina abandonó el reino de este mundo en 1825. Tres años
más tarde asistimos a la estival aventura romana de Solimán (R,
172-180), quien nada sabe de la desaparición de la seductora mujer. Dicha aventura, aunque Carpentier no lo manifieste, culmina
la noche del 24 de agosto, ocasión en que el cubano Eshu —manifestación maligna de Eleggua (Legba)— anda suelto y provocando toda clase de molestias y disturbios.[49] Lo ocurrido a Solimán se divide en tres partes perfectamente graduadas.

La primera de ellas nos lo muestra satisfecho, en pleno dis-
frute de los placeres que la vida le ofrece, popular entre la ignorante plebe de Roma, recordando Haití sólo para mentir acerca
de su antigua categoría, favorecido por una mujer blanca "que
no gustaba de hombres de alfeñique" (174). No cabe la menor
duda de que el exmasajista, de nuevo oculto bocor, todavía fielmente apegado a la familia de Christophe, siempre admirador de
la raza de los opresores, está realizando en este mundo sus anhe-
los más íntimos y alcanzando el pináculo de la felicidad al sentirse parigual de los blancos y convivir con ellos. Algo nos dice,
sin embargo, que tal situación no puede prolongarse y que el período de aparente calma acabará muy pronto.

La segunda parte de la aventura es el estallido de lo que pre-
sentíamos —el castigo que había comenzado a cernirse sobre Solimán desde lejanos tiempos—, porque Legba se asocia íntimamente
al alma y al destino del hombre (Herskovits, LHV, 30), más aún,
"est le compagnon caché de chaque individu" (Price-Mars, APO,

---

[49] Es curioso que Carpentier, tan preocupado por establecer la fecha de
la reaparición y la captura de Mackandal, tan minucioso en registrar las de
la ceremonia de Bois Caïman y de la fatídica misa con la cual se inició el
derrumbe de Christophe, haya omitido la de "La noche de las estatuas".
Creo que sólo hay un motivo para semejante escamoteo: evitar lo obvio. Todo
hispanoamericano sabe que el 24 de agosto, día de San Bartolomé, el diablo
anda suelto y gozando de libertad absoluta para cometer todas las tropelías
que se le antojen. Los negros de Cuba —no sé los de Haití— asimilaron la
aprovechable fecha a Eshu, manifestación maligna de Eleggúa (Cabrera, M,
94; González-Wippler, 103). Pero aunque Carpentier no precise el momento, lo sugiere al decir que la breve dolencia de Solimán transcurre entre la
noche memorable y su sensación de que "el verano se empañaba de hora
en hora" (R, 180); el período queda así delimitado entre fines de agosto y
comienzos de septiembre.

102). El recorrido nocturno por el Palacio Borghese, vasto cementerio bajo la luna o bajo la equívoca luz de un farol, lo lleva al encuentro con una Paulina inerte por los siglos de los siglos en la quieta seguridad del mármol, pero una Paulina acaso más temible. La *Venus Victrix* de Antonio Cánova (v. ilust. núm. 25) desempeña en *El reino* un papel bastante análogo al de la estatua del Comendador en los diversos Don Juanes. A través de la imagen pétrea de Paulina, el airado y vindicativo Legba empieza a cobrarse la cuenta pendiente de Solimán aprovechando la fecha en que sus poderes alcanzan el máximo de malignidad. Y Legba doblega al profanador justamente "por do más pecado había" —por el contacto de sus manos con el remedo de Paulina [50]— para arrojarlo luego en una evocación obsesionante y aniquiladora.

No resulta extraño, pues, que en la tercera parte de su aventura Solimán, consciente al fin de sus errores, invoque al amo de los caminos y las encrucijadas para que le franquee los del regreso a Santo Domingo, tierra de la verdadera fe y los dioses verdaderos (cf. *R*, 31). No es extraño, tampoco, que intente aplacarlo dirigiéndose a una representación del loa donde el símbolo africano y el haitiano se combinan: "De espaldas a todos, gimoteando hacia la pared..., Solimán trataba de alcanzar a un Dios que se encontraba en el lejano Dahomey, en alguna umbrosa encrucijada, con el falo encarnado puesto al descanso sobre una muleta que para eso llevaba consigo" (*R*, 180).

La imagen proyectada por Carpentier en el acaso último delirio de Solimán no deja lugar a dudas acerca de las apetencias que lo empujaron a la culpa irreverente. Ni los deja acerca de por qué el contrito negro invoca la clemencia del loa justamente bajo ese aspecto. Una tradición africana cuenta que Legba, después de desflorar a la hija de un rey, salió de la casa donde había cometido la violación con el miembro viril todavía erecto y repitiendo ante cuantos se le aproximaban los movimientos del acto sexual; se agrega que el rey no sólo le dio a su hija en matrimonio sino que le concedió el privilegio de dormir con todas las mujeres que quisiera. Esa es la razón por la cual Legba siempre danza a la manera de un hombre que está copulando, y, en los

---

[50] Como suele hacerlo con frecuencia, en este asunto Carpentier ha preferido la leyenda a la verdad histórica. Por lo que parece, Paulina posó ante Cánova sólo para que el artista modelara el rostro de la estatua; pero la viuda de Leclerc, ya por entonces princesa Borghese, dejó correr la especie de que también lo había hecho para el cuerpo (Kühn, 92-93; Nabonne, 109-111). Lazzareschi (155-156) difiere de esta opinión.

bailes rituales que se le dedican, se imitan, abiertamente en África, más disimuladamente en Haití, el aspecto y los gestos de la deidad. Un montículo de tierra o una figura humana toscamente modelada con arcilla, provistos ambos de un enorme falo, representan a Legba en su carácter de dios de la fertilidad e instigador de los deseos sexuales frente a las casas y en las plazuelas de las poblaciones africanas donde se le rinde culto. En Haití, el miembro viril de la divinidad ha pasado a ser un bastón-muleta grotescamente tallado en madera sobre el cual Legba, con el aspecto de un viejo vacilante y cojo, se apoya para caminar, disimulando así la terrible fuerza desplegada en los trances.[51] A causa de todo esto, el polifacético dios de los doscientos nombres (Parrinder, *WAR*, 57) es capaz de comprender a Solimán. También de aplacarse y perdonar porque "il se laisse facilement apitoyer par des prières" y, en su faceta benévola, se inclina a velar por el bienestar de sus fieles.[52] Esto explica que Solimán, buen conocedor de la naturaleza del loa, cierre su postrer aventura dirigiéndose a él con la plegaria ritual del vudú: "Papa Legba, l'ouvri barrié-a-pou moin, agó yé,/ Papa Legba, ouvri barrié-a pou moin, pou moin passé".

La brusca interrupción de la historia de Solimán deja librado el desenlace a la elección y/o a la mayor o menor generosidad del lector. Pero, ¿qué proyectos pasaron por la cabeza de Carpentier antes de decidirse por este desenlace parcial? No sería imposible que uno de ellos hubiera sido el indirectamente propuesto por Seabrook en el pasaje dedicado al general y bocor Benoît Batraville y a su cuadernillo de recetas mágicas (cf. capítulo II): algo así como un retorno purificador a la isla nativa con el fin de luchar contra algún gobernante despótico o contra una nueva ocupación extranjera. Prudentemente desde el punto

---

[51] Price-Mars, *APO*, 102; Herskovits, *LHV*, 30-31, 314-315, "AG", 637, *D*, II, 224, 228-229, 254; Courlander, *HS*, 35, 244, "LH", 424, 436; Parrinder, *WAR*, 57-58; Marcelin, *MV*, I, 18; Métraux, 102, 360; Herskovits, M. y F., 147. En Cuba y Brasil se conoce la peculiaridad fálica de Elegguá-Eshu-Legba, pero en la primera se prohíben tanto la danza como la exposición y en el segundo ambas se han relegado para evitar confrontaciones con la iglesia católica (Cabrera, *M*, 35 n.1; Bramly, 200). En el último país, sin embargo, se reconoce no que el dios tenga sexo sino que *es* sexo (Bramly, 201). Marcelin ("GD", 58), por su parte, trae una referencia que quizá explique una faceta de la cólera del dios contra Paulina y Solimán: "Legba est identifié à saint Antoine l'ermite et à saint Antoine de Padoue. Comme le premier, il est ennemi des plaisirs charnels".

[52] Le Hérissé, *L'ancien royaume du Dahomey*, Emile Larose éditeur, 1911, p. 137 (*apud* Price-Mars, *APO*, 102, 152).

de vista artístico, Carpentier debe haberse resistido a la fácil tentación, que sólo habría debilitado el libro. Pero no abandonó totalmente la idea. Con verdadera destreza utilizó lo esencial de ella y lo aplicó a un personaje de mejores merecimientos.

6. Ti Noel y el Rey de Angola

De los monarcas transformados en loas que se mencionan en la enumeración de Mackandal he dejado expresamente para lo último al Rey de Angola, por razones que se verán poco a poco y que se relacionan estrechamente con el desconcertante y debatido final de la novela. Aunque en la lista se alude a él como a un divinizado antecesor africano, su nombre es demasiado general para identificarlo precisamente con ninguno, y tiene todas las trazas de pertenecer a la categoría de los loas criollos.[53] Éstos surgieron posiblemente cuando la trata de esclavos había cesado y se asimilaron tardíamente al panteón vudú; pero sus designaciones solían provenir de África por un fenómeno muy explicable de apegamiento a lo ancestral.[54]

El poderoso Rey de Angola, loa de la tierra perteneciente al rito Petro, llamado también Wangol, Agovi Wangol o Bazou Roi Wangol, asociado sincréticamente con el Rey Mago Gaspar y con el Rey Mago Baltasar,[55] desempeña importante papel en *El reino,*

[53] "The Haitian often carries this matter farther... creating «saints» [loas] for himself out of the forces of nature or other powers in the universe" (Herskovits, *LHV*, 280); "over 250 years of life in Haiti... have helped to build up a corpus of loas born in the Caribbean —the Voodoo-Creole loas" (Williams, *VAH*, 14).

[54] "Les lois [loas], les saints, les mystères peuplant la nature ont reçu le nom d'anciens rois d'Afrique ou bien des localités où ils ont été divinisés". (Aubin, 49); "Le Vôdou perpétue le passé de l'Africain,... la ferveur du menu peuple a fait parvenir jusqu'à nous le souvenir de... princes de l'Afrique lointaine" (Denis, 25); "Both Herskovits [*LHV*, 150, 268-269] and Courlander [*HS*, 26, 29] report that some of the loas are indigenous to Haiti, and they agree that these loas are the result of the deification of powerful ancestors. Evidence to support this contention was also found by the writer" (Simpson, "B", 494-495).

[55] Cf. Seabrook, 55-57; Dorsainvil, *VN*, 175; Courlander, *HS*, 45; Rigaud, 143; Williams, *VAH*, 6. "... two of the kings who figure in the *image* that depicts the Adoration of the Christ Child, Balthazar and Gaspar, are also held to be *vodun* deities" (Herskovits, "AG", 639); "le roi de l'Angole assimilé à l'un des Rois Mages" (Maximilien, *VH*, 216); "Wangol est le roi-mage Gaspard dont le nom congo est Bazou Roi Wangol" (Rigaud, 257-258); "of the Petro group, Wangol (Roi d'Angole) is obviously Angola" (Herskovits, *LHV*, 267-268). Courlander ("LH", 432) agrega que, aunque perteneciente a los ritos congos, de los cuales forma parte el Petro, "an Arada hounfor... near Port-au-Prince had adopted Roi Angole as patron".

donde se habla de él dos veces más y luego se nos deja librados a nuestras propias fuerzas para entender por qué y para qué se le ha hecho aparecer. En la primera, Carpentier lo hace un tanto anacrónicamente al acercarse la reaparición de Mackandal y mientras se prepara en casa de Monsieur Lenormand de Mezy la celebración de la Navidad de 1757. Los esclavos están tratando de distribuir apropiadamente las figuras del Nacimiento; pero se ven en dificultades para acomodar las de los Reyes que ha tallado el ebanista Toussaint por ser "demasiado grandes para el conjunto" y porque "las terribles córneas blancas de Baltasar... parecían emerger de la noche del ébano con tremendas acusaciones de ahogado" (*R*, 59-60). Es posible que con esto Carpentier intentara una o dos sugerencias: que, si bien Baltasar no era todavía manifestación catolizada del Rey de Angola, llegaría muy pronto a serlo, y/o que el loa se insinuaba ya a sus creyentes desde la imagen en que se sentía aprisionado, como las esculturas que tallará el negro Miguel Estatua en *El recurso del método* se le insinúan desde las piedras.[56]

Cuando muchos años más tarde volvemos a encontrarnos con el Rey de Angola, éste se presenta sin disfraces de ninguna clase. Ti Noel, casi centenario y bastante chocho, después de pasar por las penurias de su involuntario trabajo en la Ciudadela, se ha establecido en las ruinas de la antigua hacienda de su primer amo. Allí ejerce, por convicción propia, una especie de monarquía benigna y paternal sobre sus complacientes vecinos. Comienza entonces "a cobrar la certeza de que tenía una misión que cumplir, aunque ninguna advertencia, ningún signo, le hubiera revelado la índole de su misión. En todo caso, algo grande, algo digno de los derechos adquiridos por quien lleva tantos años de residencia en este mundo" (*R*, 183). Por este entonces, también, y como por casualidad, se nos informa de que, "arrastrado por un toque de tam-

---

[56] "...el negro se había hecho famoso en todo el país... por su descubrimiento de que podían sacarse animales de las piedras... un día, allá arriba, en la loma aquella, se había encontrado con una piedra gorda, que tenía como dos ojos y un asomo de narices con esbozo de boca. —«Sácame de aquí»— parecía decirle. Y Miguel, tomando su barrena y su martillo, había comenzado a rebajar aquí, a desbastar allá, liberando patas delanteras, patas traseras, un lomo con ligero acunado al medio, hallándose ante una enorme rana, a sus manos debida, que parecía darle las gracias... Entusiasmado con su descubrimiento, Miguel empezó a ver las rocas sueltas, los esquistos, las materias duras, con ojos nuevos... «La montaña es una cárcel que encierra a los animales» —decía Miguel—: «Los animales están adentro; lo que pasa es que no pueden salir hasta que alguien les abra la puerta»" (77-78).

bores" —repitamos que los tambores pueden ser dioses o contenerlos—, "Ti Noel había caído en posesión del Rey de Angola, pronunciando un discurso lleno de adivinanzas y promesas" (183-184), que naturalmente olvida por completo al salir del trance (Métraux, 122).

Es necesario aclarar a estas alturas que todo hombre poseído alguna vez por un loa adquiere, por este contacto inmediato con un inmortal, la posibilidad, cuando muera, de convertirse en vudú y de habitar en la "zilet en bas de l'eau" ('la isla bajo el agua'), residencia habitual de todo el panteón.[57] Debe agregarse que una de las atribuciones del Rey de Angola es la de ayudar a sus fieles a llegar a esa tan deseada Guinea mística, cuya exacta situación se desconoce y donde se reúnen tanto los dioses como los muertos y algunos hombres que han entonado el siguiente himno en su honor: "Roi Angole oh! / Roi Angole oh! /... que montré moin la prié / pou moin allé lan Guinin /...ce prié Roi Angole qui minnin / Africain lan-Guinin" (Rey de Angola, ¡oh! / Rey de Angola, ¡oh! /...que me ha enseñado la plegaria / para ir a Guinea /... esa plegaria, Rey de Angola, que lleva / el africano a Guinea).[58] Parte de lo que ocurre con Ti Noel desde la invasión prepotente de los mulatos sólo se explica teniendo en cuenta las dos circunstancias mencionadas, más otras en estrecha relación con las posibilidades propias del vudú y un recóndito propósito de Carpentier.

Ti Noel, entre desesperado por no poder ayudar a sus súbditos y temeroso de que lo vuelvan a someter a un trabajo involuntario, se refugia en una serie de transformaciones para rehuir su impotencia, transformaciones que recuerdan las de Mackandal

[57] "once a man becomes possessed of a loa he is marked. Already, while he lives, he has come into intimate contact with inmortality. And when he dies possibly he will go to live in the «island below the sea» [the zilet en bas de l'eau, 26], and become in his turn a loa" (Courlander, *HS*, 15).

[58] [El haitiano] voudrait... réaliser le miracle de se transporter dans le suprasensible... Cet Hymne à l'adresse du Roi Angola en temoigne hautement [se cita completo y a él pertenece el fragmento que hemos mencionado]... La Guinée lointaine —Nan Guinin— est habitée par une race parente de la nôtre. Les ancêtres ont toujours appris que ce sont les Africains qui ont donné naissance aux Haïtiens. Cependant le Roi Angole, grand chef de la Guinée, peut fournir des recettes à qui veut s'y rendre. Sous l'influence de ce mystère et en prononçant avec foi les 3 Pater, les 3 Ave Maria, le serviteur tout en entonnant l'hyme... s'envolera vers la contrée où habite l'âme des ancêtres. Il s'est envolé: puisque par le pouvoir mystique de ces mots-prières, ce privilégié libéré de la pésanteur s'est vu métamorphosé en une sorte d'ombre ou Esprit" (Denis, 31-32). Cf. también Dorsainvil, *VN*, 34-35; Roumain, 63-64; Williams, *VAH*, 107; Drot, 57.

(*R*, 55-56), pero no tienen su intención y más parecen su parodia (190-191). No le va bien en ellas. En su existencia de hormiga sufre los efectos de un despotismo absoluto.[59] Entre los ritualistas y arrogantes gansos, cuyas costumbres han sido minuciosamente estudiadas por el naturalista Konrad Lorenz,[60] no le va mucho mejor. De regreso de tan "azarosas licantropías", Ti Noel, en "un instante de suprema lucidez" que es casi una revelación, descubre que se ha engañado o no ha entendido a fondo las enseñanzas de su maestro, y comprende que la misión que lo aguardaba, y no ha realizado, era trabajar sin saber para quién hasta alcanzar "su máxima medida de hombre" "en el Reino de este Mundo" (*R*, 194, 196-197). El débil y gastado viejo inicia entonces un gesto que podría redimirlo. Se sube a la mesa de Boule robada durante el saqueo de Sans-Souci y lanza "su declaración de guerra a los nuevos amos, dando orden a sus súbditos de partir al asalto de las obras insolentes de los mulatos investidos". En ese instante se desencadena un ciclón devastador que arrasa con los pocos bienes del exesclavo, con las ruinas donde habita y con el personaje mismo (197-198).

¿Por qué eligió Carpentier un huracán para iniciar bastante apocalípticamente el final de la novela, cuando tenía a la mano la catástrofe causada por el terremoto de 1842 que asoló casi totalmente la Llanura del Norte [61] y que correspondía mejor al

---

[59] Quizá sólo a título de curiosidad, quizá por algo que todavía no he conseguido dilucidar, creo interesante indicar aquí una coincidencia entre *The Book of Merlyn* de T.H. White, cuyo manuscrito estaba concluido a fines de 1941 pero no fue publicado hasta 1977, y *El reino de este mundo*. En el capítulo 7 del primero, Merlín transforma en hormiga al ya viejo y cansado rey Arturo para que observe la vida y las costumbres de sus temporarios congéneres. Lo que Arturo encuentra (capítulos 7-9) es muy semejante a lo que encuentra Ti Noel, aunque Carpentier lo cuente en menos palabras. La aventura se integró luego, ligeramente modificada, en *The Once and Future King* (1958), donde se convirtió en una de las experiencias educativas del joven Arturo (libro I, cap. 13).

[60] Konrad Lorenz, *On Agression* [1963], traducción del alemán por Helen y Kurt Wolff Brook, Hartcourt, Brace and World Inc., New York, 1966, especialmente 180ss.; no sé si hay algún artículo anterior que se refiera a la conducta de los gansos. Vale la pena indicar, además, otra coincidencia entre *El reino* y *The Book of Merlyn*. En éste, el rey Arturo también es convertido en ganso salvaje blanco (capítulos 13-15). Las observaciones del monarca y las conclusiones a que llega T.H. White (cap. 16), salvo en detalles, difieren de las de Carpentier. La aventura se incorporó luego a *The Once and Future King* (libro primero, capítulos 18-19).

[61] "The greatest calamity [durante el gobierno de Boyer] was the earthquake of 1842, which injured every city in the northern department, and almost annihilated Cap Haïtien" (St. John, 87).

dominio del Rey de Angola? Creo que tuvo varios motivos. Es evidente que los huracanes fascinan a Carpentier, quien los describe con lujo de detalles en *Ecue-Yamba-O* (26-36) y, con intención más profunda, en *El siglo de las luces* (50-54). Es verdad irrefutable que los huracanes son una de las amenazas naturales más temibles en la zona del Caribe, hasta el punto de que los indígenas precolombinos deificaron su fuerza.[62] Es verdad también que el Mackandal de la novela, o la convicción de sus seguidores, había anunciado que, a una señal del mandinga, los dioses ancestrales harían estallar "el ciclón que completaría la obra de los hombres" (*R*, 56). Y es verdad aún más significativa que suele describirse a los loas como vientos [63] que a veces guían e impulsan a los humanos a tomar decisiones, característica registrada en la gesta de Soundjata Keita después que éste consulta a los dioses para saber si debe retornar al usurpado territorio de su padre:

> ... cuando el gallo expiró sobre el lomo, un gran torbellino se levantó y arrancó los árboles mientras se dirigía hacia el oeste:
> —Mira —dijo Balla Fassiké—, el torbellino va hacia el Manding.
> —Sí, es tiempo de regresar (Niane, 132).

Pero, ¿cómo debemos interpretar lo que se dice luego de Ti Noel? Que ha desaparecido sin dejar rastros en cuanto hombre de carne y hueso está perfectamente claro. Que, muy explicablemente después del cataclismo, el buitre, sólo ser vivo en el desolado paisaje, sea el único que tal vez sepa algo de él (*R*, 198), resulta de una lógica abrumadora. El lector no se siente satisfecho, sin embargo, con tan razonable, pedestre y desabrida conclusión, ni podía sentirse, después de todo lo que ha visto a lo largo del libro.

El nombre de Ti Noel, cuyo probable origen ya hemos señalado (cf. *supra*, cap. I, n. 143), el del último capítulo —"Agnus Dei"—, el explicativo "cruz de plumas" [64] aplicado al buitre, más

[62] Cf. Fernando Ortiz, *El huracán: su mitología y sus símbolos,* Fondo de Cultura Económica, México, 1947.

[63] "She felt as though a great wind raged around her... It was clearly the start of a fit of possession" (Thoby-Marcelin, 142); "the loa, a Catholic Voodooist once explained to me, are spirits, something like winds" (Métraux, 83).

[64] *R*, 198. En Cuba, la gente del pueblo dice que el aura —especie de buitre— *se pone en cruz* cuando abre las alas mojadas después de una lluvia (Cabrera, *M*, 154). Isabel Ezquerra de Hacthoun, cubana y residente de Las Villas durante la niñez, recuerda dos versos de un juego al que se entregaba con sus compañeros en la escuela rural donde trabajaba su madre: "Aura tiñosa, ponte en cruz; / mira a las otras como tú".

alguna alusión evangélica anterior —"Cuando las mujeres lo veían aparecer en un sendero, agitaban los paños claros, en señal de reverencia, como las palmas que un domingo habían festejado a Jesús" (*R*, 183) — han solido despistar a los críticos, quienes se han empecinado a causa de ellos en interpretar la última página como una teofanía *modo christiano* de la cual el Cristo sería Ti Noel. Recordemos, a título de inventario, que a Carpentier le encanta establecer comparaciones y paralelos de inspiración bíblica, como el que pone en un pie de igualdad, con simpatía un tanto burlona, al Dios del Génesis y al escultor negro Miguel Estatua, expresando así la satisfacción de un creador ingenuo: "Y Miguel miró la paloma, el búho, el jabalí, la chiva, la danta, y vio que todo era bueno, y como estaba cansado de tanto trabajar descansó un séptimo día" (*RM*, 78). Advirtamos, además, que cuando el vudú asimila a Cristo, éste no es el "de l'Eglise triomphante, mais le vaincu du Golgotha" (Dorsainvil, *VN*, 42), y que ni para él ni para el pobre cristo de Ti Noel el buitre sería la manifestación más apropiada. Y afirmemos sin temor que, si ante algo nos pone la difícil página, no es ante una teofanía, 'aparición de un dios', sino ante una apoteosis, 'proyección de un hombre —casi siempre un héroe— a la categoría divina', apoteosis que, por otra parte, tiene su pizquita de *deus ex machina* y su muchísimo de solapada intención. Después de lo dicho, me permito afirmar que la única posibilidad de interpretación consiste en no apartarse del vudú, en ver hasta qué punto sus creencias han influido sobre el desenlace de *El reino* y en no olvidar que Carpentier se ha lamentado de que, en *Ecue-Yamba-O,* no había logrado ofrecer una visión desde adentro de lo que considera más importante en las culturas africanas: su animismo esencial.[65]

---

[65] "En una época caracterizada por un gran interés hacia el folklore afrocubano recién *descubierto* por los intelectuales de mi generación, escribí una novela —*Ecue-Yamba-O*— cuyos personajes eran negros de la clase rural de entonces... Pues bien: al cabo de veinte años de investigaciones acerca de las realidades sincréticas de Cuba, me di cuenta de que todo lo hondo, lo verdadero, lo universal del mundo que había pretendido pintar en mi novela había permanecido fuera del alcance de mi observación. Por ejemplo: el animismo" (*TD*, 14-15); "en su primera novela, *Ecue-Yamba-O...* algo inocentemente trata de pintar la cultura afrocubana desde *adentro*, aunque, como lo admite hoy, sus relaciones con esa cultura eran tan poco íntimas que se le escapó el elemento clave: el animismo" (Harss, 55-56). En cuanto al concepto de animismo, vale la pena citar lo dicho por Price-Mars sobre la actitud de los negros de África, aunque podría aplicarse también a los haitianos: "Ils vénèrent l'esprit qu'ils croient incarné dans certaines formes de la matière et particulièrement dans les grandes forces

Ya dijimos que, de acuerdo con la fe de los vuduistas, todo hombre que ha sido poseído por un loa puede convertirse en loa porque ha estado en contacto estrecho con la inmortalidad. Alcanzada la isla submarina, por lo general gracias al Rey de Angola, adopta una forma animal.[66] Pero el nuevo loa, como los antiguos, puede ir y venir, porque ningún lazo lo sujeta para siempre a la morada de los dioses; puede regresar a la tierra, vivir en los árboles del campo y de los bosques y elegir de aquéllos el que mejor le convenga.[67] Tal es la decisión que Ti Noel adopta, convencido antes de morir de que su misión sólo podía realizarse en este mundo. Por eso, transformado en buitre,[68] negro como él, mojado literalmente por las aguas que el huracán ha arrojado sobre la tierra o por haber emergido de la mística isla bajo el mar, Ti Noel regresa a lo que es más suyo, al nativo Haití, donde va a permanecer como su maestro Mackandal. No se limita a esto, sin embargo, sino que se dirige al lugar más apropiado al Bois Caïman donde el ansia de libertad y de justicia había reunido en 1791 a los esclavos que Bouckman iba a juramentar, y donde, quizá, retoñe el árbol mencionado por Toussaint L'Ouverture en sus serenas pero amenazadoras palabras a los oficiales de Leclerc que lo embarcaban, prisionero, rumbo a

cosmiques: la Mer, la Terre, les Fleurs, la Fôret, etc. C'est ce que la science moderne à force de patientes recherches a appelé l'Animisme" (*EEH*, 128).

[66] "When he goes to live in the *zilet* he frequently assumes an animal or marine form" (Courlander, *HS*, 26).

[67] "The loa come and they go as they please, since they are not bound to the *zilet*. Although the loa now reside in *the island below the sea*, they also live in the trees of the country side, each loa claiming a different variety. Food is hunged in the branches, and if the birds sometimes eat more than the loa do, that does not really matter. Besides, one is never sure of the identity of the birds who eat such offerings" (Courlander, *HS*, 27). Cf. también Courlander, "LH", 424-425.

[68] Según Johnston (492), "there are no vultures in Haiti, a negative feature which at once distinguishes the island from Cuba, Jamaica and the Bahamas". A pesar de ello leemos que, cuando Christophe se dispone a montar a caballo para dirigirse a Haut-du-Cap, "un vieux vautour..., perché dans une de tours du château, part à tire d'aile, annonçant sur son chemin aux camarades qu'ils auront bien-tôt bonne et abondante chère, car Sa Majesté marche sur la ville rebelle" (Marcelin, *ChH*, 36). De acuerdo con la información de mi alumna dominicana Madelaine Heded en Santo Domingo existe un vultúrido pequeño llamado *maura tiñosa*, la cual es posiblemente el aura tiñosa de Cuba. En la última isla, los negros la consideran sagrada y semidivina. Dicha ave mereció la bendición de Olofi —aspecto de Olodumare Nzame, el principio creador (González-Wippler, 23)— después que salvó a las especies vivientes de morir en una sequía universal (Cabrera, *M*, 153).

Francia: "En me renversant, on n'a abattu à Saint-Domingue que le tronc de l'arbre de la Liberté. Il repoussera, car les racines sont profondes et vivaces" (cf. St. John, 70; Denis, 30).

Así, desde el bosque del Pacto Mayor, el lento y poco inteligente discípulo de Mackandal, hombre de Bouckman, enemigo de Christophe, víctima de diversas esclavitudes, imaginario rey benigno sin autoridad ni presencia, antihéroe evidente pero héroe a su manera, después de una vida de esfuerzos, peripecias y amarguras, espera alerta y definitivamente invulnerable, en la poderosa vida de los muertos haitianos,[69] ayudado acaso en su metamorfosis por los buenos recuerdos y la sincera fe de quienes bailaron en su patio o recibieron sus pintorescas órdenes.[70] Y espera decidido a que la humilde pero iluminada humanidad de la cual proviene comprenda y sirva a la simple humanidad que todavía vive, sufre y sueña.[71] Más aún, espera determinado a que el buitre elegido para seguir entre los hombres —el verdadero Agnus Dei— no sólo quite los pecados sino que, cruz negra del Barón Samedi, del Barón Piquant, del Barón Lacroix, amos de cementerios, devore a su tiempo los cadáveres corruptos que infectan desde siglos el alma del planeta, salvando de ese modo la tierra de Haití y, ¿por qué no?, el reino de este mundo.

[69] "Les morts ont de grands pouvoirs, me dit un homme âgé de la classe aisée qui ne pratique, comme certains, la réligion populaire: le Vaudou" (Milo Marcelin, "La poule frisée", *apud* Drot, 50). Aunque en Haití existe un culto de los muertos, ignoro sus características. En Bahía, existe algo que parece oscilar entre culto de los muertos y culto de los antepasados y se rinde a los *pretos velhos* o espíritus de antiguos esclavos negros reputados por su prudencia y su sensatez. Los *pretos velhos* no son precisamente dioses, pero ayudan con sus consejos, sólo hacen el bien, representan la historia de su pueblo en Brasil y su día es el 13 de mayo, aniversario de la abolición de la esclavitud (Bramly, 121-122).

[70] "Perhaps it is simply time and memory which make a loa of a man" (Courlander, *HS*, 26); "Perhaps the essential thing is that a serviteur, for whatever reason or reasons, has made an impression on his relatives or followers which is strong enough to cause them to think he will surely outrank the ordinary dead and take his place among the important figures in the world which is known only imperfectly to the living" (Simpson, "B", 504).

[71] "It was a young student in Port-au-Prince who wrote [en 1969] an essay which he called «Everybody dreams in Haiti». What he meant, of course, was not only that Haiti is a land of dreams, actual dreams, but also that the people of the island believe in a future which, however impracticable, they know will come to pass some day" (Williams, *VAH*, 64).

EPÍLOGO

Espero haber demostrado que *El reino de este mundo* resultó de un extraordinario y minucioso trabajo. Labor de investigación, en primer lugar; de exquisita e intencionada selección, en segundo; de creación siempre alerta, por fin. Y en relación con lo último desearía explayarme algo más. La obra, pese al copioso material ajeno incorporado a ella, no es un *collage*. Es un complejo mosaico sin rigidez ni soluciones de continuidad al que la unidad de estilo, de tono y de propósito ha dotado de originalidad indudable.

Sólo ahora es posible, creo, advertir la similitud estrecha entre *El reino* y *El siglo de las luces*. De que el primero es una anticipación del segundo no caben dudas. De que sus desenlaces sean idénticos podría haberlas, aunque sin mayor razón. Ambos finales son perfectamente positivos. Los últimos pasos de Ti Noel, Sofía y Esteban por este mundo representan la iluminación interior que pasa y pasará de mano en mano como una antorcha inextinguible, guiando a la humanidad en el logro de sus intenciones más valiosas.

Los procedimientos de construcción y composición para *El reino* son comunes a *El siglo* y a *El recurso del método,* y me atrevería a decir que no son ajenos a *La consagración de la primavera*. Si alguien decidiera empeñarse en la útil tarea de investigar todo lo que a ellas se refiere, contribuiría al mejor conocimiento de Carpentier el artista, el pensador, el lector incansable y atento, el maestro que ha servido de modelo y estímulo a escritores más jóvenes (cf. Apéndice I).

Y finalmente, una confesión. Pese a los pronósticos de que, a fuerza de releerlo y estudiarlo, *El reino de este mundo* terminaría por aburrirme mortalmente, nada semejante ha sucedido. Parafraseando los versos de Calderón que sirven de epígrafe a la cuarta parte del relato, puedo decir sin cargos de conciencia: "Admiración por sus visiones tuve, / pero ahora en extremo me fascinan".

APÉNDICE I

LA POSTERIDAD INMEDIATA

En 1963 aparecieron casi simultáneamente dos obras de teatro: *La tragedia del Rey Christophe*, escrita por el colombiano Enrique Buenaventura que ganó con ella el Primer Premio Latinoamericano (Instituto Internacional de Teatro, París, 1963), y *La tragédie du Roi Christophe* de Aimé Césaire, negro de la Martinica. Comparadas con los pasajes y capítulos dedicados al único monarca de Haití en *El reino*, ofrecen más diferencias que semejanzas. Carpentier se había concentrado en la actitud despótica de Henri y apuntado de manera muy vaga el reformador (*R*, 160), quien, pese a todo, despertó la fe de su pueblo, como lo demuestra uno de los postreros gestos de Ti Noel cuando medita acerca de la intervención prepotente de los mulatos (189). Ambos dramaturgos, en cambio, destacan sus contradicciones íntimas y el malogro de sus buenas intenciones de gobernante debido a aquéllas tanto como a haberse adelantado con sus proyectos a la época en que vivió. Césaire, además, establece un subterráneo paralelo entre el fracaso del reinado y la situación de los países de África que lograron recientemente la independencia. Por otra parte, mientras Buenaventura inicia su tragedia remontándose a los tiempos en que, según se dice, Christophe trabajaba en un hotel del Cabo Francés y en cierto modo coincidiendo en esto con Carpentier, Césaire prefiere comenzar su obra con los acontecimientos que determinaron la división de Haití en dos estados y llevaron a Christophe a la presidencia del Norte, circunstancias que no figuran para nada en *El reino*. Por todo lo dicho resulta curioso, a primera vista, que los dos dramaturgos acudan a la novela y descubran en ella rasgos y sugerencias utilizables. Éstos van desde el modo de incorporar los datos recogidos hasta la intercalación de lo que sólo proviene del escritor cubano, aunque no concurran en la misma proporción ni se los emplee con la misma habilidad.[1]

Si las cuentas no me fallan, Buenaventura sólo tres veces echa mano de *El reino*. Durante la ceremonia de Bois Caïman, Carpentier había hecho que la sacerdotisa invocara en su letanía a casi todos los Ogunes; en la misma situación, Buenaventura pone en boca de Bouckman los nombres de diferentes deidades entre las que figura Ogún Ferraille, y presenta a un houngan poseído por otro dios de la misma familia (100-101). Nada más vuelvo a encontrar en *La tragedia* hasta la escena tercera del acto cuarto (141) y el epílogo (145). En el primer caso, el monarca cuenta a dos de sus dignatarios un sueño que acaba de tener: "Algo espantoso y ridículo al mismo tiempo. Soñé que estaba hundido en el cemento de la fortaleza. Tenía todo el cuerpo empotrado en el cemento... Sólo la cabeza afuera..."; en el segundo caso, su amigo y consejero Vastey, quien históricamente fue el intelectual de la Corte, permaneció fiel hasta la última hora y murió fusilado al triunfar la rebelión, informa al público de que el sueño se ha cumplido: "Fue sepultado en la fortaleza de La Ferrière. En el viscoso mortero se hundió su cadáver regiamente vestido". Nadie, con excepción de Carpentier, cuenta así lo sucedido ni afirma que las vestiduras fúnebres eran de gala (cf. *supra*, cap. II, n. 46). Según él, antes de suicidarse, Christophe "vistió su más rico traje de ceremonias" (*R*, 161) y, ya muerto y en el patio de la ciudadela, "los pajes colocaron el cadáver sobre un montón de argamasa, en el que empezó a hundirse lentamente, de espaldas, como halado por manos viscosas. El cadáver se había arqueado un poco en la subida, al haber sido recogido, tibio aún, por los servidores. Por ello desaparecieron primero su vientre y sus muslos. Las brazos y las botas siguieron flotando... Luego, sólo quedó el rostro, soportado por el dosel del bicornio atravesado de oreja a oreja" (167). Y, por si nos quedaran dudas acerca de la procedencia, la inclusión de *viscoso* añadido a mortero nos las quita inmediatamente. También Césaire se dejó arrastrar por Carpentier para la misma situación, que en su tragedia no llega a ocurrir y es ordenada por Vastey como homenaje póstumo, lo cual determina una transformación creadora: "Qu'on le mette debout / dans le mortier gâché... / ...Non pas couché, mais debout" (159). Y de los dos dramaturgos, es justamente Césaire el que acude a *El reino* con más frecuencia y con mayor originalidad.

---

[1] Porque tanto Carpentier como Césaire han utilizado el libro de Leconte, sólo estudiaré aquí los casos en que la fuente ha sido indudablemente el autor cubano. Y aunque sospecho que el martiniqueño sabe español, vale la pena recordar que pudo haber leído a Carpentier en la traducción francesa de *El reino* (Gallimard, París, 1954), de la cual hay ya varias ediciones.

En "El emparedado", Carpentier, siguiendo a Leconte,[2] habla del lugar en que aquél se encuentra y lo describe libremente: "En la esquina del Arzobispado, un rectángulo de cemento acababa de secarse, haciéndose mampostería con la muralla, pero dejando una gatera abierta" (R, 142); agrega poco después que el condenado a muerte estaba "sepultado en vida dentro de su oratorio" y que se extinguiría "al pie de una pared recién repellada" (143). Césaire incluye la idea en la despiadada orden de Christophe, pero ampliándola y dándole un alcance que no figuraba en Carpentier: "Faites murer les portes et les fenêtres de l'archevêché. Toutes. Murez. Murez. Ne laissez rien d'ouvert, même pas une châtière. J'ai donné à Brelle le plus beau palais archiépiscopal du Nouveau Monde!" (107). La palabra *châtière*, que no aparece en Leconte, ayuda a identificar la fuente de Césaire y la confirma. También en "El emparedado" Carpentier se refiere al sucesor de Cornejo Breille: "Sans-Souci tenía un nuevo favorito: un capellán español de larga teja, tan dado a ir, correr y decir como aficionado a salmodiar la misa con hermosa voz de bajo... Cansado del garbanzo y la cecina de los toscos españoles de la otra vertiente, el fraile astuto se encontraba muy bien en la corte haitiana, cuyas damas lo colmaban de frutas abrillantadas y vinos de Portugal" (R, 143-44). Césaire distribuye parte de la caracterización en los parlamentos de dos personajes distintos agregando lo suyo. El bufón Hugonin en alguna ocasión Carpentier habla de los bufones del rey de Haití (R, 136) — como todo bufón que se precie, critica ácidamente al advenedizo destacando su gula y las atenciones que le prodigan las mujeres: "replet, dodu, gonflé de son importance et de confitures au marasquin, il vient manger jusque dans la main de nos dames"; y una de ellas, molesta por la alusión, le responde: "Si vous aviez plus de religion et vous fréquentiez la messe, vous sauriez quelle jolie voix de basse est la sienne" (125).

Mientras Carpentier, atraído siempre por las comidas, por las dotes rítmicas de los negros y por sus danzas, describe en ese sentido lo que estaba ocurriendo en Haut-du-Cap horas antes del ataque a Sans Souci —"En las esquinas había grandes calderos llenos de sopas y carnes abucanadas, ofrecidas por cocineras sudorosas que tamborileaban sobre las mesas con espumaderas y cucharones. En un callejón de gritos y risas bailaban los pañuelos de una calenda" (R, 153-154) —, Césaire, por su parte, pone en boca de Hugonin un resumen modificado de lo dicho por Carpentier, resumen que apunta al ambiente reinante ese día en la población: "En Haut-du-Cap c'est la fête: les chaudrons des

---

[2] "Il [Christophe] ne le fit pas périr dans un cachot de détention publique, il le laissa à l'Archevêché... ordonna de murer les portes d'une pièce de ses appartements" (Leconte, 407).

paysannes cuissent en plein vent, recouverts d'une feuille de bananier" (153). Y si Carpentier comenta narrativamente que el cadáver de Christophe, llevado en una hamaca por sus pajes, se volvía "cada vez más pesado" al subir las escaleras interiores de la fortaleza, Césaire, con mayor intención, amplía dramáticamente:

Premier Porteur: Oh la la!
                      Pour lourd, on peut dire qu'il est lourd.

Deuxième Porteur: Dame! un Roi
                      c'est toujours lourd un roi.

Premier Porteur: Pas seulement qu'il est lourd... Faut remarquer qu'il s'alourdit.

Deuxième Porteur: C'est pt'être qu'il est de plus en plus Roi.
                      Faut dire que c'était un grand arbre.

Premier Porteur: Par sûr! Avez-vous remarqué comme tout le long du chemin, son corps tirait vers par icitt? Maintenant c'est le contraire. Son poids c'est sa parole. Faut savoir la comprendre (158-159).

Así, la natural impresión de que un peso físico aumenta cuando se asciende o a medida que el cansancio agobia a quienes lo transportan, se convierte en expresión de la férrea voluntad de Christophe.[3]

A pesar de evidentes diferencias, es con la reconstrucción de la misa "à grande orquestre" (Bonnet, 288) del 15 de agosto de 1820 con lo que Carpentier ha influido más sobre Césaire. Según Leconte, consultado por ambos,

Après avoir executé la première partie de la messe jusqu'au Credo le celebrant quitta sa place du bas pour remonter à l'autel, pour procéder aux cérémonies de l'Offertoire. Subitement il vit un autre prêtre occuper le centre de l'autel. Il reconnut dans cette vision le père Corneille Brelle. L'esprit de ce dernier s'était materialisé et apparut dans la sérénité divine de la puissance. Jean de Dieu Gonzalès en fut vivement troublé; il hésite à s'avancer; il regarde Christophe comme pour lui demander ce qu'il avait à faire. Celui-ci, soit qu'il ait vu le spectre surnaturel, soit que Jean de Dieu, suivant ce que l'on rapporte, lui eût dit en deux mots qu'il y avait un autre prêtre sur l'autel et qu'il ne pouvait en prendre la place, frappa avec impatience les dalles de son jonc et ordonna à Jean de Dieu de remonter pour continuer l'office. L'infortuné Gonzalès, pris entre deux effrois, s'abattit; au même instant Christophe perdit l'usage de ses sens... il venait d' être atteint de la paralysie d'une partie du corps. La vengeance du vieux Corneille était manifeste. Quand les Esprits veulent nous frapper ils

___

[3] Cf.: "The king was interred in the bastion Henri, no doubt by his own desire" (Carta de William Wilson a Thomas Clarkson, Cap Haïtien, 5 de diciembre de 1820, en *Ch*, 218).

n'ont pas besoin de se montrer; dans le cas qui nous préoccupe Corneille Brelle avait besoin de préparer la chute de Christophe par un incident retentissant, digne de la vie extraordinaire du monarque. Celui-ci pu considérer la vision? On ne l'a jamais affirmé. Nous voulons croire, d' après tout ce qui nous est parvenu, que le père Jean de Dieu a été le seul à l'avoir vu. Il l'attesta plusieurs fois avant de mourir (420-421).

Carpentier, en una ampliación brillante, introduce rasgos que dramatizan la narración —el final de la Lectio libro Sapientiae (Eclesiástico, 15-20; según Nácar-Colunga, 17-20) del Introito y el Ofertorium de la misa de la Asunción,[4] un fragmento del Dies Irae—, pues pone los dos primeros en boca de Juan de Dios González y el último en la del espectro de Cornejo Breille (*R*, 147-149). Carpentier se burla, además, de la ignorancia y las asociaciones de la reina; trae a colación el recuerdo de que Christophe había querido que la misa se dijera en la iglesia de Limonade y da las características del mármol usado en ella.[5] Pero, hecho más importante aún, refleja las emociones y los sentimientos que atraviesan la mente de Christophe poco antes del Ofertorio, emociones y sentimientos donde se incluyen supersticiones populares de intención mágica en las que el rey sin duda cree:

> ... el rey se sentía rodeado de fuerzas hostiles. El pueblo que lo había aclamado a su llegada estaba lleno de malas intenciones, al recordar demasiado, sobre una tierra fértil, las cosechas perdidas por estar los hombres ocupados en la construcción de la Ciudadela. En alguna casa retirada —lo sospechaba— habría una imagen suya hincada con alfileres o colgada de mala manera con un cuchillo encajado en el lugar del corazón (*R*, 148).

Carpentier continúa con la aparición fantasmal del arzobispo, a quien ven tanto el oficiante como Christophe; pero la en este caso corporización progresiva se enriquece con toques que rayan en lo grotesco y hasta se la reviste con una variante de la casulla de terciopelo granate que, según Leconte (341), se conservaba en la iglesia de Limonade: "el espectro había ido a sentarse sobre una de esas vigas,... aspándose de mangas y de piernas, como para lucir más sangriento el brocado" (*R*, 150). Mientras tanto Ogun-Shangó ha dejado caer su rayo vengativo (cf. *supra*, cap. III) y la parálisis se ha apoderado del monarca.

[4] Para lo referente a la Misa de la Asunción de la Santísima Virgen María, he consultado Dom Gaspar Lefebvre O.S.B., *Misal diario y vesperal*, traducido y adaptado por el P. Germán Prado, novena edición ¿española?, Brujas (Bélgica), 1946, pp. 1684-1686.
[5] Cf.: "le Roi annonça, la veille du jour [del 15 de agosto], que c'était à Limonade que la Cour devait se rendre pour assister à la fête de Notre-Dame" (Leconte, 417). Para las características del mármol, v. *supra*, cap. II.

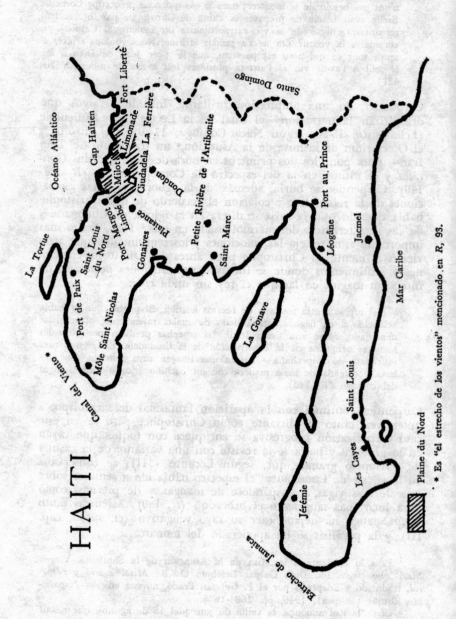

Césaire no echa en saco roto las sugerencias de la estupenda versión de Carpentier, que convierte en modelo para la escena segunda del acto tercero; pero utiliza todo muy libremente. En primer lugar, muestra la aparición —vista por el rey, aunque no por el oficiante— sin acotación particularizadora ninguna, dejando que por las reacciones de Christophe se interpreten los efectos que ha producido. En segundo lugar, transforma el episodio en alternación de fragmentos de la letanía de la Virgen, del Agnus Dei y de otro texto del ritual católico —"Oremus. Concede nos famulos tuos, Domine, perpetua mentis et corporis sanitate gaudere" (129)— con otra letanía donde se enumeran loas del vudú y personajes haitianos a quienes, real o supuestamente, Christophe traicionó:

> Herzulie Freda Dahomey
> ora pro nobis. . .
> Locco, Petro, Brisé Pimba,
> toutes divinités de la foudre et du feu [6]. . .
> Zeide Baderre Codonozome!
> (Ah! celle-là se mettait debout sur la gueule
> des canons pour les pointer)
> Ora pro nobis. . .
> Miserere, miserere. . .
> Saint Toussaint mort de nos pechés,
> parce nobis,
> Saint Dessalines mort au Pont Rouge
> tel un dieu pris au piège
> on eût dit vomi par l'effroyable fissure
> le noir feu de la terre
> quand il défia de son tonnerre la fraude aux
> cinq mille bras,
> miserere,
> miserere nobis (127-129)

La letanía de Césaire, distribuida entre el oficiante y Christophe, proyecta, como el texto de Carpentier, las quizá cuidadosamente escondidas creencias verdaderas del rey (cf. *supra,* cap. III) y añade un rasgo nuevo: la súbita afloración a su conciencia de culpas cometidas para lograr el poder, culpas que sin duda empiezan a torturarlo.

Dentro de la misma escena se advierten todavía otros influjos de Carpentier. En el capítulo de "El emparedado", después de describir la agonía de un hasta ese momento anónimo prisionero cuya voz se desgarraba "en anatemas, amenazas oscuras, profecías

---

[6] Estos dos versos pueden provenir tanto de Carpentier como del artículo de donde los tomó el autor cubano (cf. *supra,* capítulo II). El segundo verso, sin embargo, recuerda más la construcción de Denis. No sé si la palabra *foudre,* utilizada por Césaire, es errata o cambio intencionado por la *poudre* mencionada en el artículo.

e imprecaciones" (*R*, 142), Carpentier lo identifica con el arzobispo Cornejo Breille y agrega que "Henri Christophe, que acababa de insultar a San Pedro..., no iba a asustarse por las ineficientes excomuniones de un capuchino francés" (143). Césaire, recurriendo a un juego de palabras a base de los dos valores del vocablo *corneille* —la designación francesa de la corneja, el nombre del arzobispo—, hace exclamar jactanciosamente a Christophe cuando éste advierte la presencia del fantasma: "Un homme qui a defié Saint Pierre / ne craindra pas une corneille enroué / volant dans son soleil" (123).[7] Además, empleando un procedimiento en modo alguno ajeno a Carpentier, translada a los labios del rey una pregunta tradicionalmente atribuida a su mujer:[8] "Juan de Dios, prêtre de l'Eglise Romaine, quelle sorte de messe dites-vous là" (129). Y para cerrar la escena, Césaire reemplaza las conjeturas de Christophe sobre las intenciones de sus súbditos por otra no menos expresiva que el monarca profiere al caer fulminado: "qui, qui a chanté sur moi le Bakulu Baka?".[9]

Así, el extraordinario elaborador de un mosaico magistralmente increíble pasa a ser, a su vez, proporcionador de materiales y fuente sugeridora para dos escritores cuyas obras constituyen la posteridad inmediata de *El reino de este mundo*.

---

[7] La referencia al sol se relaciona, probablemente, con el que se encontraba en Sans-Souci (cf. *supra*, cap. II).

[8] Cf.: "La Reine Marie Louise, dans une légitime émotion, s'adressa ainsi au père Jean de Dieu, transporté à la sacristie: «Mon père, quelle sorte de messe avez vous dite aujourd'hui?»" (Leconte, 421).

[9] Según el propio Césaire (129, n.1), Bakulu Baka es un "dieu maléfique du culte Petro".

APÉNDICE II

HAITI

Océano Atlántico

La Tortue

Canal del Viento +

Cap Haïtien **
Fort Liberté ***
Limonade
Milot *
Ciudadela La Ferrière
Dondon
Port Margot
Saint Louis du Nord
Port de Paix
Port Limbé
Plaisance
Petite Rivière de l'Artibonite
Môle Saint Nicolas
Gonaives
Saint Marc
Santo Domingo

Port au Prince
Léogâne
Jacmel
La Gonave
Mar Caribe

Jérémie
Les Cayes
Saint Louis

Estrecho de Jamaica

Plaine du Nord

+ Es "el estrecho de los vientos" mencionado en R, 93.
* En las cercanías se encuentran las ruinas de Sans Souci.
** Antes Cap Français y Cap Henri.
*** Antes Fort Dauphin.

APÉNDICE III

CRONOLOGÍA*

1625. D'Esnambuc viaja a las Antillas. Se apodera de Saint-Christophe.
1626. (31 de octubre). Se crea la Compañía de Saint-Christophe e islas adyacentes.
1627. Segundo viaje de d'Esnambuc.
1628. La flota española cae en poder de Piet Hein.
1640. (31 de agosto) Al mando de Levasseur, los franceses se apoderan de la Tortuga.
1656. Du Rausset, comandante de la Tortuga.
1660. Du Rausset desaloja definitivamente de la Tortuga a los españoles.
1664. Los franceses se afirman en Santo Domingo. Luis XIV crea la Compañía de las Islas Occidentales con el propósito de comerciar con el Nuevo Mundo.
1665. (6 de junio) D'Ogeron, gobernador de la Tortuga y de las poblaciones francesas establecidas en Santo Domingo.
1670. Fundación de Cap Français.
———— (julio) Firma del Tratado de América entre España e Inglaterra con el propósito de poner fin a las incursiones de los bucaneros y solucionar otros problemas.
1676. (31 de enero) D'Ogeron muere en París.
1679. Rebelión del esclavo Padrejean en Port-de-Paix.
1685. Promulgación del Código Negro. Revocación del Edicto de Nantes; muchos hugonotes franceses emigran a las Antillas.

---

* Por la ayuda que puedan prestar, se incluyen circunstancias y hechos omitidos en *El reino* y se calculan las fechas de algunos de los personajes ficticios. Por lo demás, la cronología se extiende hasta la muerte de los principales personajes históricos mencionados en la novela.

1691. Se descubre y evita en Port-de-Paix una rebelión de esclavos posiblemente apoyada por las autoridades españolas;
sus cabecillas eran Janot Marin y Georges Dollot, llamado
Pierrot.

1697. Sitio de Cartagena de Indias por una armada francesa y
un grupo de filibusteros (15-17 de abril). Capitulación y
saqueo (3 de mayo). Los filibusteros, abandonados y en-
gañados por el jefe de la escuadra, vuelven a atacar y sa-
quear la ciudad (3-4 de junio).

——— (septiembre) Firma del Tratado de Ryswick. Se reconoce
el derecho de los franceses a la parte occidental de Santo
Domingo.

——— Trescientos africanos se rebelan en Quartier-Morin (Departamento del Norte).

1704. Rebelión de esclavos en Cap Français apoyada posiblemente por las autoridades españolas.

1711. Dispersión de los filibusteros. La mayoría se establece en
Saint-Domingue y otras islas de las Antillas.

1718. Primera medida legislativa contra los esclavos envenena-
dores.

1719. El esclavo Michel organiza en Bahoruco la resistencia contra los blancos.

1730. *¿Nacimiento de Ti Noel, el personaje?*

1734. Rebeliones de esclavos encabezados por Polydor (Le Trou),
Noël (Fort Dauphin), Isaac y Pyrrhus Candide, y Télémaque Canga (N. E.).

1743. Nace Toussaint L'Ouverture.

1751. François Mackandal se convierte en cimarrón.

1757. (diciembre) Mackandal es sorprendido y capturado en la
hacienda de Dufresne.

1758. Nace Jean-Jacques Dessalines.

——— (20 de enero) Condena y ejecución de Mackandal.

1763. (24 de noviembre) Los jesuitas son expulsados de las colonias francesas. Los reemplazan los capuchinos.

1764. Aparece el primer número de la *Gazette de Saint-Domingue*. El teatro de la calle Vaudreuil deja de ser exclusivo
y se abre al público en general.

1765. El abate La Haye viaja a Saint-Domingue.

1767. (6 de octubre) Nace Henri Christophe.

1770. (2 de abril) Nace en Port-au-Prince Alexandre Pétion.

1776. (15 de febrero) Nace en Port-au-Prince Jean-Pierre Boyer.

1778. (8 de mayo) Nace Marie-Louise Coidavid, futura mujer
legítima de Henri Christophe.

1779. (24 de septiembre) Christophe es herido en la batalla de
Savannah (Georgia) donde luchaba contra los ingleses.

1784. Se teme una insurrección de los cimarrones de Bahoruco.

1785. (12 de junio) El gobernador de la parte francesa y el presidente de la Audiencia de la parte española firman un tratado por el cual se conceden libertad y tierras a los cimarrones si éstos renuncian a rebelarse.

1789. [Madiou dice 1787] Fundación en Francia de la Sociedad de Amigos de los Negros.

—— Se inicia la Revolución Francesa.

1790. (28 de octubre) Rebelión de Ogé y Chavannes en Saint-Domingue.

1791. (febrero) Condena y ejecución de Ogé y Chavannes.

—— (marzo). La Provincia del Oeste se rebela contra la autoridad de Blanchelande, quien huye de Port-au-Prince y se refugia en Cap Français, capital de la Provincia del Norte.

—— (julio) Los esclavos comienzan a agitarse en la Provincia del Oeste.

—— (14 de agosto) Reunión de Bois Caïman y proclamación de Bouckman.

—— (22 de agosto) Comienza la rebelión encabezada por Bouckman. Otros cabecillas son Jean-François, Biassou y Jeannot.

—— (septiembre) Toussaint se une a los insurgentes, pero con carácter de médico, no de militar.

—— (noviembre) Llegan a Saint-Domingue los comisionados Sonthonax, Polverel y Ailhaud.

1793. (16 de julio) Christophe se casa con Marie-Louise Coidavid.

—— (23 de agosto) La Convención Nacional de París decreta la abolición de la esclavitud y concede la ciudadanía francesa a todos los habitantes de las colonias sin distinción de color.

—— (19 de septiembre) Tropas inglesas invaden Saint-Domingue.

1794. Nacimiento de François-Ferdinand, hijo mayor de Henri Christophe.

—— (6 de abril) Toussaint interrumpe la lucha contra los franceses y se une a ellos para enfrentar a los españoles y a los *emigrés*.

—— (6 de mayo) Toussaint se presenta al gobernador Laveaux con seis mil negros bien armados y disciplinados. Entre sus mejores oficiales figura Christophe.

—— (noviembre) Christophe es ascendido a mayor.

1795. (22 de julio) Tratado de Basilea. Se restablece la paz entre España y la República Francesa.

—— (23 de julio) Toussaint, general de brigada.

1796. (20-21 de marzo) Toussaint libera al gobernador Laveaux, sometido por una rebelión de mulatos.

—— (1o. de abril) Toussaint, lugarteniente de gobernador.

1797. El excabecilla Jean-François se establece en Madrid y después en Cádiz.
—— Christophe es designado comandante del puesto militar de la Petite-Anse.
—— (mayo) Toussaint, general en jefe del ejército de Saint-Domingue.
—— (16 de agosto) Toussaint expulsa a Sonthonax.
—— (27 de agosto) Sonthonax es embarcado rumbo a Francia.
1798. (3 de febrero) Toussaint ordena el asalto de las líneas inglesas.
—— (14 de abril) Toussaint entra en Port-au-Prince después de derrotar a los ingleses.
—— (9 de mayo) Nace Françoise-Améthiste, hija mayor de Henri Christophe.
—— (junio) Retirada de las fuerzas inglesas.
1799. Toussaint, gobernador general.
1799-1801. Prosperidad económica bajo el gobierno de Toussaint.
1800. (7 de julio) Nace Anne-Athenaïs, hija de Henri Christophe.
—— (2 de octubre) Por decreto de Toussaint se prohíbe a los cultivadores abandonar las plantaciones donde trabajan y transladarse a otra parte sin permiso legal.
1801. (26 de enero) Toussaint invade y conquista la parte española de Santo Domingo.
—— (7 de febrero) Por decreto de Toussaint se prohíbe comprar o vender tierras sin permiso especial.
—— (mayo) Una asamblea de diez miembros proclama la Constitución de Saint-Domingue y designa a Toussaint gobernador vitalicio.
—— (14 de diciembre) Napoleón envía a Saint-Domingue un ejército expedicionario encabezado por Leclerc.
1802. (comienzos de enero) La expedición de Leclerc llega a la isla.
—— (1o. de febrero) La flota francesa entra en la rada de Cap Français.
—— (4 de febrero) Christophe, comandante de Cap Français, ordena la evacuación y el incendio de la ciudad para que no caiga intacta en manos de Leclerc. Se retira a Haut-du-Cap.
—— (17 de febrero) Por decreto de Leclerc, Toussaint y Christophe son puestos fuera de la ley.
—— (4-24 de marzo) Dessalines defiende la Crête-à-Pierrot. Tiene que retirarse.
—— (26 de abril) Defección de Christophe.
—— (5 de mayo) Sumisión de Toussaint y Dessalines.

—— (7-10 de junio) Arresto y deportación de Toussaint.

—— (verano y otoño) Epidemia de fiebre amarilla.

—— (4 de octubre) Christophe se une a Pétion y a Clairveaux para luchar contra Leclerc.

—— (1-2 de noviembre) Agonía y muerte de Leclerc.

—— (principios de diciembre) Rochambeau se hace cargo del gobierno.

1803. (febrero) Dessalines crea la bandera insurgente eliminando la franja blanca de la bandera francesa.

—— (marzo) Desembarco de los perros en El Cabo.

—— (7 de abril) Toussaint muere en Fort Joux (Francia), donde había sido recluido por orden de Napoleón.

—— (16 de noviembre) Rochambeau sitiado en El Cabo por Dessalines.

—— (18 de noviembre) Triunfo de las armas negras en la batalla de Vertières.

—— (19 de noviembre) Se firma un armisticio de diez días para la evacuación del ejército francés.

—— (27 de noviembre) Fuerzas negras entran en El Cabo. Dessalines toma posesión de la ciudad.

—— (4 de diciembre) Las últimas fuerzas francesas abandonan la isla.

1804. (1o. de enero) Saint-Domingue se declara independiente y toma el antiguo nombre indígena de Haití.

—— (3 de marzo) Nace Jacques-Victor-Henri, hijo menor de Christophe.

—— (9 de abril) Dessalines ordena la construcción de fortalezas en las montañas más altas. Poco después se reinicia en la jurisdicción de Christophe la de lo que llegaría a ser la Ciudadela Henri o La Ferrière.

—— (8 de octubre) Dessalines se corona emperador.

1805. (julio) Dessalines nombra a Christophe general en jefe del ejército de Haití.

—— (7 de octubre) François-Ferdinand, hijo mayor de Henri Christophe, muere en París en la Maison d'Orphelins.

1806. (17 de octubre) Dessalines muere en una emboscada.

—— (18 de diciembre) Asamblea Constituyente en Port-au-Prince.

—— (27-28 de diciembre) La Asamblea designa a Christophe Jefe Provisional de la Nación, pero le restringe poderes.

1807. (17 de febrero) La Asamblea del Norte, reunida en Cap Haïtien, elige a Christophe Presidente del Estado de Haití. El gobierno de la República del Sur lo considera fuera de la ley.

—— (9 de marzo) Pétion, en Port-au-Prince, es designado Presidente de la República de Haití.

1809. (30 de diciembre) Pétion comienza a distribuir tierras para fomentar su cultivo.

1810. Se interrumpen las hostilidades militares entre Christophe y Pétion, las cuales habían durado unos tres años.

1811. Pétion, reelegido para el período 1811-1815.

—— (28 de marzo) Por la Ley Constitucional del Estado de Haití y a sugerencia de Christophe se establece una monarquía en el Norte.

—— (1o. de abril) Edicto que da a conocer el escudo de armas de Henri I.

—— (5 de abril) Edicto por el cual se crea y reglamenta la nobleza en Haití.

—— (20 de abril) Creación de la Orden de Saint-Henri.

—— (2 de junio) Christophe es consagrado rey de Haití.

1812. Ultima tentativa de Christophe para apoderarse de Port-au-Prince.

—— (24 de febrero) Promulgación del Código Henri.

—— (9 de abril) Ejecución de José Antonio Aponte en La Habana.

1813. Inauguración de la Ciudadela Henri, aunque los trabajos no están terminados.

1814. Luis XVIII envía comisionados a Haití para reclamar la sumisión de la excolonia.

1816. Se revisa la Constitución de la República de Haití y se designa a Pétion presidente vitalicio.

—— Nuevas tentativas del rey de Francia para recuperar la isla.

—— (20 de noviembre) Christophe declara que no negociará con Francia sino "de poder a poder" y "de soberano a soberano".

1817. (?). Desgracia y desaparición del arzobispo Corneille Brelle.

1818. Muere Pétion. Previamente había designado sucesor a Jean-Pierre Boyer.

—— (20 de marzo) Boyer, presidente vitalicio de la República de Haití.

—— (25 de agosto) Explosión en la Ciudadela provocada por un rayo.

1820. (15 de agosto) Henri I sufre un ataque apoplético en la Iglesia de Limonade; se le paraliza el lado derecho del cuerpo.

—— (1o. de octubre) Rebelión del ejército en Saint-Marc.

—— (6 de octubre) Se incendian los campos cultivados pertenecientes al rey.

—— (6-7 de octubre) Concentración de los rebeldes en Haut-du-Cap para preparar el asalto a Sans-Souci.

—— (8 de octubre) Henri Christophe se suicida después de la defección de su guardia personal. Algunos leales transportan el cadáver a la Ciudadela. Comienza el saqueo de Sans-Souci.

—— (9 de octubre) Fusilamiento en El Cabo del príncipe Víctor y de Armand-Eugène, duque de la Môle, hijo bastardo de Christophe.

1821. (agosto) María Luisa, sus hijas y dos servidores se embarcan rumbo a Inglaterra.

1824. (13 de septiembre) Carta de despedida de la familia Christophe a Mrs. Clarkson. Poco después María Luisa y sus acompañantes se dirigieron a Italia.

1825. Muerte de Paulina Bonaparte.

—— (julio) Boyer es humillado por los franceses, quienes exigen una fuerte indemnización.

1826. (marzo) Código Rural Haitiano.

1828. Viaje de la familia Christophe a Roma.

—— (24 de agosto) *Aventura de Solimán en el Palacio Borghese.*

—— (fines de agosto a principios de septiembre) *Enfermedad de Solimán.*

1830. Marie-Louise Christophe va con sus hijas a Carlsbad.

1830 o 1831. *Muerte y transfiguración de Ti Noel.*

1831. Muere Françoise-Améthiste en Pisa.

1838. Francia reconoce la independencia de Haití y reduce la indemnización exigida a Boyer en 1825.

1839 o 1840. Muere Anne-Athenaïs Christophe.

1842. (mayo) Terremoto asolador en el Norte de Haití.

1843. (enero) Charles Herard encabeza una rebelión contra Boyer.

—— (marzo) Boyer renuncia y pone fin con ello a treinta y seis años de dominación mulata.

1846. Se edifica una tumba para los restos de Christophe en la Plaza de Armas de la Ciudadela (v. ilust. núm. 26).

1850. Muerte de Boyer.

1851. (marzo) Marie-Louise Christophe muere en Turín.

APÉNDICE IV

ILUSTRACIONES

Ilust. núm. 1: "Más de una cuarterona", *R*, 29 (A. Brunias, *Marchande de fleurs et femmes de couleur*, Biblioteca Nacional, París).

Ilust. núm. 2: "un alcázar de ventanas arqueadas, hecho casi aéreo por el alto zócalo de una escalinata de piedra", *R*, 125, (Vista de Sans-Souci).

Ilust. núm. 3: "algún nuevo palacio, tal vez ése... alzado en las riberas del Artibonite, y que tenía tantas ventanas como días suma el año", *R*, 140 (Leconte, *Ruinas del castillo real de la Petite-Rivière de l'Artibonite*).

Ilust. núm. 4: "En la cima del Gorro del Obispo, se alzaba aquella segunda montaña, que era la Ciudadela", *R*, 132. (Vista de La Ferrière).

Ilust. núm. 5: "salieron de la ciudad por el camino que seguía la orilla del mar", *R*, 30 (N. Ponce, *Vue du Cap François... prise du chemin à l'embarcadère de la petite Anse*, Biblioteca Nacional, París).

Ilust. núm. 6: "Mackandal se detuvo largo rato en contemplar los trapiches, los secaderos..., el taller de añilería, las fraguas", *R*, 40-41 *(Vue d'une habitation*, Chambon, *Du commerce de l'Amérique par Marseille)*.

Ilust. núm. 7: "pensaba estar lejos esa noche, largándose a la calenda", *R*, 60 (A. Brunias, *Danses nègres*, Biblioteca Nacional, París).

Ilust. núm. 8: "tambores gigantescos... que tenían... semblantes humanos", *R*, 34 *(Tambor de los Baulé*, Costa de Marfil, en Parrinder, *AM*, 51).

Ilust. núm. 9: "Solimán trataba de alcanzar a un Dios que se encontraba en el lejano Dahomey", *R*, 180 ("Invocación de Legba", en Courlander, *HS*, 185).

Ilust. núm. 10: "Santiago es Ogún Fai", *R*, 98 (Cromo popular de Santiago el Mayor).

Ilust. núm. 11: "pequeños sepulcros de yeso blanco", *R*, 120 (Seabrook, *Tumba en las montañas*).

Ilust. núm. 12: "un chivo, ahorcado, colgaba de un árbol", *R*, 121 (Seabrook, *Advertencia vudú*).

Ilust. núm. 13: "un árbol particularmente malvado... rodeado de ofrendas", *R*, 121 (Seabrook, *Santuario vudú dedicado a Legba*).

Ilust. núm. 14: "un retrato ecuestre de Su Majestad", *R*, 153 (Leconte, *Henri Christophe, rey de Haití*).

Ilust. núm. 15: "A un lado había largos cobertizos tejados", *R*, 125-126 (Leconte, *Plano de los terrenos de Sans-Souci*).

Ilust. núm. 16: "Se detuvo frente al dosel que ostentaba sus armas", *R*, 158 (Leconte, *Escudo de Henri Christophe*).

Ilust. núm. 17: "al pie de las alegorías de mármol", *R*, 129 (Estatua en un jardín de Sans-Souci, *National Geographic*, diciembre de 1920).

Ilust. núm. 18: "Hacía más de dos horas que los parches tronaban a la luz de las antorchas", *R*, 60 ("Danza conga", Courlander, *HS*, 218).

Ilust. núm. 19: "Fai Ogún, Fai Ogún, Fai Ogún, oh!", *R*, 79 ("Danza radá de Ogún Fai", Courlander, *HS*, 186).

Ilust. núm. 20: "un viejo canto oído a Mackandal", *R*, 99 ("Danza radá de Ogún", Courlander, *HS*, 187).

Ilust. núm. 21: "Solimán... recomendaba... oraciones que tenían poderes extraordinarios", *R*, 110 (Seabrook, "Prière à Saint-Bouleversé", 309).

Ilust. núm. 22: "se hacía prolijo con la gesta de Kankán Muza", *R*, 27 *(Musa Mali* [Kankán Muza], *señor de los negros de Guinea*, en *Mapa Catalán de Carlos V*, año 1375).

Ilust. núm. 23: "el invencible imperio de los mandingas", *R*, 27 (Shinnie, *Antigua Mali o Manding*, 54).

Ilust. núm. 24: "la Serpiente, que es eterno principio, nunca acabar", *R*, 27 *(Serpiente de la eternidad*, Palacio del rey Ghezo, Dahomey (en Parrinder, *AM*, 38).

Ilust. núm. 25: "Él conocía aquel semblante; y también el cuerpo", *R*, 177 (A. Cánova, *Venus Victrix*).

Ilust. núm. 26: Leconte, *Tumba de Christophe en la Plaza de Armas de la Ciudadela*.

1. *"Más de una cuarterona"*

2. *"un alcázar de ventanas arqueadas, hecho casi aéreo por el alto zócalo de una escalinata de piedra"*

3. *"algún nuevo palacio, tal vez ése... alzado en las riberas del Artibonite, y que tenía tantas ventanas como días suma el año"*

4. *"En la cima del Gorro del Obispo, se alzaba aquella segunda montaña, que era la Ciudadela"*

5. "salieron de la ciudad por el camino que seguía la orilla del mar"

6. *"Mackandal se detuvo largo rato en contemplar los trapiches, los secaderos..., el taller de añilería, las fraguas"*

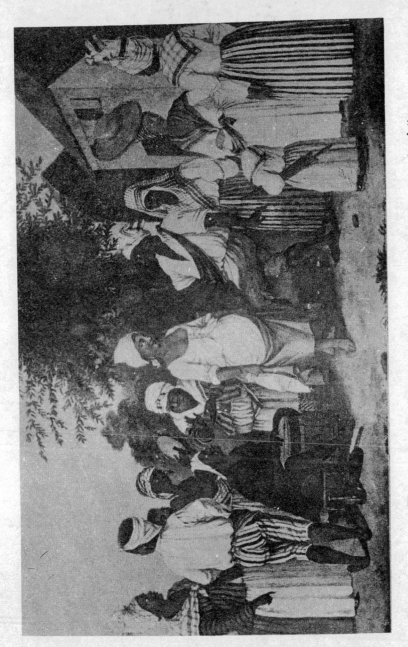

7. *"pensaba estar lejos esa noche, largándose a la calenda"*

8. *"tambores gigantescos . . . que tenían . . . semblantes humanos"*

N°1

At-ti-bon Leg-ba,— ou-vri ba-yè pou moin!— A-go!

Ou-wè At-ti-bon Leg-ba,— ou-vri ba-yè pou moin,— ou-vri ba-yè!— Ma-

pé ren-tré— quand ma tour-né,— Ma sa-lut loa yo!—

9. "Solimán trataba de alcanzar a un Dios que se encontraba en el lejano Dahomey"

10. *"Santiago es Ogún Fai"*

11. *"pequeños sepulcros de yeso blanco"*

12. *"un chivo, ahorcado, colgaba de un árbol"*

3. *"un árbol particularmente malvado... rodeado de ofrendas"*

14. *"un retrato ecuestre de Su Majestad"*

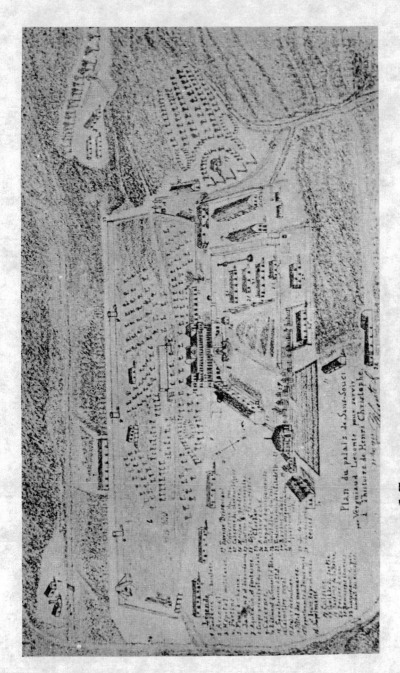

15. *"A un lado había largos cobertizos tejados"*

16. *"Se detuvo frente al dosel que ostentaba sus armas"*

17. *"al pie de las alegorías de mármol"*

Nº 102

Rou - lé, — rou - lé Con - go - ä rou - lé! — Rou -

- lé, — rou - lé Con - go - ä rou - lé! — A fort ti -

fille ya dan - sé Con - go ya ya ro! Main l'a - mer'l tom - bé!

18. "Hacía más de dos horas que los parches tronaban a la luz de las antorchas"

19. *"Fai Ogún, Fai Ogún, Fai Ogún, oh!"*

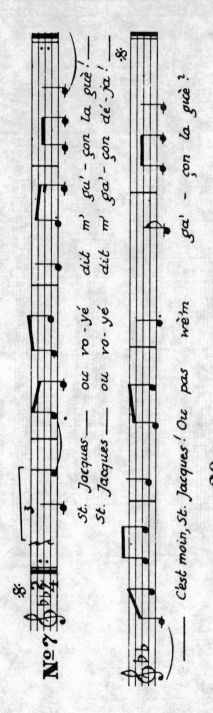

Nº 7

St. Jacques.— ou vo-yé — dit m' gu'-çon La guè! —
St. Jacques.— ou vo-yé — dit m' ga'-çon dé-ja! —

— C'est moin, St. Jacques! Ou pas wè'm — ga' - çon la guè?

20. *"un viejo canto oído a Mackandal"*

Prière à St Boulevérsé.

...nt Boulevérsé! vous qui avez le...
...pouvoir de boulverser la... terre,
...vous... êtes mu saint et n'oïes suis un
pécheur, je vous invoque et vous
préds pour mon patron dés aujourd'-
hui. Je vous envoie chercher un tel
boulevérsez... êtes boulevérsez sa
mémoire, boulevérsez sa pensé boul-
levérsez sa maison, boulevérsez Tou...
...mi-tous mes ennemis visibles et
invisibles; faites éclater sur e...
...c et là tempête et...
...dit Saint Boulevérsé. 3 fter.

21. "Solimán.... recomendaba... oraciones que tenían poderes extraordinarios"

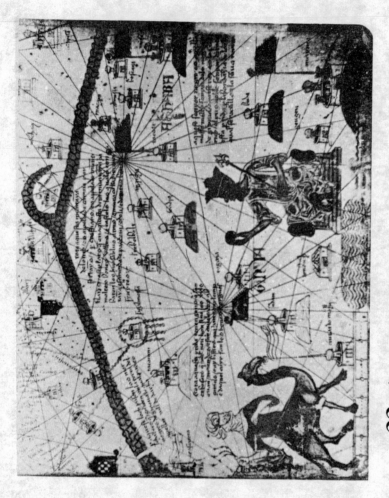

22. *"se hacía prolijo con la gesta de Kamkán Muza"*

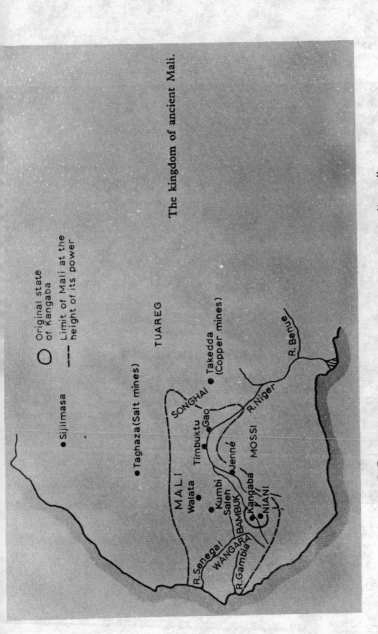

The kingdom of ancient Mali.

Original state of Kangaba
Limit of Mali at the height of its power

• Sijilmasa
• Taghaza (Salt mines)

TUAREG

• Takedda (Copper mines)

SONGHAI
• Gao
• Timbuktu   R. Niger

MALI
• Walata   • Jenné

• Kumbi
Saleh   MOSSI

BAMBUK
Kangaba
WANGARA / NIANI

R. Senegal

R. Gambia

R. Niger

R. Benue

23. *"el invencible imperio de los mandingas"*

24. *"la Serpiente, que es eterno principio, nunca acabar"*

25. *"Él conocía aquel semblante; y también el cuerpo"*

APÉNDICE V

NUEVAS PIEZAS PARA EL MOSAICO

Terminado este libro y entregado ya para su publicación, y mientras buscaba yo materiales para otro trabajo, la inagotable *Rama dorada* de Frazer me ofreció inesperadamente importantes piezas cuya inclusión contribuirá a completar el mosaico construido por Carpentier en *El reino de este mundo*.

En el capitulillo "Ogún-Shangó y Christophe" (III, 123-124), me referí a las leyendas a que dio lugar la destructora caída de un rayo en la ciudadela La Ferrière. La relatada por Marcelin *(ChH,* 27) y la recogida por Simpson-Cinéas (176-177) se limitan a asociar, no con el hecho mismo sino con una amenaza de que se produzca y con la actitud correspondiente de Christophe, un más o menos mágico recurso para ahuyentar las tormentas (cf. Frazer, 112). La versión que trae Rigaud, sin embargo, abandona el ámbito de lo puramente mágico para entrar de lleno en lo religioso, y, si bien acoge la misma creencia, le añade un detalle significativo: el de que Christophe perderá el trono por haber cañoneado impíamente las tronantes nubes que se cernían sobre la fortaleza y representaban, aunque no se lo exprese, a uno de los loas de los cuales aquél había renegado. Tal versión de la leyenda ¿sospechosamente? anticipa para el monarca haitiano lo ocurrido a un casi mítico rey de Alba: "Diodoro relata que en la estación de las frutas, cuando el tronar es muy fuerte y frecuente, el rey mandaba a sus soldados sofocar el estruendo de la artillería celestial haciendo chocar sus espadas contra los escudos; pero sufrió el castigo de su impiedad, pereciendo con su casa, fulminada por el rayo en medio de una horrísona tormenta" (Frazer, 186).

No es improbable que para su amplificación Carpentier *(R,* 149-150, 159-162) aprovechara también la tradición incluida en *La rama dorada.* Como siempre, por supuesto, no se limitó a repetir sino que adaptó diestramente. Nadie, ni el mismo Leconte, cuya larga presentación de la misa del 15 de agosto es sin duda la más fructífera fuente para el episodio de *El reino,* habla para nada de una tormenta de truenos o de un trueno único en la ocasión. Sólo Carpentier introduce oportunamente uno que no sin razón coincide con el *Rex tremendae majestatis* del Dies Irae (cf. *supra*). A diferencia del rey de Alba, sin embargo, Christophe no muere inmediatamente a causa del rayo —sólo los chantres son sus víctimas instantáneas—, como tampoco ninguno de los miembros de su familia. Pero el rey queda desvalido y a merced de los acontecimientos que vendrán y que lo empujarán al suicidio, destruirán su reinado y agostarán toda esperanza de sucesión dinástica con la ejecución de sus dos descendientes varones. Y aunque todo lo anterior esté comprobado por la historia, no invalida la intención de Carpentier, quien está proyectando los hechos verídicos tal como pudieron haberlos visto e interpretado los fieles al vudú.

Aún hay más. Como ya se ha señalado, Carpentier asocia estrechamente las percusiones de los tambores que van acercándose a Sans-Souci con los atributos y manifestaciones de Ogún-Shangó, y lo mismo hará al describir el incendio de las propiedades de Christophe (cf. *supra*). Pero sin el texto de Frazer no quedaría completamente claro otro aspecto de *El reino.* En *La rama dorada* se dice que los reyes romanos, y acaso también los de Alba, personificaban a Júpiter, dios del cielo y del trueno, y que posiblemente "también le copiaron en su carácter de dios de los meteoros pretendiendo hacer los truenos y los relámpagos" (185-186), y aun compitieron agresivamente con él en determinadas circunstancias, como lo prueba la arrogante e irreverente imprudencia del monarca albano. Esto último, añadido a Christophe, lo muestra en el colmo de su desbocada soberbia, sintiéndose parigual de los dioses o superior a ellos, ofensivamente dispuesto no sólo a desafiar sino a vencer, quizá hasta derrocar, a una antigua deidad. La impiedad de Christophe, que evidentemente coincide con la del rey de Alba y con sus pretensiones, aclara por completo el sentido y la intención de los pasajes correspondientes de *El reino* y justifica amplia y definitivamente el castigo que sufre el monarca.

Finalmente, algo que parecerá una digresión, y que en parte lo es. Hace mucho, cuando por primera vez leí *La rama dorada,* ésta me impresionó como la más rica mina de poesía en bruto que había encontrado hasta entonces. Hace siete años, se publicó un libro interesantísimo —*The Literary Impact of "The Golden Bough"* de John B. Vickery (Princeton University Press, Princeton, New Jersey, 1973)—, que se ocupa exclusivamente de la influencia ejercida por la obra de Frazer sobre autores ingleses.

Como bien lo demuestra Carpentier, esa influencia llegó más lejos; lo demostrarían, además, "El muerto" de Borges y "El ahogado más hermoso del mundo" de García Márquez. ¿No habrá llegado el momento de averiguar qué otros autores hispanoamericanos se han surtido e inspirado en *La rama dorada*? Por mi parte, ésa es la tarea a la que me dedicaré en los años futuros.

ABREVIATURAS Y BIBLIOGRAFÍA

Obras de Alejo Carpentier

CB — *Concierto barroco*, Siglo XXI, México, 1974.

CP — *La consagración de la primavera* (1978), Siglo XXI, México, 1979.

CPl — *Los convidados de plata* (¿1960?), Sandino, Montevideo, 1972.

"CN" — "Los cuentos negros de Lydia Cabrera", *Carteles*, La Habana, vol. 28, núm. 41, octubre 11 de 1936, p. 40.

45 — *45 años de trabajo intelectual*, Biblioteca Nacional José Martí, La Habana, 1966.

EYO — *Ecue-Yamba-O* (1933), Sandino, Montevideo, 1973.

GT — *Guerra del tiempo* (1958), Compañía General de Ediciones, México, 1966.

"LA" — "Leyes de África", *Carteles*, La Habana, vol. 17, núm. 43, diciembre 27 de 1931, pp. 46-47 y 50.

MC — *La música en Cuba* (1946), Fondo de Cultura Económica, México, 1972.

"NL" — "La novela latinoamericana en vísperas de un nuevo siglo", conferencia dictada en Yale University, 30 de marzo de 1979.

PP — *Los pasos perdidos* (1953), Compañía General de Ediciones, México, 1966.

R — *El reino de este mundo* (1949), Compañía General de Ediciones, México, 1967.

RM — *El recurso del método*, Siglo XXI, México, 1974.

SL — *El siglo de las luces* (1962), Compañía General de Ediciones, México, 1966.

TD — *Tientos y diferencias* (1964), Arca, Montevideo, 1967 [edición ampliada].

OBRAS CONSULTADAS

Abrantès — Laure [Saint-Martin Permon] Junot, duchesse
d'Abrantès, *Mémoires, 1831-1835 ou Souvenirs historiques sur
Napoléon, la révolution, le Directoire, le Consulat, l'Empire
et la Restauration*, première édition complete, 16 vols., Chez
Jean de Bonnot, Paris, 1967-1969.

Africa — *Africa Remembered. Narratives by West Africans from
the Era of the Slave Trade*, edited by Philip D. Curtin, The
University of Wisconsin Press, Madison, Milwaukee and London, 1967.

Akinjogbin — I.A. Akinjogbin, *Dahomey and its neighbours
(1708-1818)*, Cambridge at the University Press, 1967.

Alexandrian, Sarane, *Surrealist Art* (1969), translated from the
French by Gordon Clough, Praeger Publishers, New York-
Washington, 1970.

Amado, *DF* — Jorge Amado, *Doña Flor y sus dos maridos*, traducción al español de Lorenzo Varela, Losada, Buenos Aires,
1969.

Arango, Manuel Antonio, "Correlación social e histórica y «lo
real maravilloso» en *El reino de este mundo* de Alejo Carpentier", *Thesaurus. Boletín del Instituto Caro y Cuervo*, Bogotá,
33 (1978), mayo-agosto, núm. 2, pp. 317-325.

Ardouin — Beaubrun Ardouin, *Études sur l'histoire d'Haïti* ...
(1853-1860), segunda edición por el Dr. François Dalencour,
Port-au-Prince, 1958.

Aubin — Eugène Aubin, *En Haïti*, Librairie Armand Colin, Paris, [1910].

Augustin-Thierry — A. Augustin-Thierry, *Nôtre Dame des Colifi-
chets: Pauline Bonaparte*, Ed. Albin Michel, Paris, 1937.

Bastide — R. Bastide, "Africa. Magic and Symbolism", en *Larousse World Mythology* (1a. edición francesa 1963), Hamlyn,
1974, pp. 519ss., y especialmente 527-543.

Bedford-Jones — H[enry] Bedford-Jones, *Drums of Dumbala*, Co-
vici-Friede Publishers, New York, 1932.

Bell, Steven M., "Carpentier's *El reino de este mundo* in a new
light: toward a theory of the fantastic", *Journal of Spanish
Studies: Twentieth Century*, 8, 1-2 (1980), pp. 29-43.

Bellegarde, *NH* — Dantès Bellegarde, *La nation haïtienne*, J. de
Gigord Editeur, Paris, 1938.

Bellegarde, *PHH* — Windsor Bellegarde, *Petite Histoire d'Haïti
(1492-1915)*, Port-au-Prince, 1929.

Bonnet — Guy-Joseph Bonnet, *Souvenirs historiques*, documents
relatifs à toutes les phases de la révolution de Saint-Domingue
recueillis et mis en ordre par Edmond Bonnet, Paris, 1864.

Bovill — E.W. Bovill, *Caravans of the Old Sahara. An Introduction to the History of the Western Sudan*, International Institute of African Languages and Cultures, Oxford University Press, London, 1933.

Bramly — Serge Bramly, *Macumba* (traduc. del original francés *Macumba. Forces noires du Brésil*, 1975), Avon Printings, U.S.A., 1979.

Brown — J[onathan] Brown, M.D., *The History and Present Condition of St. Domingo*, 2 vols., Philadelphia, 1837.

Buenaventura — Enrique Buenaventura, *La tragedia del Rey Christophe*, en *Teatro*, Ed. Tercer Mundo, Bogotá, 1963, pp. 87-146.

Bueno, "AC" — Salvador Bueno, "Alejo Carpentier, novelista antillano y universal", en *La letra como testigo*, Universidad Central de Las Villas, Santa Clara (Cuba), 1957, pp. 153-179.

Bueno, Salvador, "Carpentier en la maestría de sus novelas y relatos breves", en Alejo Carpentier, *Novelas y relatos*, Bolsilibros Unión, La Habana, 1974, pp. 7-47.

Bueno, Salvador, "Notas para un estudio sobre la concepción de la historia en Alejo Carpentier", *Universidad de La Habana*, núm. 193 (1972), 122-138.

Bueno, Salvador, "La serpiente no se muerde la cola" [versión abreviada del trabajo anterior], en *Recopilación de textos sobre Alejo Carpentier*, etc., 201-218.

Bueno, Salvador, *Temas y personajes de la literatura cubana*, Ediciones Unión, La Habana, 1964.

Burney — James Burney, Captain of the Navy, *History of the Buccaneers of America* (1816), George Allen and Company, Ltd., London, 1912.

Cabon — P[ère] A[dolphe] Cabon, *Notes sur l'histoire religieuse d'Haïti, de la revolution au concordat (1789-1860)*, Petit Séminaire College Saint Martial, Port-au-Prince, 1933.

Cabrera, Lydia, *Cuentos negros de Cuba* (¿1936?), La Verónica, La Habana, 1940.

Cabrera, M — Lydia Cabrera, *El monte (Notas sobre las religiones, la magia, las supersticiones y el folklore de los negros criollos y del pueblo de Cuba)* (1954), Miami, 1971 (Colección del Chicherekú).

C[arteau], F[élix], *Soirées Bermudiennes, ou Entretiens sur les Evénements qui ont opéré la Ruine de la Partie Française de Saint Domingue*, Bordeaux, 1802.

Castellanos, Israel, *Instrumentos musicales de los afrocubanos*, Imprenta Siglo XX, La Habana, 1927.

Castonnet — H. Castonnet de Fosses, *La perte d'une colonie. La révolution de Saint-Domingue*, Faivre, Paris, 1893.

Césaire — Aimé Césaire, *La tragédie du Roi Christophe*, Présence Africaine, Paris, 1963.

Clair — Andrée Clair, *Le Fabuleux Empire du Mali*, Présence Africaine, Paris, 1959.

Comhaire — Jean L. Comhaire, "The Haitian Schism: 1804-1860", *Anthropological Quarterly*, Washington, D.C., vol. 29 (nueva serie vol. 4), núm. 1, 1956, pp. 1-10.

Comhaire-Sylvain, *CH* — Suzanne Comhaire-Sylvain, *Les contes haïtiens*, 2 vols., Imprimerie De Meester, Wetteren (Belgique), Paris, Port-au-Prince, 1937.

Camhaire-Sylvain, "CT", Suzanne Comhaire-Sylvain, "Creole tales from Haiti", *The Journal of American Folklore*, vol. 51, julio-septiembre de 1938, núm. 21, pp. 221-346.

Courlander, "GH" — Harold Courlander, "Gods of Haiti", *Tomorrow*, New York, vol. 3, núm. 1, 1954, pp. 53-60.

Courlander, *HS* — Harold Courlander, *Haiti Singing* (1939), Cooper Square Publishers, New York, 1973.

Courlander, "LH" — Harold Courlander, "The Loa of Haiti: New World African Deities". *Miscelánea de estudios dedicados a Fernando Ortiz por sus discípulos, colegas y amigos*, La Habana, I, 1955, pp. 421-443.

Courlander, *TAF* — Harold Courlander, *A Treasury of African Folklore*, Crown Publisher, New York, 1975.

Ch — Henry Christophe and Thomas Clarkson, a Correspondence, edited by Earl Leslie Griggs and Clifford H. Prator, University o California Press, Berkeley and Los Angeles, 1952.

Chatelain, Heli, *Folk-tales of Angola* (1894), Negro University Press, New York, 1969.

Chazzotte, Pierre Étienne, *The Black Rebellion in Haiti*, Philadelphia, 1927.

Dalzel — Archibald Dalzel, *The History of Dahomey. An Inland Kingdom of Africa* (1793), Frank Cass and Co. Ltd., London, 1967.

Davidson — Basil Davidson, *The Lost Cities of Africa*, Little, Brown and Company, Boston-Toronto, 1959.

Davis — H.P. Davis, *Black Democracy* (1928), Dodge Publishing Company, New York, 1936 (edición revisada).

Denis — Lorimer Denis, "L'évolution stadiale du vodou", *Bulletin du Bureau d'Ethnologie*, Port-au-Prince, núm. 3, février 1944, pp. 9-32.

Deren, Maya, "Social and Ritual Dances of Haiti", *Dance Magazine*, vol. 33, núm. 6, june 1949, pp. 14-17 y 36-38.

Descourtilz — M[ichel]—É[tienne] Descourtilz, *Voyage d'un naturaliste en Haïti, 1799-1803*, publié et abregé par Jacques Boulenger, Plon, Paris, 1935.

Diagram Group, *Musical Instruments of the World. An Illustrated Encyclopedia* by the, Paddington Press Ltd., 1976.

Dictionary of Black African Civilization, por Georges Baladin y Jacques Maquet, Leon-Amiel Publisher, New York, 1974.

Dorsainvil, *HFB* — J[ean] B[aptiste] Dorsainvil, *Histoire des Flibustiers et des Boucaniers de Saint-Domingue*, Port-au-Prince, 1886.

Dorsainvil, *MHH* — Dr. J. C. Dorsainvil, *Manuel d'Histoire d'Haïti*, Port-au-Prince, 1926.

Dorsainvil, *VN* — Dr. J.C. Dorsainvil, *Vodou et Névroses*, Port-au-Prince, 1931 (Bibliothèque Haïtienne).

Dorson, Richard M., *African Folklore* (1972), Indiana University Press, Bloomington and London, 1973.

Drot — Jean-Marie Drot, *Journal de voyage chez les peintres de la Fête et du Vaudou en Haïti*, Skira, Genève, 1974.

Dunham — Katherine Dunham, *Island Possessed*, Doubleday and Co., Garden City, 1969.

Easton, William Edgard, *Christophe, a Tragedy in Prose of Imperial Haity*, Press Grafton Publishing Company, Los Angeles, 1911.

Élie — Louis E. Élie, *Histoire d'Haïti*, 2 vols., Port-au-Prince, 1944-1945.

Endore — Guy Endore, *Babouk*, The Vanguard Press, New York, 1934.

Eyma — Xavier Eyma, *Les peaux noires. Scènes de la vie des esclaves*, Michel Lévy Frères, Paris, 1857.

Fagg — John Edwin Fagg, *Cuba, Haiti and the Dominican Republic*, Prentice Hall Inc., Englewood Cliffs, New Jersey, 1965.

Faine — Jules Faine, *Philologie Créole. Études historiques et etymologiques sur la langue créole d'Haïti*, Imprimerie de l'Etat, Port-au-Prince, 1936.

Fernández, Sergio, "El destino de los dioses fuertes", *Diálogos*, México, núm. 85, enero-febrero de 1979, pp. 3-9.

Foner — Philip S. Foner, *A History of Cuba and its relation with the United States*, I, *1492-1845, From the Conquest of Cuba to La Escalera*, International Publishers, New York, 1962.

Fouchard — Jean Fouchard, *Le théâtre à Saint-Domingue*, Imprimerie de l'Etat, Port-au-Prince, 1955.

Franco — José Luciano Franco, *Documentos para la historia de Haiti en el Archivo Nacional*, Publicaciones del Archivo Nacional de Cuba, núm. 37, La Habana, 1954.

Franklin — James Franklin, *The Present State of Hayti (Saint Domingo)* (1828), reprinted by Negro Universities Press, Westport, Connecticut, 1970.

Frazer — Sir James George Frazer, *La rama dorada* (primera edición en inglés, 1922), Fondo de Cultura Económica, México-Buenos Aires, 1956 (primera edición en español, 1944).

Frobenius, Léon, *El Decamerón Negro*, Instituto Cubano del Libro, La Habana, 1972 (Colección Cocuyo).

Goldberg — Florinda Friedmann de Goldberg, "Estudio preliminar" a Alejo Carpentier, *El reino de este mundo*, Librería del Colegio, Buenos Aires, 1975, pp. 7-46.

González Echevarría — Roberto González Echevarría, *Alejo Carpentier: The pilgrim at Home*, Cornell University Press, Ithaca and London, 1977.

González-Wippler — Migene González-Wippler, *Santería. African Magic in Latin America*, Anchor Books, Doubleday, Garden City, 1975.

Haïti — Haïti. Un petit pays, une grande histoire, redacteurs Pierre Gousse, Jean Narcisse, René Delmas, Pétion-Ville, s.a.

Harss — Luis Harss, *Los nuestros* (1966), Sudamericana, Buenos Aires, 1968.

Harvey — W.W. Harvey, *Sketches of Hayti, from the Expulsion of the French to the Death of Christophe* (1827), reprinted by Negro Universities Press, Westport, Connecticut, 1970.

Hassall — Mary Hassall, *Secret History or the Horrors of St. Domingo, in a series of letters writen by a lady at Cape François to Colonel Burr, late Vice-President of the United States, principally during the command of General Rochambeau*, Philadelphia, 1808.

Henríquez Ureña — Pedro Henríquez Ureña, *Obra crítica*, Fondo de Cultura Económica, México, 1960.

Herskovits, "AG" — Melville J. Herskovits, "African Gods and Catholic Saints in New World Negro Belief", *American Anthropologist*, Menasha, Wisconsin, vol. 39, núm. 4, 1937, pp. 635-643.

Herskovits, *D* — Melville J. Herskovits, *Dahomey, an Ancient West-African Kingdom* (1938), 2 vols., reprinted by Northwestern University Press, Evanston, 1967.

Herskovits, *LHV* — Melville J. Herskovits, *Life in a Haitian Valley*, Alfred A. Knoff, New York-London, 1937.

Herskovits, M. y F. — Melville J. y Francis S. Herskovits, *Dahomean Narrative. A Cross-Cultural Analysis* (1958), Northwestern University Press, Evanston, 1970.

Historia y mito en la obra de Alejo Carpentier, volumen colectivo editado por Fernando García Cambeiro, Buenos Aires, 1972.

Homenaje a Alejo Carpentier. Variaciones interpretativas en torno a su obra, editor general Helmy F. Giacoman, Las Américas Publishing Co., New York, 1970.

Hurston — Zora Neale Hurston, *Tell My Horse*, J.B. Lippincott Company, Philadelphia, 1938. Se reeditó en Londres (1939) con el título de *Voodoo Gods. An inquiry into native myths and magic in Jamaica and Haity.*

James — C.L.R. James ,*The Black Jacobins. Toussaint L'Ouverture and the San Domingo Revolution* (1938), Vintage Books, Random House, New York, 1963.

Johnston — Sir Harry Johnston, "Haïti, the Home of Twin Republics", *National Geographic Magazine,* December 1920, pp. 483-496.

Korngold — Ralph Korngold, *Citizen Toussaint,* Little, Brown and Company, Boston, 1944.

Kühn — Joachim Kühn, *Pauline Bonaparte (1780-1825). D'après les Mémoires de l'époque et des documents inédits,* traduit de l'allemand par G. Daubié avec la collaboration de l'auteur, Plon, Paris, 1937.

Labat — R. Père Labat, *Nouveau voyage aux îles de l'Amerique* (1742), Éditions des Horizons Caraïbes, 4 vols., Fort-de-France (Martinique), 1972-1973.

Langle — Fleuriot de Langle, *La Paolina, soeur de Napoléon,* Ed. Colbert, Paris, 1946.

Lazzareschi — E. Lazzareschi, *Le sorelle di Napoleone: Paolina,* Rinascimento del Libro, Firenze, 1932.

Leante — César Leante, "Confesiones sencillas de un escritor barroco", *Homenaje a Alejo Carpentier,* 11-31.

Leconte — Vergniaud Leconte, *Henri Christophe dans l'histoire d'Haïti,* Éditions Berger-Levrault, Paris, 1931.

Léger — J[acques] N[icolas] Léger, *Haiti, her History and Detractors,* The Neale Publishing Company, New York and Washington, 1907.

Léon — Rulx Léon, "Les événements du 15 Août 1820", en *Propos d'Histoire d'Haïti.* Imprimerie de l'Etat, Port-au-Prince, 1945.

Lepers — Jean Baptiste Lepers, *La tragique histoire de Filibustiers de Saint-Domingue,* Paris, 1921.

Leyburn — James G. Leyburn, *The Haitian People,* Yale University Press, New Haven, 1941.

Loederer — Richard A. Loederer, *Voodoo Fire in Haiti,* The Literary Guide, New York. 1935.

Lubin — Maurice A. Lubin, *L'Afrique dans la poésie haïtienne,* Ed. Panorama, Port-au-Prince, 1965.

M. de C. — M. de C., "Makandal. Histoire véritable", *Mercure de France,* Paris, samedi 15 septembre 1787 (núm. 37), pp. 102-114.

Mackenzie — Charles Mackenzie, *Notes on Haiti made during a Residence in that Republic* (1830), Frank Cass and Co. Ltd., 2 vols., London, 1971.

Madiou — Thomas Madiou, *Histoire d'Haïti* (1848 y 1904), 3 vols., Port-au Prince, 1922-1923.

Magloire, August, *Histoire d'Haïti, 1804-1909,* Port-au-Prince, 1909.

Malo — Charles Malo, *Histoire d'Haïti (île de Saint-Domingue) depuis sa découverte jusqu'en 1824,* nueva edición aumentada, Paris, 1825.

Marceau — Louis Marceau, "Marie-Louise d'Haïti" y "De Sans-Souci à la Citadelle" (1938), folleto s. l. ni f.

Marcelin, *ChH* — Fréderic Marcelin, *Choses haïtiennes. Politique et Littérature,* Kugelmann, Paris, 1896. "Le Roi Henri" aparece en las pp. 17-63.

Marcelin, "FH" — Milo Marcelin, "Folklore haitiano. Creencias y supersticiones", separata de *Archivos Venezolanos de Folklore,* Caracas, I, núm. 2, julio-diciembre de 1952, 8 pp. (Publicaciones de la Facultad de Filosofía y Letras de la Universidad Central).

Marcelin, "GD" — Émile [Milo] Marcelin, "Les grands dieux du vodou haïtien", *Journal de la Societé des Americanistes de Paris,* nueva serie, vol. 36, 1947, pp. 51-135.

Marcelin, *H* — Louis-Joseph Marcelin, *Haïti: ses guerres, leurs causes, leurs conséquences présents, leur conséquence future et finale,* Paris, 1892.

Marcelin, *MV* — Milo Marcelin, *Mythologie vodou,* 2 vols., Les Éditions Haïtiennes, Port-au-Prince, 1949-1950.

Márquez Rodríguez, Alexis, *La obra narrativa de Alejo Carpentier,* Universidad Central de Venezuela, 1970 (Colección Temas, 35).

Maturo, Graciela, "Religiosidad y liberación en *Ecue-Yamba-O* y *El reino de este mundo*", en *Historia y mito en la obra de Alejo Carpentier,* 53-86.

Maximilien, "VGC" — Louis Maximilien, "Voodoo. Gnosis. Catholicism", *Tomorrow,* New York, vol. 3, núm. 1, 1954, pp. 85-90.

Maximilien, *VH* — Louis Maximilien, *Le Vodou haïtien. Rites radas-canzo,* Imprimérie de l'Etat, Port-au-Prince, 1945.

Menesson-Rigaud y Denis — Odette Menesson-Rigaud y Lorimer Denis, "Cérémonie en l'honneur de Marinette", *Bulletin du Bureau d'Ethnologie,* Port-au-Prince, 2da serie, núm. 3, julio de 1947, pp. 13-21.

Métral — Antoine Métral, *Histoire de l'expédition des français à Saint-Domingue sous le consulat de Napoléon Bonaparte,* Paris, 1825.

Métraux — Alfred Métraux, *Voodoo in Haiti* (1959), translated by Hugo Charteris, Schocken Books, New York, 1972.

Moreau — [Louis-Élie] Moreau de Saint-Méry, *Description topographique, civile, politique et historique de la partie française de l'isle Saint-Domingue* (1797), nouvelle édition par Blanche Maurel et Etienne Taillemite, 3 vols., Société de l'Histoire des Colonies Françaises et Librairie Larose, Paris, 1958.

Müller-Bergh, Klaus, *Alejo Carpentier. Estudio biográfico-crítico*, Long Island City, 1972.

Nabonne — Bernard Nabonne, *Pauline Bonaparte, la Vénus Impériale (1780-1825)*, (1948), Hachette, Paris, 1963.

Niane — Djibril Tamsir Niane, *Soundjata ou l'épopée mandingue*, Présence Africaine, París, 1960.

Nolasco, Flérida de, *Santo Domingo en el Folklore Universal*, Impresora Dominicana, Ciudad Trujillo, 1956.

Normand — Suzanne Normand, *Le coeur fidèle et infidèle de Pauline Bonaparte, Princesse Borghèse*, Grasset, Paris, 1952.

Norris — Robert Norris, *Memoirs of the Reign of Bossa Ahadèe, King of Dahomey, an Inland Country of Guiney to which are added the author's journey to Abomey, the Capital, and a short account of the African slave trade*, London, 1789.

Oexmelin — Alexander Olivier Oexmelin, *Histoire des aventuriers filibustiers et boucaniers qui se sont signalés dans les Indes* (1678), 3 vols., Librairie Commerciale et Artistique, Paris, 1967.

Ogumefu — M.I. Ogumefu, *Yoruba Legends*, The Sheldon Press, London, 1929.

Ortiz, "CA" — Fernando Ortiz, "Los cabildos afrocubanos", *Revista Bimestre Cubana*, La Habana, vol. 16, núm. 1, 1921, pp. 5-39.

Ortiz, NB — Fernando Ortiz, *Hampa Afro-Cubana. Los negros brujos* (1906), Ediciones Universal, Miami, 1973 (Colección Ébano y Canela, núm. 2).

Ortiz, NE — Fernando Ortiz, *Hampa Afro-Cubana. Los negros esclavos*, Publicaciones de la *Revista Bimestre Cubana*, La Habana, 1916.

Ortiz, Fernando, "La secta conga de los matiabos de Cuba", *Libro jubilar de Alfonso Reyes*, Universidad Nacional Autónoma de México, 1956, pp. 309-325.

Ospovat, Lev, "El hombre y la historia" (1974), *Recopilación de textos sobre Alejo Carpentier*, 219-237.

Osterhout — Major G.H. Osterhout, "A little known monument of the Western Hemisphere, *National Geographic Magazine*", Washington, December 1920, pp. 469-482.

The Oxford Companion to Art, Oxford University Press, Oxford-New York, 1970.

Palabres — Palabres. Contes et poèmes de l'Afrique noire et des Antilles, Scott, Foreman and Company, Glenview (Illinois)- Brighton (England), 1973.

Parrinder, *AM* — Geoffrey Parrinder, *African Mythology,* Paul Hamlin, London, 1967.

Parrinder, *WAR* — Geoffrey Parrinder, *West African Religion* (1949), Epworth Press, London, 1975.

Peterson — Mendel Peterson, *The Funnel of Gold* (The trials of the Spanish Treasure Fleets as they carried home the wealth of the New World in the face of Privateers, Pirates and the Perils of the Sea), Little, Brown and Company, Boston-Toronto, 1975.

Peytraud — Lucien Peytraud, *L'esclavage aux Antilles françaises avant 1789 (D'après des documents inédits des Archives coloniales),* Hachette, Paris, 1897.

Piranesi, Giovanni Battista, *The Prisons (Le Carceri),* Dover Publications, New York, 1973.

Placide-Justin — Placide-Justin, *Histoire politique et statistique de l'île d'Hayty,* Paris, 1826.

Price-Mars, *APO* — Dr. [Jean] Price-Mars, *Ainsi parla l'oncle... Essais d'ethnographie,* s.l., 1928.

Price-Mars, *EEH* — Dr. [Jean] Price-Mars, *Une étape de l'évolution haïtienne,* Port-au-Prince, ¿1929?

Ramos — Arthur Ramos, *As culturas negras no Novo Mundo,* Civilizaçao Brasileira, Rio de Janeiro, 1937 (Bibliotheca de Divulgaçao Scientifica, vol. XII).

Recopilación de textos sobre Alejo Carpentier, Casa de las Américas, La Habana, 1977 (Serie Valoración Múltiple).

Rigaud — Milo Rigaud, *La tradition voudoo et le voudoo haïtien. (Son temple, ses mystères, sa magie),* Niclaus, Paris, 1953. Se tradujo al inglés en 1969 bajo el título de *Secrets of Voodoo.*

Rodríguez Monegal, Emir, "Lo real y lo maravilloso en *El reino de este mundo",* en *Asedios a Carpentier.* selección de Klaus Müller-Bergh, Ed. Universitaria, Santiago de Chile, 1972, pp. 101-132.

Roncière, Charles de la, *Nègres et nègriers,* Editions des Portiques, Paris, 1933.

Roumain, *GR* — Jacques Roumain, *Gouverneurs de la rosée* (1944), Les Editeurs Français Réunis, Paris, 1976.

Roumain, *STA* — Jacques Roumain, *Le sacrifice du tambour-assotor,* Imprimèrie de l'Etat, Port-au-Prince, 1943 (Publications du Bureau d'Ethnologie de la République d'Haïti).

Sachs — Curt Sachs, *The History of Musical Instruments* (1935), W.W. Norton and Company, Inc., New York, 1940.

Salomon. Noël, "Sobre dos fuentes antillanas y su elaboración en *El siglo de las luces"*, *Etudes publiés par l'Institut d'Études Ibériques et Ibero-Americains de Bordeaux*, III, Talence, 1972, pp. 1-20.

Schatz — Barry Schatz, "Haiti, past and future", *Realités*, Pennsylvania, May-June 1979, pp. 66-73.

Schmidt, Hans, *The United States Occupation of Haiti (1915-1934)*, Rutgers University Press, New Brunswick, New Jersey, 1971.

Seabrook — W[illiam] B. Seabrook, *The Magic Island*, Harcourt, Brace and Company, New York, 1929.

Shinnie — Margaret Shinnie, *Ancient African Kingdoms*, Edward Arnold Ltd., London, 1965.

Simpson, "B" — George Eaton Simpson, "The Belief System of Haitian Vodun", publicado primero en *American Anthropologist*, vol. 47 (1945), pp. 35-59; reimpreso en *Peoples and Cultures of the Caribbean. An Anthropological Reader*, ed. by Michel Horowitz, published by the American Museum of Natural History, Garden City, 1971, pp. 491-521.

Simpson, "T" — George Eaton Simpson, "Traditional tales from Northern Haiti", *Journal of American Folklore*, Philadelphia, vol. 56, núm. 222, 1943, pp. 255-265.

Simpson-Cinéas — G.E. Simpson and J.B. Cinéas, "Folktales of Haitian Heroes", *Journal of American Folklore*, vol. 54, 1941, pp. 176-185.

Speratti-Piñero, Emma Susana, "Noviciado y apoteosis de Ti Noel en *El reino de este mundo* de Alejo Carpentier", *Bulletin Hispanique*, Bordeaux, t. 80, núms. 3-4, juillet-décembre 1978, pp. 201-228.

St. John — Sir Spenser St. John, *Hayti or the Black Republic* (1884), Frank Cass and Co., Ltd., London, 1971.

Subercaseaux, Bernardo, "El reino de la desalienación" (1975), *Recopilación de textos sobre Alejo Carpentier*, pp. 323-332.

THCHICAYA UTAM'SI (Gerald Félix Tchicaya), *Légends Africaines*, Seghers, Paris, 1968.

Thoby-Marcelin — Philippe Thoby-Marcelin y Pierre Marcelin, *The Beast of the Haitian Hills* (1945), translated from the French by Peter C. Rhodes, Time Incorporated, New York, 1946.

Vaissière — Pierre de Vaissière, *Saint-Domingue. La société et la vie créole sous l'ancien régime (1629-1789)*, Librairie Académique, Perrin et Cie., Paris, 1909.

Vandercook — John W. Vandercook, *Black Majesty. The Life of Christophe, King of Haiti*, Harper and Brothers Publishers, New York and London, 1928.

Vaval — Duraciné Vaval, "Le Roi d'Haïti Henri Christophe", *Revue de la Société d'Histoire et de Géographie*, Port-au-Prince, vol. 2, núm. 3, june 1931, pp. 1-37.

Vieux — Isnardin Vieux, *Mackendal. Drame historique* (1925), Port-au-Prince, 1974.

Volek, Emil, "Análisis e interpretación de *El reino de este mundo* de Alejo Carpentier", en *Homenaje a Alejo Carpentier*, pp. 145-178.

Williams, *VAH* — Sheldon Williams, *Voodoo and the Art of Haiti*, Morland Lee Ltd., Nottingam (England), 1969.

Williams, *VO* — Joseph J. Williams, S.J., *Voodoo and Obeahs. Phases of West Indies Witchcraft*, Lincoln Mac Veagh, Dial Press Inc., New York, 1932.

Wimpffen — Baron [Estanislao] de Wimpffen, *Voyage à Santo Domingo pendant les années 1788, 1789 et 1790*, 2 vols., Paris, 1797.

Pasos hallados en "el reino de este mundo" se terminó de imprimir en el mes de diciembre de 1981 en los talleres de Impresos Sojiva, Av. 10, núm. 31, México 9, D. F. Se tiraron 3 000 ejemplares más sobrantes para reposición. Cuidó de la edición el Departamento de Publicaciones de El Colegio de México.